utb 4423

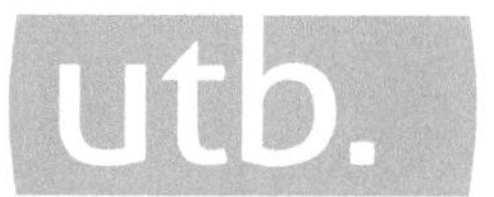

Dr. Norbert Schütte lehrt am Institut für Sportwissenschaft der Johannes Gutenberg-Universität Mainz.

Norbert Schütte

Grundwissen Sportmanagement

2., überarbeitete und erweiterte Auflage

UVK Verlag · München

Umschlagabbildung: © shutterstock, Suzanne Tucker
Abbildungen im Innenteil: Abbildung 1: © Statistisches Bundesamt 2019;
Abbildung 2: Bundesinstitut für Bevölkerungsforschung (BiB), CC BY-ND 4.0,
https://www.bib.bund.de/Permalink.html?id=10343570, abgerufen am 12. 3. 2021

Bibliografische Information der Deutschen Nationalbibliothek
Die Deutsche Nationalbibliothek verzeichnet diese Publikation in der Deutschen Nationalbibliografie; detaillierte bibliografische Daten sind im Internet über http://dnb.dnb.de abrufbar.

2., überarbeitete und erweiterte Auflage 2021
1. Auflage 2016

– ein Unternehmen der Narr Francke Attempto Verlag GmbH + Co. KG
Dischingerweg 5 · D-72070 Tübingen

Internet: www.narr.de
eMail: info@narr.de

Einbandgestaltung: Atelier Reichert, Stuttgart
CPI books GmbH, Leck

utb-Nr. 4423
ISBN 978-3-8252-5512-1 (Print)
ISBN 978-3-8385-5512-6 (ePDF)
ISBN 978-3-8463-5512-1 (ePub)

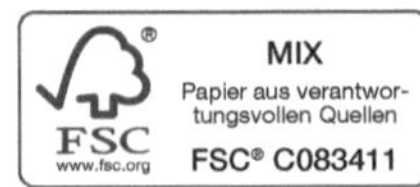

Inhalt

Vorwort zur 2. Auflage

Das Vorwort zur zweiten Auflage kann kurz ausfallen. Zwar wurde viel in den letzten fünf Jahren in diesem boomenden Feld veröffentlicht, aber das Grundwissen wurde kaum davon berührt. Es sind vielmehr Beiträge, die Details vertiefen als grundsätzlich etwas in Frage zu stellen. Daher beinhaltet die Überarbeitung des Buches vor allem eine Ausweitung und Ergänzung anstatt von Revision oder Anpassung an die Aktualität. Die einzigen Ausnahmen sind die Aktualisierung von Mitgliedschaftszahlen in Sportvereinen und Sportstudios sowie die neuesten Entwicklungen im Financial Fair Play. Ansonsten wurde aus gegebenem Anlass zusätzlich das Krisenmanagement aufgenommen, das strategische Management vertieft und stärker auf Trends im Kapitel zur Kontingenztheorie eingegangen. Zudem wird auch auf die aktuell sehr verbreitete und zunehmend auch auf den Sport übergreifende Managementmode des Agilen Managements eingegangen.

Anders als in vielen anderen Büchern, bei denen es sich nur aufgrund historischen Interesses lohnt, die älteren Vorworte zu lesen, kann ich es hier nur empfehlen, da die Übersicht über die Lehrbücher und das Forschungsfeld, die dort enthalten ist, nach wie vor aktuell ist.

Bad Kreuznach, im Juni 2021
Norbert Schütte

Vorwort zur 1. Auflage

Die wissenschaftliche Betrachtung des Sportmanagements ist jung und dieses Forschungsfeld entwickelt sich mit großer Geschwindigkeit. Immer mehr Arbeiten werden veröffentlicht, gleichzeitig wandelt sich der Sport rapide. Die akademische Ausbildung von Sportmanagern ist seit 1985 geradezu explodiert. Dies macht den Bedarf und das Risiko für ein Lehrbuch für Sportmanagement aus. Obwohl in den letzten Jahren etliche Bücher zum Thema erschienen sind, ist der Bedarf noch nicht gedeckt. Zumal der Wandel im Sportmarkt so stark ist, dass neue Themen und alte Themen in neuem Gewand bearbeitet sein wollen. Aber dies macht allerdings auch das Risiko aus: In solchen Feldern veraltet das vorhandene Wissen schnell.

Die Spannweite der Einführungen in das Thema ist groß. Sie reicht von Aufsatzsammlungen (Bezold u. a. 2012, Breuer/Thiel 2009, Krüger/Dreyer 2004, Galli/Gömmel 2012, Nufer/Bühler 2012) bis hin zu Monographien (Kaiser 2008, Fahrner 2012). Sie konzentrieren sich auf bestimmte Aspekte, insbesondere auf Sportmarketing (Freyer 2011, Nufer/Bühler 2013) oder den Besonderheiten des Fachs (Horch/Schubert/Walzel 2014). Auch das Thema Sportmanagement im Profifußball ist mit einigen Veröffentlichungen zu nennen (Kupfer 2006, Schewe/Littkemann 2012). Sie richten sich an Wissenschaftler und Studierende (die vorher genannten) oder an Praktiker (Lehmann 2010). Hinzu kommen noch die internationalen Veröffentlichungen (etwa Beech/Chadwick 2004, Hoye et al. 2009), die auch von sehr unterschiedlicher Zielrichtung und Inhalt sind, aber das Besondere des Sportmanagements in Deutschland, insbesondere die Strukturen des selbstverwalteten Sports selbstverständlich nicht thematisieren. Noch unübersichtlicher wird es, wenn man noch einen Schritt zurückgeht und die Veröffentlichungen aus verwandten Gebieten hinzuzieht. Hier ist insbesondere das Management von Non-Profit-Organisationen wie Vereinen und Verbänden zu nennen (z. B. Badelt/Meyer/Simsa 2007, Helmig/Purchert 2006, Schwarz 1992).

Trotz der Vielzahl der Veröffentlichungen findet das nun vorliegende Lehrbuch seinen Platz. Denn es bietet eine Einführung in das Thema in der vollen Breite der im Sport engagierten Organisationen und beschränkt sich dabei nicht auf Vereine und Verbände oder Profifußball-Unternehmen, sondern stellt auch die Gegebenheiten in erwerbswirtschaftlichen Betrieben und in der staatlichen Sportverwaltung vor. Dies ist wichtig, da alle drei Sektoren nicht nebeneinanderher existieren, sondern stark verflochten sind und in hohem Maße miteinander interagieren. Dabei konzentriert sich das vorliegende Lehrbuch nicht auf die Besonderheiten des Sportmanagements, sondern geht auch ausführlich auf die allgemeinen Prinzipien des Managements ein und zeigt deren Bedeutung für den Sport auf. Der Grund hierfür ist einfach: Viele, die sich mit Sportmanagement auseinandersetzen, kennen diese Grundlagen noch nicht. Aber auch die, die sie schon kennen, finden hier Anwendungen aus dem Sport, die sonst sehr verstreut veröffentlicht sind. Didaktisch werden hier die Themen Stück für Stück aufgebaut – von den ersten Schritten im Management bis hin zur Königsdisziplin, dem strategischen Management. Eine Besonderheit ist auch, dass versucht wurde, die Geschichte des Sportmanagements und seiner Wissenschaft nachzuspüren. Auch die Tätigkeitsbeschreibung dazu, was Sportmanager tatsächlich tun, wird ausführlich dargestellt.

Eine Reihe von Themen wird nur indirekt aufgegriffen: Marketing ist im Rahmen des Sportmanagements so groß geworden, dass es mittlerweile eigene Lehrbücher füllt. Zudem wird es an den Universitäten oft in eigenen Veranstaltungen gelehrt. Personalwirtschaft ist ein wichtiges, aber bislang kaum systematisch angegangenes Feld im Sportmanagement. Diese Themen kommen durchaus in diesem Buch vor, stehen aber nicht im Fokus.

Lehrbücher machen Wissensstände zugänglich und plausibel, aber sie ziehen selten ein Fazit. Auch dies ist hier anders. Gerade weil diese Wissenschaft noch jung ist und vieles noch in der Entwicklung, entsteht kein Gesamtbild einer kompletten und eindeutigen Lehre. Tatsächlich herrscht über vieles im Sportmanagement noch Uneinigkeit und Meinungen variieren. Daher wird am Ende versucht, die unterschiedlichen Meinungen und Tendenzen zusammenzufassen und zu interpretieren.

Mainz, im März 2016
Norbert Schütte

1 Einleitung oder was ist ein Sportmanager?

Im Alltag erscheinen Begriffe oft sehr klar. Aber schaut man genauer hin, fangen die Probleme an. Dabei ist die genaue Definition eines Begriffs unerlässlich, damit sinnvoll argumentiert werden kann. Daher beginnt dieses Buch auch mit der Frage: Was ist Sport, wer oder was ist ein Manager bzw. ein Sportmanager? Es geht um den Ort ihrer Arbeit, den Organisationen und ein Versuch sie in drei Typen einzuteilen sowie um die Abgrenzung von Sportmanagement und Sportökonomie.

1.1 Was ist Sport?

Die Frage, was Sport ist, erscheint zunächst banal und fast überflüssig. Tatsächlich ist die Antwort schwieriger und weitreichender als in der Regel angenommen wird. Eine akzeptierte und damit allgemeingültige Definition des Begriffs wurde in der Sportwissenschaft bislang nicht gefunden (Digel 2013, 13 ff, Strob 1999, 12 ff). Als Beleg für die Schwierigkeit des Themas kann die Studie von Haverkamp (2005) gelten, die sich über immerhin ca. 250 eng bedruckte Seiten erstreckt. Die Spannbreite ist dabei ebenso beeindruckend wie die Komplexität der Definitionen. So definiert z.B. Tiedemann:

> „Sport" ist ein kulturelles Tätigkeitsfeld, in dem Menschen sich freiwillig in eine Beziehung zu anderen Menschen begeben mit der bewussten Absicht, ihre Fähigkeiten und Fertigkeiten insbesondere im Gebiet der Bewegungskunst zu entwickeln und sich mit diesen anderen Menschen auf Grundlage der gesellschaftlich akzeptierten ethischen Werte nach selbst gesetzten oder übernommenen Regeln zu vergleichen." (Tiedemann 2012, 1)

Damit ist der Sport ein Teil der allgemeinen Kultur wie bspw. Volksmusik oder die deutsche Küche. Zudem ist er freiwillig. Damit wäre bemerkenswerterweise der Schulsport kein Sport, da er verpflichtend und nicht freiwillig ist. Weiter ist Sport immer Wettkampf bzw. die Vorbereitung auf den Wettkampf. Damit fallen alle Gesundheitssportaktivitäten, wie Rückengymnastik oder Joggen zum Abschalten, nicht unter dem Sportbegriff von Tiedemann. Auch die beliebtesten Sportaktivitäten der Deutschen – Spazierfahrten mit dem Fahrrad, Wandern (Preuß/Alfs/Ahlert 2012, 97) – wären kein Sport. Pokern und Schach dagegen fallen unter die Definition.

Volkamer versteht dagegen unter Sport:

> „Sport ist die willkürliche Schaffung von Aufgaben, Problemen oder Konflikten, die vorwiegend mit körperlichen Mitteln gelöst werden. Die Lösungen sind beliebig wiederholbar, verbesserbar und übbar, und die Handlungsergebnisse führen nicht unmittelbar zu materiellen Veränderungen." (Volkamer 1984, 196)

In dieser Definition fallen Schach und andere körperlose Wettbewerbe – die sogenannten *Mindsports* – nicht unter den Sportbegriff. Gesundheitssport gehört genauso dazu wie Wandern. Bemerkenswert ist auch, dass durch den Sport keine materiellen Werte geschaffen werden. Dies spielt darauf an, dass ein Radrennfahrer ohne materiellen Nutzen seine Kraft verausgabt, aber ein Fahrradbote seine Kraft und Anstrengungen für die Produktion einer Transportleistung gibt. Man kann sich daher fragen, ob bei Volkamer ein Fußballprofi, der materielle Unterhaltungswerte für Millionen in Deutschland schafft, noch als Sportler einzustufen wäre.

Es ist eigentlich nicht überraschend, dass der Sportwissenschaftler und Historiker Tiedemann den Wettbewerb in seiner Definition mit einschließt und der Pädagoge Volkamer Sport auch als „Aufgabe" betrachtet. Unter Sport wurde lange Zeit nur Wettbewerbssport verstanden – in den USA ist das auch heute noch so üblich (Digel/Fahrner/Utz 2005) – und in der Pädagogik haben „Spiele ohne Sieger" schon seit Langem eine Tradition.[1] Letztlich erweisen sich die zentralen Forschungsinteressen bei den Definitionen als handlungsleitend (Schütte 2008, 26 ff). Beide verfolgen allerdings die gleiche Strategie: Sie versuchen den Sport exakt mithilfe verschiedener Eigenschaften – sogenannte Dimensionen – einzugrenzen (z. B. Heinemann 2007, 53 ff). Gängige Dimensionen sind körperliche Aktivität, Wettkampf, Befolgung von Regeln, Einhalten von Fair Play usw. Letztlich führen diese Definitionen zu endlosen Debatten. Meist sind sie auch nur für ein Forschungsproblem nützlich, aber nicht für ein anderes. Eine andere Strategie ist, Sport vom

1 Es sei nur auf die extreme Position der antiautoritären Erziehung hingewiesen, wie sie etwa Neil (1985, zuerst 1960) vertreten hat.

Alltagsverständnis her zu definieren. Sport ist dann das, was Menschen aktuell als solchen ansehen. Sport ist ein soziales Konstrukt. Die gleiche Aktivität, etwa das Sprinten, kann demnach einmal Sport sein, wenn es auf einem Sportplatz im Rahmen eines Wettbewerbs stattfindet, und ein anderes Mal kein Sport, wenn in einer Fußgängerzone ein Handtaschendieb vor der Polizei flüchtet. Dieser pragmatischen Haltung haben Röthig und Prohl (2003) den Vorzug gegeben:

> „Was im allgemeinen unter Sport verstanden wird, ist weniger eine Frage wissenschaftlicher Dimensionsanalysen, sondern wird weit mehr vom alltagstheoretischen Gebrauch sowie von den historisch gewachsenen und tradierten Einbindungen in soziale, ökonomische, politische und rechtliche Gegebenheiten bestimmt. Darüber hinaus verändert, erweitert und differenziert das faktische Geschehen des Sporttreibens selbst das Begriffsverständnis von Sport“ (Röthig/Prohl 2003, 493).

Diese Definition, der im Rahmen dieses Lehrbuches gefolgt wird, reflektiert wichtige Entwicklungen und Eigenschaften des Sports. Was unter Sport verstanden wird, ist kulturell unterschiedlich. So wird Joggen in den USA als *recreation*, als Ausgleich bzw. Erholungsaktivität angesehen, aber nicht als Sport. Denn der Begriff ist im Alltagsverständnis der US-Amerikaner für Wettbewerbe reserviert. Schlimmer noch, der Begriff des Sports ist nicht ein für alle Mal festgelegt, sondern er wandelt sich im Laufe der Zeit.[2] In Deutschland galt lange, bis in die 1970er-Jahre hinein das sogenannte „Pyramidenmodell“ des Sports. Aller Sport war Wettkampfsport. Dabei war der Breitensport die Basis der Pyramide und der Spitzensports die Spitze. Alles Streben ging darum, in der Pyramide soweit wie möglich nach oben zu kommen. Der Breitensport war nicht nur Basis, sondern auch Abbild des Spitzensports. In den 1970er-Jahren konnte dieses Modell die gewandelten Sinnstrukturen im Sport nicht mehr abbilden. Es kam zur „Zwei-Säulen-Theorie“ (Dieckert 1978): Nicht mehr jeder Breitensportler wollte besonders wettkampfstark sein. Es traten neue Motive hinzu. Sport wurde Erlebnis, Spaß, Geselligkeit und vor allem Mittel für Gesundheit und Wohlbefinden. Digel und Burk (2001, 20) gehen heute davon aus, dass es sinnvoll ist, fünf Typen des Sports zu unterscheiden:

2 Siehe zu den Wandlungen des Sportbegriffs auch Bette (1999, 148 f).

- Ihre „Fünf-Säulen-Theorie" nennt zunächst den **Berufssport.** Er wird betrieben, um den Lebensunterhalt zu verdienen und dies kann dieser Sport nur, weil er hochkommerzialisiert ist. Viele denken bei Sportmanagement zunächst nur an diese Säule und an ihren wichtigsten Vertreter in Deutschland, den Männerprofifußball.
- Als zweite Säule benennen sie den **Wettkampfsport,** der nicht berufsmäßig betrieben wird. Wasserball ist zwar eine olympische Sportart, kennt aber aufgrund mangelnder Finanzkraft keine Profisportler in Deutschland. So bestand 2004 die deutsche Olympiamannschaft der Wasserballer von Athen überwiegend (77 %) aus Studenten (Tabor/Schütte 2004, 15).
- Die dritte Säule bildet der **Freizeitsport,** der keinen Wettkampf und kein instrumentelles Ziel wie Rehabilitation kennt. Wandern und Spazierfahrten mit dem Fahrrad sind hier gute Beispiele.
- Die vierte Säule bildet der **instrumentelle Sport.** Hier wird Sport getrieben, um außersportliche Zwecke meist im Gesundheitsbereich zu verwirklichen. Herzsport zur Rehabilitation nach einem Herzinfarkt ist ein gutes Beispiel.
- Last but not least bildet der **Alternativsport** die letzte Säule: Yoga und Chi Gong sind hier als Beispiele zu nennen.

Wie jede Wissenschaft ist auch das Sportmanagement in seinen Aussagen von seiner definitorischen Basis abhängig. Je nachdem, was unter Sport verstanden wird, kommt man zu unterschiedlichen Aussagen.

Weiterführende Literatur

Digel, H./Burk, V., 2001: Sport und Medien. Entwicklungstendenzen und Probleme einer lukrativen Beziehung. In: Roters, G./Klingler, W./Gerhards, M. (Hrsg.): Sport und Sportrezeption. Baden-Baden: Nomos, S. 15-31

Haverkamp, N., 2005: Typisch Sport? Der Begriff Sport im Lichte der Prototypenmodelle. Köln: SPORT und BUCH Strauß.

Tiedemann, Cl., 2012: „Sport" – Vorschlag einer Definition. Workingpaper. www.sportwissenschaft.uni-hamburg.de/tiedemann/documents/DefinitionSport.pdf.

1.2 Wer oder was ist ein Manager?

In der Literatur wird diese Frage in der Regel mit einem Verweis auf die funktionale Definition des Managements nach Henry Fayol (1841–1925) verwiesen. Fayol war ein französischer Eisenbahningenieur. Er schrieb seine berufliche Lebenserfahrung nieder und beschrieb das Management mit den für den Betrieb nötigen Funktionenbündeln. Managen ist demnach: Vorausschau, Planung, Organisation, Leitung, Koordination und Kontrolle (Fayol 1929). Manager sind die Personen in einem Betrieb, die diese Funktionen ausüben. Diese Definition hat bis auf den heutigen Tag ihre Berechtigung. Allerdings sollte sie noch um ein paar Merkmale erweitert bzw. eingeschränkt werden.

Zunächst sollte die Definition für alle Organisationen gelten, also auch für staatliche Verwaltungen, Stiftungen und für Vereine und Verbände, und nicht nur auf erwerbswirtschaftliche Betriebe begrenzt sein.

Die Begriffe *Management* und *Manager* haben eine steile Karriere in Deutschland hinter sich und haben mittlerweile die Alltagssprache erreicht. So finden sich auch heute Bücher, die die Begriffe in sehr weiter Auslegung verwenden. Dort wird jede Form von optimierendem Umgang mit Aufgaben oder Problemen als Management aufgefasst, etwa wird der Umgang mit Schmerzen als *Pain Management* (Gupta 2014) bezeichnet. Auch die Tätigkeiten einer Hausfrau bzw. eines Hausmannes können sehr wohl als Managementtätigkeiten aufgefasst werden. Diese weite Definition wird zwar durch die funktionale Beschreibung von Fayol gedeckt, aber der Begriff wird für die hier vorliegenden Zwecke zu weit ausgedehnt. Daher sollte der Begriff des Managers hier nur für Positionen in Organisationen reserviert werden. Damit sind Hausfrauen bzw. Hausmänner keine Manager, auch wenn sie in ihren Familien ähnliche Funktionen ausführen.

Die verschiedenen Funktionen können verschieden stark ausgeprägt sein. Wesentlich ist, dass diese Funktionen nur ausgefüllt werden können, wenn die Position mit hinreichend Kompetenzen ausgestattet ist. Ist dies nicht der Fall, so handelt es sich eben nicht um einen Manager, sondern um einen Sachbearbeiter, eine Sekretärin bzw. einen Sekretär oder um eine Fachkraft. Dies ist besonders wichtig zu betonen, da es heute den Trend gibt, alle möglichen Personen in einem Betrieb zum Manager zu befördern: die Sekretärin wird zum Office-Manager, der Hausmeister zum Facility-Manager und der Verkäufer zum Sales-Manager (Pohlmann 2002, 228).

In Deutschland war es lange üblich, unter Manager nur sogenannte Topmanager zu verstehen, also nur die Manager an der Spitze der Hierarchie

(Hartmann 1996). Hier wird jedoch eine weite Definition des Managers favorisiert, wie sie in der amerikanischen Literatur eine lange Tradition hat. Jede Position, die nach Fayol Managementfunktionen in einer Organisation ausfüllt, ist demnach ein Manager.

Weiterführende Literatur

Fayol, H., 1929: Allgemeine und industrielle Verwaltung. München/Berlin: Oldenbourg.

Hartmann, M., 1996: Topmanager – die Rekrutierung einer Elite. Frankfurt am Main/New York: Campus.

1.3 Der Sportmanager

Nachdem wir Sport und Manager definiert haben, können die Begriffe „fusioniert" und damit der *Sportmanager* definiert werden. Folglich sind Sportmanager alle Manager, die in ihrer Organisation mit dem Thema *Sport* betraut sind. Sie müssen also nicht in einer *Sportorganisation*, wie einem Sportverein oder einem Sportartikelhersteller, arbeiten. So finden sich heute in großen Konzernen Abteilungen, in denen Sportmanager die Sponsoring-Aktivitäten ihrer Firma planen und durchführen. Umgekehrt muss auch nicht jede Managementposition in einer typischen „Sportorganisation" mit Sportmanagement befasst sein. Wenn beispielsweise ein Manager für die Lagerhaltung von Fanartikeln bei einem großen Fußballclub zuständig ist, so ist diese Position so weit entfernt von dem, was Sportmanagement ausmacht, dass es wenig sinnvoll erscheint, ihn noch als Sportmanager zu bezeichnen.

Weiterführende Literatur

Horch, H. D./Niessen, Chr./Schütte, N., 2003: Sportmanager in Verbänden und Vereinen. Köln: SPORT und BUCH Strauß.

Horch, H. D./Schütte, N., 2003: Kommunale Sportverwaltung. Analysen zur Verwaltungsreform und zum Berufsfeld. Köln: ASS.

Hovemann, G./Kaiser, S./Schütte, N., 2003: Sporteventmanager – Ergebnisse einer Berufsfeldanalyse. Münster: IST

Kaiser, S., 2006: Das Sportstudiomanagement. Anforderungen – Rekrutierung – Professionalisierung. Saarbrücken: VDM.

1.4 Was ist eine Organisation?

Es bleibt noch auszuführen, was hier unter *Organisation* verstanden werden soll. Tatsächlich finden sich in der Literatur viele Varianten und Versionen von Definitionen. Sie wurden für verschiedene Zwecke in Rahmen unterschiedlicher Fachdisziplinen (BWL, Rechtswissenschaften, Soziologie etc.) entwickelt. Eine oft zitierte Definition stammt von Mayntz (1972, 147):

> „Organisationen sind soziale Gebilde, die auf einen bestimmten Zweck orientiert und planmäßig gestaltet sind."

Als *soziale Gebilde* werden in der Soziologie Sinnzusammenhänge bezeichnet, die nur im Kopf der Menschen bestehen, dennoch aber für ihre Handlungen reale Auswirkungen haben. Zudem weisen sie ihre eigene Struktur auf und sind dauerhaft. Man versteht diese Definition besser, wenn man ihre Abgrenzungsfähigkeit zu einem anderen sozialen Gebilde, der Familie, beleuchtet. Familien sind typischerweise nicht rational gebildete Instrumente für bestimmte Zwecke, sondern sie erfüllen einen Selbstzweck. Sie werden typischerweise nicht planmäßig gestaltet, sondern ihre Struktur ist stark kulturell geregelt. Die Familie hat zwar einen Selbstzweck, aber sie dient dabei sehr vielen Zwecken. Dagegen konzentrieren sich Organisationen auf die exakt geplante Umsetzung ihrer spezifischen Ziele.

Heinemann (2004, 13) nennt die gängigen Kritikpunkte dieser Definition. So bleibt der Begriff soziales Gebilde letztlich unklar und schon unsere Alltagserfahrung zeigt, dass sehr vieles in Organisationen nicht geplant, sondern auch das Ergebnis von Chaos und den ungeplanten Verfestigungen von Handlungen zu Gewohnheiten ist.

Trotz der Kritik an der Definition von Maynz kann sie hier zugrunde gelegt werden.

Weiterführende Literatur

Clegg, St./Kornberger, M./Pitsis, T., 2012 (3.Auflage): Management & Organizations, London u. a.: Sage.

Endruweit, G., 2004: Organisationssoziologie. Stuttgart: UTB.

Heinemann, K., 2004: Sportorganisationen. Schorndorf: Verlag Karl Hofmann.

1.5 Typen von (Sport-)Organisationen

Es wurde schon angesprochen, dass es sehr unterschiedliche Organisationen gibt, in denen Sportmanager arbeiten. Es lohnt sich, sie in Typen einzuteilen. Typologien sind Ordnungssysteme, die einen Merkmalsbereich – hier die Sportorganisationen – nach einem oder mehreren für den Forschungszweck sinnvoll erachteten Merkmalen in verschiedene Einheiten (*Typen*) einteilen. Dabei sollten die Merkmale so gut trennen, dass jedes Objekt nur einem Typen zugeordnet werden kann und keines übrigbleibt. Man kann sie nach beliebigen Kriterien einteilen, jedoch sollte diese Einteilung fruchtbar sein. Das heißt, dass die Unterscheidung theoretischen bzw. praktischen Zwecken dient (Hempel 1980). Hier lohnt sich die Unterscheidung nach der Drei-Sektoren-Theorie.

1.5.1 Der erste Sektor - Die Erwerbswirtschaft

Den ersten Sektor[3] bilden private Unternehmen, die dem Erwerb dienen. Sie sind dadurch gekennzeichnet, dass sie private Besitzer haben, die die Organisation typischerweise zum Lebensunterhalt betreiben. Ein gutes Beispiel hierfür sind Fitnessbetriebe. 2019 konnte die Branche 11,2 Millionen Kunden aufweisen (Zeppenfeld 2020). Jahre früher waren es noch 6,3 Mio. (DELOITTE 2010). Damit verzeichnet dieses Marktsegment ein erhebliches kontinuierliches Wachstum. Daneben finden sich weitere Anbieter für den aktiven Sportkonsum. Hier sind Tanzschulen, Tauchschulen, Skiverleiher, Yogazentren zu nennen. Eine Vorstellung darüber, wie unterschiedlich und wie stark sich dieser Sektor in einer Stadt wie Köln entwickelt, findet sich in den aufeinander aufbauenden Arbeiten von Velten (1995), Kaiser (2002) und Dötsch (2006). Als Anbieter von aktivem Sport kann man im weiteren Sinne auch Sportreiseveranstalter zählen.

Wenn an Sport und erwerbswirtschaftliche Betriebe gedacht wird, so werden die meisten als erstes an die großen Sportartikelhersteller wie Adidas, Puma, Nike oder Reebok denken. Daneben finden sich auch viele kleine Firmen, die nur für bestimmte Sportarten produzieren, wie Kempa für

3 Es gibt auch Autoren, die als ersten Sektor den Staat benennen und als zweiten dann die privaten Unternehmen. Leider hat sich hier keine einheitliche Bezeichnung durchgesetzt. Tatsächlich wurde der erste und der zweite Sektor erst so benannt, als man sich dem dritten Sektor zuwandte.

den Handballsport. Sie stellen die Mittel her, mit denen man Sport treiben kann.

Daneben finden sich auch Anbieter für den passiven Sportkonsum (*Zuschauersport*). Diese Branche erzielt ihre Gewinne direkt durch Eintritte oder indirekt durch Konsumausgaben der Eventbesucher vor Ort. Dies sind z.B. das Bier zum Spiel, die Pausenbockwurst und der Fanschal (siehe auch Preuß/Kurscheidt/Schütte 2009, 132ff). Der indirekte passive Sportkonsum wurde durch die Entwicklung moderner Massenmedien möglich. Es begann mit den Printmedien, die auch heute noch eine große Rolle spielen. So sind der „Kicker“ oder die „Sportbild“ auflagenstarke Zeitschriften bzw. Zeitungen. Das Radio und schließlich das Fernsehen kamen später hinzu. Im TV waren Sportsendungen aufgrund des Fernsehmonopols der öffentlich-rechtlichen Sender (ARD, ZDF) zunächst als sogenanntes Free-TV zu empfangen. Es ist frei zu empfangen, auch wenn rechtlich gesehen eine Rundfunk- und Fernsehgebühr zu entrichten ist. Erst mit der Einführung des Privatfernsehens und entsprechender digitaler Techniken, kam es 1991 zum Pay-TV in Deutschland. Sportsendungen wurden und werden nun auch verschlüsselt übertragen und können nur gegen Gebühr empfangen werden.

Als letzte Gruppe sind noch die Agenturen zu nennen. Einige treten in Form von Eventagenturen direkt als Veranstalter oder indirekt als Auftragnehmer von Verbänden oder Sportvereinen auf. Andere handeln mit Rechten (Übertragungsrechte, Marketingrechte von Clubs etc.). Andere sind Agenten z.B. von Sportlern und arbeiten als Berater, rechtliche Vertreter und Verhandlungsführer.

Weiterführende Literatur

Preuß, H./Alfs, Chr./Alert, G., 2012: Sport als Wirtschaftsbranche. Der Sportkonsum privater Haushalte in Deutschland. Wiesbaden: Gabler.

1.5.2 Der zweite Sektor - Der Staat

Der zweite Sektor umfasst alle staatlichen Organisationen. Staatliche Stellen, die sich mit Sport befassen, gibt es sehr unterschiedliche. Der Staat tritt als Sportanbieter vor allem in Schulen (*Schulunterricht*) auf, aber auch bei der Bundeswehr oder in Gefängnissen. Sportmanagement wird aber vor allem im Rahmen der sogenannten Sportverwaltung geleistet. Auf den unterschiedlichsten Ebenen finden sich Sportämter: Die Spanne reicht von der kommunalen Ebene über die Kreis- bis hin zur Länderebene. Auf der Bundesebene ist vor allem das Bundesinnenministerium (BMI), welches insbesondere mit Fragen des Leistungssports betraut ist, zu nennen (BMI 2014). In der Hand der Sportverwaltung liegt die Sportförderung. Der Staat subventioniert Sportvereine und Sportverbände durch Geldzuwendungen, durch die Bereitstellung von Sportstätten sowie durch Sachmittel. Im Zeitraum 2010 bis 2013 gab der Bund für den Sport unmittelbar und mittelbar rund 948 Mio. Euro aus (BMI 2014, 20). 2013 bis 2017 steigerte sich der Betrag auf rd. 1.159 Mio. Euro (BMI 2019, 16). Die Ausgaben der Länder, Kreise und Kommunen sind sehr beachtlich. Allerdings gibt es keine verlässlichen Zahlen, da es hier an einer einheitlichen Erfassung der Ausgaben fehlt. So wird in der einen Stadt ein eigener Sportetat geführt, während in einer anderen wesentliche Teile der Ausgaben im Etat für Schulen eingeplant sind (Horch/Schütte 2003, 60 ff).

Der Staat kann auch als Sportveranstalter (z. B. *Gutenberg Marathon* in Mainz, Mitternachtsbasketball) auftreten. Er verwaltet, plant und baut auch Sportanlagen. Dabei ist der Sport eine *freiwillige Aufgabe* des Staates und keine Pflicht wie die Ausgabe von Pässen und die Überwachung von Hygienevorschriften in der Gastronomie. Diese muss der Staat aufgrund der Gesetzeslage ausführen. Den Sport unterstützt er freiwillig. Daher sind diese Subventionen nicht einklagbar. Auch die Struktur von Sportförderungsplänen ist unterschiedlich: Die Abrechnungsweise je Gemeinde unterscheidet sich stark. Oft wird der Sport mit anderen Themen in einer Verwaltungseinheit kombiniert, etwa mit den Themen Jugend oder Schule. Daher sind die Strukturen in Deutschland sehr heterogen, zumal die Gestaltungshoheit bei den jeweiligen Kommunen, Kreisen etc. liegt und nicht zentral von einem Bundesamt geregelt werden darf. Die Arbeitsteilung von Bund und Ländern verbietet dem Bund auch, Breitensport zu fördern (BMI 2014, 17 f, BMI 2019, 22 ff).

Weiterführende Literatur

BMI (Bundesministerium des Innern), 2019: 14. Sportbericht der Bundesregierung/Deutscher Bundestag Drucksache 19/9150. Berlin. Downloadadresse: https://dip21.bundestag.de/dip21/btd/19/091/1909150.pdf

Horch, H. D./Schütte, N., 2003: Kommunale Sportverwaltung. Analysen zur Verwaltungsreform und zum Berufsfeld. Köln: ASS.

1.5.3 Der dritte Sektor - Vereine, Verbände, Stiftungen

Der dritte Sektor fasst alle nichtstaatlichen Organisationen zusammen, die nicht Erwerbszecken dienen. Sie sind im Sport von besonderer Bedeutung. Schließlich verbuchen die Sportvereine 27,8 Mio. Mitgliedschaften unter dem Dach des Deutschen Olympischen Sportbundes (Stand 2019/DOSB 2020, 1 ff).

Die Definition, was ein Sportverein und was ein Sportverband ist, lässt sich trennscharf anhand ihrer Funktionen festlegen. Die Hauptfunktion eines Sportvereins ist die Ausübung von Sport. Sie entstanden, als Sportler sich zu Gruppen zusammenschlossen und diesem Zusammenschluss eine formale verbindliche Struktur gaben. Bald stellte man fest, dass man für Wettbewerbe einheitliche Regeln brauchte und auch für das Organisieren von Meisterschaften eine überparteiliche Instanz gebraucht wurde. So entstanden typischerweise die Verbände in Deutschland. Sie sind rechtlich nichts anderes als Vereine, nämlich eingetragene Vereine (e.V.). Im Lauf der Zeit übernahmen sie noch weitere Aufgaben. Verbände betätigen sich als sportliche Gerichtsinstanzen, bilden Schiedsrichter, Trainer und auch Sportmanager aus. Sie vertreten die Vereine und die Interessen des Sports gegenüber Dritten. Das sind vor allem staatliche Instanzen, von denen die Vereine Subventionen erhalten oder Sportanlagen nutzen. Aber auch gegenüber wirtschaftlichen Interessenten vertreten Verbände die Vereine, so z.B., wenn es um den Verkauf von Übertragungsrechten von Meisterschaften geht. Verbände sind unterschiedlich organisiert. Einige, wie der adh (Allgemeiner Deutscher Hochschulsportverband), haben nur juristische Personen, also keine lebendigen Personen, sondern nur Organisationen als Mitglieder. Im Falle des adh sind dies die einzelnen Hochschulsportorganisationen (adh 2015).

Vereinen und Verbänden ist gemeinsam, dass sie Non-Profit-Organisationen (NPO) sind. Der Begriff der NPO stammt aus der Wirtschaftswissenschaft. Die Organisation dient nicht dem Profit von Eignern, wie etwa der erwerbswirtschaftliche Betrieb. Sie können durchaus auch Profite erwirtschaften, aber diese werden nicht an die Anteilseigner (den sogenannten Shareholdern) ausgeschüttet. Diese Besonderheit wird auch als *nondistributional constraint* (Hansmann 1980) bezeichnet. Wenn kein Besitzer Profit machen darf, wohin gehen dann aber die Gewinne, die, wie eben festgestellt wurde, durchaus vorhanden sein können? Sie werden für die Mission der Organisation verwendet. Dies zeigt sich besonders deutlich bei der sogenannten Quersubvention. So werden in einem Verein Profite aus der Gastronomie genutzt, um Sportreisen für die Jugendabteilung oder Anschaffungen für Leistungssport zu ermöglichen.

Leider sind staatliche Organisationen ebenfalls nicht profitorientiert. Daher finden sich auch Autoren, die diese als Non-Profit-Organisationen bezeichnen. In diesem Lehrbuch wird er jedoch für private Organisationen reserviert.

Ein anderer Ansatz, der aus der Soziologie stammt, ist der der Voluntary Association bzw. der freiwilligen Vereinigung. Das Konzept stammt aus den USA (z.B. Sills 1968). Es wurde insbesondere durch die Arbeiten von Heinemann (1995) und Horch (1983, 1992) in Deutschland bekannt und spezifisch ausgebaut. Eine freiwillige Vereinigung ist nach Heinemann und Horch (1981) eine Organisation, die fünf Strukturbesonderheiten aufweist:

1. *Freiwilligkeit der Mitgliedschaft:* Die Mitgliedschaft wird freiwillig und nicht durch Geburt oder durch Zwang erworben. Es besteht also die objektive Alternative der Nichtmitgliedschaft. Daher sind die Mafia (man kann nicht austreten) oder die Industrie- und Handelskammern (Zwangsmitgliedschaft) keine freiwilligen Vereinigungen.
2. *Autonomie*: Die Organisation ist vom Staat und von Nichtmitgliedern unabhängig. Sie verfolgt in eigener Verantwortung ihre Ziele und Interessen.
3. *Interessenidentität*: Die Interessen der Mitglieder und das Ziel der Organisation sind identisch. Die Organisation orientiert ihre Leistungen an den Interessen ihrer Mitglieder. Daher sind Betriebe keine freiwilligen Vereinigungen. Mitarbeiter sind in erster Linie Mitglied in einer Firma, um ihren Lebensunterhalt, also Geld, zu verdienen. Das Produkt der Firma spielt nicht die erste Rolle.
4. *Demokratie:* Die Organisation hat eine demokratische Entscheidungsstruktur. Zumindest formal ist das Mitglied oberster Souverän. Es gibt auch keine Hierarchie wie in Unternehmen oder beim Staat.
5. *Ehrenamtlichkeit:* Ehrenamtliche Mitarbeit ist das Arbeiten für die Organisation, ohne eine Gegenleistung insbesondere in Form von Geld zu erhalten. Es ist ein wesentliches Element in der Finanzierung der Vereinigung.

Diese Aufstellung an Besonderheiten wirkt zunächst plausibel, aber im zweiten Moment kommen Fragen auf: In vielen Sportvereinen finden sich bezahlte Kräfte, sie erhalten staatliche Subventionen, es kann einen Gruppendruck zur Mitgliedschaft in einem Verein geben, es regieren Präsidenten, die machen, was sie wollen usw. Diese Einwände sind richtig und werden in der Theorie der freiwilligen Vereinigung hinreichend berücksichtigt. Denn die fünf Strukturbesonderheiten bilden einen Idealtypus. Idealtypen sind ein analytisches Hilfsmittel. Sie dienen der begrifflichen Erfassung komplexer sozialer Sachverhalte. Durch Überspitzung und Isolierung von Merkmalen wird ein allgemeiner Begriff aufgebaut, mit dem Einzelfälle nach ihren Besonderheiten untersucht werden können. Idealtypen sind konstruierte Hilfsmittel und müssen deswegen nicht unbedingt in reiner Form in der Wirklichkeit vorkommen (Hempel 1980, 90). Je stärker die Eigenschaften zutreffen, umso eher handelt es sich um eine freiwillige Vereinigung mit ihren typischen Eigenschaften:

- Je freiwilliger die Mitgliedschaft ist,
- je autonomer von Staat und Wirtschaft die Organisation ist,
- je größer die Interessenidentität von Organisation und Mitgliedern ist,
- je ausgeprägter die Demokratie und
- je stärker die Ehrenamtlichkeit ist,

umso mehr handelt es sich um eine freiwillige Vereinigung, umso eher hat die Organisation bestimmte Eigenschaften (Horch 1983). So gilt: Je stärker diese Eigenschaften sind, umso mehr wird die Organisation durch Personen (*Personalisierung*) bestimmt bzw. umgekehrt umso weniger durch formale Strukturen.

Wir konnten feststellen, dass es zwei verschiedene definitorische Einordnungen von Sportvereinen und -verbänden gibt. Beinhalten *NPOs* und *freiwillige Vereinigungen* die gleichen Organisationen im Sport? Obwohl beide weitgehend die gleichen Organisationen abdecken, findet sich dennoch ein Unterschied: Stiftungen sind NPOs, aber meist keine freiwilligen Vereinigungen. Denn Stiftungen haben typischerweise keine demokratische Entscheidungsstruktur. Sie sind Widmungen von Vermögen für einen bestimmen Zweck, der von den Stiftern festgelegt wird, dem sogenannten Stifterwillen. Davon abgesehen sind Stiftungen oft keine Mitgliederorganisationen. Auch wenn viele von den Stiftern geführt werden, so gibt es auch Stiftungen, die erst im Todesfall der Stifter ins Leben gerufen werden. Die Organisation existiert mit ihrem Regelwerk und wird von ausführenden Treuhändern geleitet (Hof 1998).

Während Stiftungen im Sport bisher kaum wissenschaftlich gewürdigt wurden, sind Sportvereine ein zentrales Thema der Sportökonomie und des

Sportmanagements. Für Fragen des Sportmanagements sind die sogenannten FISAS-Studien und in ihrer Folge die Sportentwicklungsberichte des DOSB wichtige Quellen. Die Abkürzung FISAS steht für Finanz- und Strukturanalyse. Durch sie steht eine Reihe von repräsentativen empirischen Erhebungen der deutschen Sportvereine zur Verfügung. Darüber hinaus beinhalten diese Studien auch wichtige theoretische Beiträge. Zu nennen sind die Studien von Schlagenauf (1977), Timm (1979), Heinemann und Schubert (1994) und von Emrich, Pitsch und Papathanasiou (2001).

Seit 2005 firmiert der Bericht nicht mehr unter dem Namen FISAS, sondern unter dem Titel *Sportentwicklungsbericht für Deutschland* (SEB). Im Turnus von zwei Jahren erscheinen seitdem die Berichte. Über den letzten Bericht kann man sich auf der Website des DOSB informieren. Aktuell ist der letzte 2019 erschienen (Breuer/Feiler 2019). Eine ähnlich intensive wissenschaftliche Auseinandersetzung mit Sportverbänden sucht man vergeblich. Zu nennen sind aber die klassische Studie von Winkler und Karhausen (1985), die Berufsfeldforschung Sportmanagement im selbstverwalteten Sport von Horch/Niessen/Schütte (2003) und Fahrner (2005).

Weiterführende Literatur

Bertelsmann Stiftung (Hrsg.) 1998: Handbuch Stiftungen. Wiesbaden: Gabler.

Horch, H.-D., 1983: Strukturbesonderheiten freiwilliger Vereinigungen. Analyse und Untersuchung einer alternativen Form menschlichen Zusammenarbeitens. Frankfurt/New York: Campus.

1.5.4 Fazit

Die Einteilung der Vielfalt der Organisationen in drei Sektoren ist kein Selbstzweck. Typologien sind Vorformen von Theorien. Sie unterscheiden einen Merkmalsraum nach klaren Kriterien. Die Typen beschreiben zunächst den Merkmalsraum, aber in einem nächsten Schritt lässt sich vom Typ auf bestimmte Eigenschaften schließen: wenn Typ A dann X; Wenn Typ B dann Y usw. (Hempel 1980). Die Typen der Drei-Sektoren-Theorie lassen so auf bestimmte Eigenschaften der ihnen zugehörigen Organisationen schließen. So funktionieren moderne staatliche Organisationen nach bürokratischen Regeln und dienen hoheitlichen Aufgaben, etwa dem Umsetzen von Gesetzen oder der Landesverteidigung. Erwerbswirtschaftliche Betriebe dagegen folgen dem Profitziel und der daraus sich ableitenden Logik. Der

„dritte Sektor“ – so wird von Wex (2004) argumentiert – besitzt ebenfalls eine eigene Logik, und zwar die der Assoziationslogik. Die Organisationen des dritten Sektors dienen den zusammengeschlossenen Interessen – auch hier muss sich alles dieser Logik unterordnen. Damit unterliegt auch das Management jeweils der jeweiligen Sektorlogik und muss berücksichtigt werden. Im Folgenden wird auf die verschiedenen Sektoren immer wieder eingegangen.

Weiterführende Literatur

Heinemann, K., 2004: Sportorganisationen. Schorndorf: Verlag Karl Hofmann.
Wex, Th., 2004: Der Nonprofit-Sektor der Organisationsgesellschaft. Wiesbaden: Gabler.

1.6 Sportmanagement und Sportökonomie

1995 fand an der Deutschen Sporthochschule in Köln die Klausurtagung eines neuen Institutes statt, an der auch der Autor teilnahm. Auf der Tagung ging es auch um den Namen für das Institut. Sollte es Institut für Sportmanagement oder für Sportökonomie heißen? Die Antwort war damals genauso wenig einfach, wie sie heute ist. Man entschied sich für ein entschiedenes Sowohl-als-auch: Institut für Sportökonomie und Sportmanagement. Wie Pawlowski (2013) in einem Überblicksartikel schreibt, ist die Konfusion rund um die beiden Begriffe nach wie vor sehr groß.

Dabei hängt es vor allem davon ab, ob man ein enges oder ein weites Verständnis von Ökonomie hat. Das enge Verständnis grenzt alle nicht rein ökonomischen Fragestellungen konsequent aus, um sich nur um die eigenen Themen zu kümmern. Im Grunde geht es nur darum, ökonomische Theorien auf den Sport anzuwenden. Ein gutes Beispiel hierfür ist die Definition von Daumann (2019, 23):

> „Sportökonomie ist die Anwendung des betriebswirtschaftlichen und volkswirtschaftlichen Instrumentariums auf einzelne Bereiche des Sports.“

Diese puristische Perspektive führt aus Sicht des weiten Verständnisses dazu, dass wichtige Fragestellungen so nicht zu beantworten sind. Daher werden auch Begründungen und Einflüsse durch Variablen, die nicht rein ökonomischer Natur sind, nicht nur zugelassen, sondern geradezu gefordert. So argumentiert z.B. Heinz-Dieter Horch, wenn mit den Besonderheiten der Sportökonomie und des Sportmanagements argumentiert wird und ein eigenes Fach für gerechtfertigt anerkannt wird (Horch 1999, 7 und Horch in Horch/Schubert/Walzel 2015, 2f). Die gleiche Argumentation findet sich auch bei Granvogel und Perridon (2000, 4ff), die für eine Sozioökonomie – oder vielleicht besser ausgedrückt für ein sozioökonomisches Denken – plädieren.

Wenn man den weiten Begriff verwendet, verwischen die Grenzen zwischen Sportmanagement und Sportökonomie zusehends, die Schnittmenge von beiden wird beträchtlich. Nimmt man den engen Begriff, so bleiben zwei Bereiche über, die noch eine deutlich geringere und sehr kleine Schnittmenge haben. Denn der Begriff des Sportmanagements impliziert viele außerökonomische Faktoren, die aus der Psychologie genauso wie aus der Soziologie stammen. Nur reduziert auf eine puristische ökonomische Grundlage würden Faktoren und Tatsachen ausgeblendet, ohne die man Organisationen nicht steuern kann. Management ist im Kern ein Fach, das anwendungsorientiert ist und jede Variable berücksichtigen muss, die hilft, die Steuerung von Organisationen besser zu verstehen und zu optimieren. Dazu gehören eben auch Variablen z.B. aus der Persönlichkeitspsychologie ebenso wie kulturelle Variablen, mit denen sich die Soziologie beschäftigt.

Weiterführende Literatur

Daumann, F., 2019 (3. Auflage): Grundlagen der Sportökonomie. München: UTB.

Heinemann, K., 1995: Einführung in die Ökonomie des Sports. Schorndorf: Verlag Karl Hofmann.

Repetitorium

1. Warum ist es für die Wissenschaft vom Sportmanagement wichtig zu wissen, was man unter Sport versteht?
2. Warum sind Hausfrauen bzw. Hausmänner keine Manager?
3. Was versteht man unter einem Sportmanager?
4. Welche Typen von Sportorganisationen unterscheidet die Drei-Sektoren Theorie?
5. Warum wird hier der Begriff Sportökonomie nicht als der Oberbegriff zum Begriff Sportmanagement zugelassen?

2 Geschichte des Sportmanagements

Eine profunde Arbeit über die Geschichte des Sportmanagements liegt bislang noch nicht vor. Einerseits ist das Fach noch zu jung, um danach zu verlangen, und andererseits sind die im Fach aktiven Wissenschaftler mehr an der Gegenwart als an der eigenen Geschichte interessiert. Hier wird auf die Geschichte eingegangen, weil dadurch noch deutlicher wird, was eigentlich ein Sportmanager ist und warum sich dieser Beruf entwickelt hat. Zudem werden einige Schlaglichter auf die Besonderheiten des Fachs geworfen.

Eine detaillierte Geschichte des Sportmanagements kann an dieser Stelle nicht geleistet, aber ein grober Überblick im Stile einer Strukturgeschichte kann gegeben werden. Hierzu soll zunächst die Ausdifferenzierung des Berufs des Sportmanagers beschrieben und anschließend eine kurze akademische Geschichte der Wissenschaft vom Sportmanagement dargestellt werden.

2.1 Ausdifferenzierung des Sportmanagers

Die Vorstellung, dass es Bewegung, Turnen, Spiel und Sport schon immer gegeben hätte, ist in der Sportwissenschaft weit verbreitet, sehr prominent vertreten von Diem (1960) in seiner Weltgeschichte des Sports. Dies soll hier nicht angezweifelt werden, aber man muss dennoch davon ausgehen, dass die kulturelle Einbettung von Bewegung, Turnen, Spiel und Sport sehr variiert. Typischerweise war der Sport zunächst kultisch in religiöse Zeremonien eingebunden und kein eigenes Feld. So waren die Olympischen Spiele der Antike vor allem eins, nämlich eine Feier zur Ehrung des Gottes Zeus, für den Wettbewerbe abgehalten wurden (Sinn 2004). Auch das Ballspiel der Maya wird heute als Teil religiöser Zeremonien angesehen (Eggebrecht/Eggebrecht/Grube 1992). Wenn es nicht Teil von religiösen Festen war, dann Teil der profanen Festkultur. Frühe Formen z. B. des Fußballs waren Wettbewerbe zwischen Dörfern im Rahmen von Festen. Ein Ball wurde genau zwischen beide Dörfer gelegt und alle Bewohner beteiligten sich daran, den Ball durch das Stadttor des anderen Dorfes zu treiben. Neben dieser frühen Form eines Sports für alle gab es auch große Sportevents, an denen nur die Elite, im Mittelalter der Adel, teilnehmen durfte. Das Paradebeispiel sind die Ritterturniere (Niedermann 1980). So unterschiedlich diese Veranstaltungen, diese Feste und Rituale auch sind, so haben sie doch etwas gemeinsam: Es gibt sie nicht, ohne dass sie jemand organisiert. Selbst die Vorformen des Fußballs, die uns heute wie eine ungeordnete Schlägerei vorkommen mögen, brauchten Personen, die den Ort und die Zeit festlegten, sowie das Spielgerät bereitstellten. Sport kommt ohne ein Minimum an Organisation nicht aus. Es gibt nur eine extreme Ausnahme, wenn eine Person oder eine Gruppe spontan beschließt, Sport zu treiben, für den man keine Ausrüstung braucht. So kann man spontan ohne Kleidung in einem See schwimmen gehen. Ob man das früher als Sport verstanden hätte, ist unerheblich. Wichtig ist, dass man erkennt, dass jeder Sport – auch die frühen Formen – ohne einen Managementanteil nicht denkbar ist. Man kann den Sport nicht von seinen planerischen Voraussetzungen, von der benötigten Vorausschau trennen. Tatsächlich kann man alle Fayol'schen Funktionen als wichtig für das Sporttreiben bezeichnen. Das bedeutet:

Das Sportmanagement ist so alt wie der Sport selber.

Man kann sich die – zugegebenermaßen akademische – Frage stellen, ob es Sportmanager schon vor der Moderne gab. Voraussetzung für eine positive Antwort ist, dass man die oben genannten Aktivitäten als Sport bezeichnen kann, was gerade bei den religiös-kultischen Handlungen nicht einfach zu unterstellen ist. Die Frage nach dem „ersten" Sportmanager ist so faszinierend, wie sie auch niemals sicher zu beantworten ist. Sie kann im Rahmen dieses Lehrbuches nicht beantwortet werden. Wir können aber im Rahmen einer Strukturgeschichte aufzeigen, wo ein solcher historischer Sportmanager zu finden sein wird. Hierzu brauchen wir nur auf die Theorie der Differenzierung zurückzugreifen. Sie hat in der Soziologie eine lange Tradition (Spencer 1874–96, Durkheim 1893) und sie erklärt, wie Gesellschaften durch das Ausdifferenzieren immer komplexer wurden und durch Spezialisierung immer leistungsfähiger. In einfachen Gesellschaften sind nur wenige Positionen wie der Häuptling oder der Medizinmann ausdifferenziert worden. Beide bekleiden diese Ämter typischerweise noch neben dem Jagen und Sammeln und später neben Tätigkeiten in der Landwirtschaft im Rahmen ihrer Selbstversorgung. Erst ab einer gewissen Größe der Gesellschaften konnten so viele Ressourcen bereitgestellt werden, dass diese Positionen „hauptberuflich", also in Vollzeit und mit Gaben der

Gemeinschaft, erstellt werden konnten. Im Laufe der Geschichte wurden die Gesellschaften immer größer und immer mehr Spezialberufe von Tätigkeiten konnten entstehen, die vorher von allen selber gemacht wurden. Wenn jemand sich auf eine Tätigkeit Vollzeit konzentrieren kann, dann wird er zum Spezialisten und überholt den Alltagsmenschen, der für alles nur wenig Zeit entbehren kann. Wir können die gleiche Entwicklung im Sport verfolgen. Nehmen wir das Beispiel Fußball. Ursprünglich gab es nur Mitspieler, die diesen Sport in ihrer Freizeit spielten. Die Organisation, das Management, lag in der Gruppe bzw. bei einem informellen Anführer, aus dem sich später die Mannschaftsposition des Kapitäns entwickelte. Zunächst gab es nicht mal einen Schiedsrichter, sondern die Kapitäne beider Mannschaften mussten sich in strittigen Situationen einigen. Dass dies keinesfalls leicht gewesen sein kann, liegt auf der Hand. Soziologisch betrachtet liegt hier ein Inter-Rollenkonflikt vor: Die Rolle des Spielers, der solidarisch für seine Mannschaft einzustehen hat, egal ob im Recht oder im Unrecht, kollidiert mit der Rolle des unparteiischen Schiedsrichters. Die Position des Schiedsrichters musste erfunden werden. Gleichzeitig bahnten sich auch zwei wichtige andere Positionen an: Man brauchte einen Betreuer an der Seitenlinie und jemand musste das Training leiten. Der Coach, der Trainer war anfangs noch ein Mitspieler, der wohl meist auch der Kapitän war. Die zweite Position entstand vermutlich, als Gruppen sich zu Vereinen zusammenschlossen und mehrere Mannschaften umfassten. Dann konnte der Kapitän der Mannschaft nicht mehr automatisch der Anführer aller sein. Es musste ein Kapitän der Kapitäne her, der Vorsitzende. Der Funktionär des Vereins war geboren. Als es immer mehr Mannschaften gab, musste man sich auf einheitliche Regelungen und Spielansetzungen einigen. Es wurde die Gründung eines Verbandes notwendig. Auch dieser brauchte einen Vorsitzenden: Das Präsidentenamt in Sportverbänden entstand. Bemerkenswerterweise konzentrieren sich die Sportmanagementtätigkeiten nicht beim Vorsitzenden, sondern auch der Trainer übernimmt viele. So bedarf es der Vorausschau, um eine Mannschaft für die nächste Saison zusammenzustellen, Gegner wollen analysiert werden und Trainingslager organisiert. Gerade die Öffentlichkeitsarbeit ist immer noch ein wichtiges Arbeitsgebiet des Cheftrainers. Dies ist bis heute so (Horch/Niessen/Schütte 2003, 195 ff). Die Positionen, über die gesprochen wurde, waren noch alle ehrenamtliche. Eine eigene Position als Manager konnte dann erst kommen, als die Managementaufgaben immer mehr anwuchsen und immer mehr Fachwissen verlangten, als man Vereine und Verbände nicht mehr aus der

„Aktentasche" heraus managen konnte. Zudem kam, dass Geld immer wichtiger und auch immer mehr wurde. Die Spielerposition professionalisierte sich, der Berufsfußballer trat auf den Plan. Und: Die finanziellen Aspekte wurden immer wichtiger. Es gab Chancen für mehr Einnahmen, deren Nutzung aber Experten erforderte, die auch zu den Geschäftszeiten zur Verfügung standen. Letztlich wurde die Position eines Managers notwendig, der den Trainer von Managementaufgaben entlastete und mehr Zeit für die Aufgaben aufbringen konnte als der ehrenamtliche Präsident.

Man könnte meinen, dass dies ein direkter und unaufhaltsamer Prozess der Verberuflichung der Spezialistenfunktion des Sportmanagens war. Dies war aber nicht der Fall. Zur Erklärung müssen wir etwas ausholen und zur Geschichte der modernen Olympischen Spiele wechseln. Erst in der Moderne kam es zu einer Wiederbelebung der Olympischen Idee durch Coubertin. Die ersten Spiele der Neuzeit fanden 1896 in Athen statt. Dabei zeichnete die olympische Bewegung aus, dass der Amateurismus ein zentraler Teil der Charta war. Sport galt als eine Angelegenheit von Gentlemen. Der Sport war eine tugendhafte Gegenwelt zum Kapitalismus und dies war mit dem korrumpierenden Broterwerb eines bezahlten Sportlers nicht zu vereinen. Dies mag heute seltsam erscheinen, hat jedoch einen sozialen Hintergrund. Die Moderne kam nicht von heute auf morgen, sondern war ein geschichtlicher Prozess, bei dem der Zusammenschluss von neuer Ordnung mit alter Ordnung langsam und nicht konfliktfrei stattfand. So wurde die alte agrarische Elite, der Adel, durch eine neue Elite, die neuen reichen Industriellen, herausgefordert. Mit Sport konnte die alte Elite ihre Sonderstellung gut untermauern. Sport sollte durch Gentlemen betrieben werden und eine tugendhafte Gegenwelt zum Kapitalismus sein, der keine Tugend kennt, sondern nur Gier. Die neureichen Industriellen wurden wichtig in der Gesellschaft und sie versuchten zunächst durch Anpassung, Teil der alten Eliten zu werden. Dies zeigte sich in Form des Lebensstils, sie bauten ihre eigenen Schlösser, oder – komplett in der Logik des alten Adels – heiraten adelig. So wurden aus den Krupps in Essen durch Heirat die von Bohlen zu Halbachs. Das Wort vom Industriebaron kam passend hierzu auf.

Sport war zunächst eine Sache der Reichen, die durch „sinnloses" Verpulvern von Kraft und Zeit ihren Reichtum demonstrieren konnten. Kein Arbeiter wäre in der Lage dazu, nach einer 12-Stundenschicht noch Kraft für Sport aufzubringen. Arbeit war in der Regel noch schwere körperliche Arbeit. Freizeit gab es kaum. Die Reichen konnten dagegen ihre Ausnahmestellung durch Sport demonstrieren. Sie konnten ihre Kraft für Spiele verschwenden, die nichts zum Lebensunterhalt beitrugen und damit im weiteren Sinne nichts als Verschwendung waren. Diese Art von Verschwendung als Zeichen von Reichtum nannte Veblen *demonstrativer Konsum* (Veblen 1987, zuerst 1899).

Profisport war aus dieser Sicht eine zu verbietende Untugend und Amateurismus ein anzustrebendes Ideal. Dies hat den Profisport in vielen Bereichen lange verhindert. So war selbst der Männerfußball in Deutschland lange eine Sache von Amateuren und erst 1963 etablierte sich der Profifußball in Deutschland (Havemann 2013, 79ff). Dies geschah auch, weil sich hinter den Kulissen die Bezahlung von begehrten Spielern längst eingeschlichen hatte. Denn auch im Sport gilt der Grundsatz „Erst kommt das Fressen und dann die Moral" (Brecht 2004, 67). Vielen geht es vor allem darum, Erster zu werden. Die Moral kommt erst an zweiter Stelle. Natürlich waren solche Zahlungen abweichendes Verhalten und bei ihrer Aufdeckung hätten die Beteiligten sich verantworten müssen. Die Managementaufgaben lagen zunächst bei den Präsidenten der Vereine. Es entwickelten sich zwar kleine Jobs im Umfeld, etwa als Kartenverkäufer und in einfachen Buchhaltertätigkeiten.

Als erster bezahlter Sportmanager eines Vereins im Männerprofifußball gilt Robert Schwan (1965–1977) bei Bayern München. Es scheint aber eine Nebentätigkeit gewesen zu sein, da er gleichzeitig auch noch der persönliche Manager von Franz Beckenbauer war (Schütte 2008, 29). Noch 1975 war der Versuch einer Doppelfunktion als Präsident und als Manager von Peter Krohn beim HSV so ungewöhnlich, dass er von der Jahreshauptversammlung abgelehnt wurde (Seehase 1979). Er wechselte dann von dem ehrenamtlichen Präsidentenamt auf den gut bezahlten Managerposten. Es sollte bis 1998 dauern, bis der HSV mit Werner Hackmann den ersten bezahlten Präsidenten des Vereins wählte. Krohn ist für die Geschichte des Sportmanagements insofern eine wichtige Persönlichkeit, weil er einer der ersten war, der publikumswirksam modernes Management in den Sport einführte. Krohn ist gewissermaßen als Fußballfan aufgewachsen, sein Vater spielte in einer HSV-Meistermannschaft, und gleichzeitig war er ein Mann des Managements. Der studierte Betriebswirt war Manager beim Springer-Verlag und anschließend selbständig in der Werbung tätig. Er übertrug sein Marketingwissen auf den Fußballsport. Vermutlich als Erster versuchte er sich mit zielgruppenorientierten Maßnahmen. So ist sein Versuch, mehr Frauen in das männerdominierte Stadion zu bringen, indem er in rosa Trikots spielen ließ, legendär (Martens 2012).

Zudem zeigt sich darin, wie die traditionelle Welt des Sports auf die neue Wirtschaftslogik reagierte. Sie löste zuerst Kopfschütteln, Ablehnung und Lachen aus. Der Erfolg aber gab der neuen Methode recht (Martens 2012). Dass die Übertragung von Ideen und Methoden aus dem For-Profit-Bereich keine reine Angelegenheit bezahlter Manager wie Krohn war, zeigt das Beispiel von Günter Mast, dem damaligen Präsidenten von Eintracht Braunschweig. Er führte als erster 1973 gegen den wiederholten Widerstand des Deutschen Fußballbundes die Trikotwerbung ein. Er war ein Ehrenamtlicher (Spiegel Online 2011).

Das Amateurismus-Ideal hat im Fußball lange die Verberuflichung der Sportler und des Managements verhindert. Vermutlich war es auch lange Zeit vernünftiger, die vorhandenen Mittel in eine bessere Mannschaft zu investieren, als sie für die „Verwaltung" zu verschwenden. Zudem kann ein Manager nur mit gut ausgestatteten Kompetenzen, also dem Recht zu entscheiden und Geld auszugeben, erfolgreich arbeiten. Dies bedeutete aber die Abgabe von Macht und Prestige vom Vorsitzenden des Vereins. Auch dies dürfte ein wesentlicher Grund für die relativ späte Ausdifferenzierung des hauptamtlichen Managers gewesen sein. Erst als die zeitliche und inhaltliche Überforderung der Präsidentenämter weiter zunahm und auch die Fußballabteilungen immer häufiger ausgegliedert wurden, war der Weg frei für den professionellen Manager.

Der (Männer-)Fußball kann hier stellvertretend für die Entwicklungen im selbstverwalteten Sport stehen, wobei er sich sehr viel weiter in Richtung Kommerzialisierung und Verberuflichung des Managements entwickeln konnte als es andere Sportarten bisher taten und vermutlich viele auch nicht tun werden. Es fehlt einfach an den treibenden Faktoren: hohe Einnahmen durch viele Zuschauer und damit Nachfrage von den Massenmedien, die für Übertragungsrechte zahlen. Die Aufmerksamkeit, die für Sponsoren verlockend ist, führt zu hohen Einnahmen, aber auch zu starkem Druck, diese zu befriedigen, wofür man wiederum ein gutes Management braucht. Der sportliche Druck nimmt zu, denn es geht dabei auch um Geld, da nur die oberen Plätze hohe Medieneinnahmen garantieren. Die Aussage basiert auf der Theorie der Professionalisierung von Non-Profit-Organisationen (Horch 1983, 1992, 1995, Michels 1957) und insbesondere auf der des Sports, wie sie etwa bei Heinemanns Professionalisierungsdruck- und -grenzen-Theorem zu finden ist (Heinemann/Schubert 1994, Schütte 2008, 39ff). Diese Theoreme gelten nicht nur für Vereine, sondern auch für die Verbände. Allerdings war es hier nicht nur der Markt, der zur Verberuflichung führte, sondern maßgeblich staatliche Interessen. Bei Verbänden entwickelte sich die Verberuflichung des Managements in Westdeutschland erst vor den Olympischen Spielen von München 1972. Damals steigerte sich das Interesse des Staats an vielen Medaillen bei Spielen im eigenen Land und besonders auch nach der Trennung der Olympiamannschaft in Bundesrepublik und DDR. Die Verberuflichung der Verbände erfolgte mithilfe von institutionellen – also dauerhaften – Stellenfinanzierungen in den Spitzenverbänden. Daher werden die Stellen in Verbänden auch heute noch an den öffentlichen Tarif angelehnt entlohnt (Winkler/Karhausen 1985).

Es ist nachvollziehbar, dass bezahlte Manager – etwa in Form des Unternehmers – im For-Profit-Bereich viel früher erscheinen als im Non-Profit-Sektor. Denn mit dem ersten erfolgreichen Betrieb finden wir den ersten hauptamtlichen Manager. Die in der Managementgeschichte gern und sinnvoll getroffene Unterscheidung in Unternehmer, dem Eigner seiner Unternehmung, und den später auf den Plan tretenden Manager, der für den Eigner das Unternehmen führt, spielt hier keine Rolle, da es uns vor allem um Fragen des Managens geht. Man kann davon ausgehen, dass die Sportartikelindustrie in Deutschland erst nach dem Zweiten Weltkrieg an Bedeutung gewann, da vorher alle Sportartikel von Firmen eher nebenbei hergestellt wurden, vielleicht mit der Ausnahme des Fahrrads, das aber anfangs vor allem ein Freizeit- und Arbeitsgerät war (Lessing 1982). Sicher wurden auch Rennräder hergestellt, aber diese waren eher ein Nebenprodukt. Man kann sagen, dass es zu einer Ausdifferenzierung der Sportartikel im Wirtschaftssystem noch nicht gekommen war. Selbst in den Anfängen der Gebrüder Dassler war der Sportschuh zunächst mehr ein Hobbyprodukt der Dassler-Brüder. Erst viel später, nach dem Zweiten Weltkrieg, kam es mit dem aufkommenden Sportboom und der damit einhergehenden Nachfrage nach speziellen Sportschuhen zu einer Spezialisierung und der Gründung von Puma und Adidas (Smit 2007). Viel interessanter sind in diesem Zusammenhang die ersten kommerziellen Zuschauersportangebote. Hier sind die ersten Sportmanager zu suchen, und zwar in Sportarten wie Pferdesport, Motorrennsport oder Boxen. Hier finden sich Promotoren und Impresarios, die kommerzielle Sportevents veranstalteten. An dieser Stelle muss weitergeforscht werden, was im Rahmen dieses Lehrbuch nicht möglich ist. Genauso müsste auch noch der geschichtlichen Entwicklung von Sportämtern nachgegangen werden, denn erst mit der Ausdifferenzierung von Spezialisten für die Verwaltung z.B. von kommunalen Sportanlagen kann man hier von staatlichen Sportmanagern sprechen.

2.2 Geschichte des Fachs Sportmanagement

Die Fächer Sportmanagement und Sportökonomie sind sehr jung. Da die Kommerzialisierung und Professionalisierung des Sports in den USA besonders früh einsetzte, entwickelte sich die Wissenschaft auch hier zuerst. Der Besitzer der „Dodgers", Walter O'Malley, bestärkte 1957 James G. Mason, damals noch an der University of Miami, eine spezielle Ausbildung für Sportmanager zu initiieren. Zehn Jahre später begann Mason das erste Graduiertenprogramm in Sportmanagement an der Universität in Ohio (Jobling/Deane 1996, 26). Es ist kein Zufall, dass die Akademisierung des Fachs Sportmanagement in den USA begann. Hier war die kommerzielle Entwicklung des Sports schon stärker fortgeschritten als etwa in Deutschland (Schimmel 2012). Auch der Aufsatz, der als erste veröffentlichte rein sportökonomische Analyse gilt, kam aus den USA. Es ist auch kein Zufall, dass sich diese Analyse mit einer kommerzialisierten Sportart, dem Baseball, und der Ökonomie seiner Mannschaften befasste. Sie stammt von Rottenberg und erschien 1956. In der Folge blühte das Fach in den USA auf.

In Deutschland dagegen fußt das Sportsystem lange fast ausschließlich auf dem dritten Sektor. Dort herrschte allerdings eine antikommerzielle und antiprofessionelle Haltung. Sie blockierte nicht nur die Entwicklung des Sports, sondern auch die wirtschaftswissenschaftliche Betrachtung des Sports. Wo keine Gelder bewegt werden, wenn man sich selbst als idyllische Gegenwelt sieht und gesehen wird, entsteht kaum Interesse an der ökonomischen Forschung. Erst als Sport eine ernstzunehmende Stellung erlangte, begann das Fach sich zu entwickeln. In Deutschland gab es bis zu den 1980er-Jahren nur vereinzelt sportökonomische Arbeiten oder Veröffentlichungen zum Sportmanagement. Zu nennen sind Melzer und Stäglin (1965), Pommerehne und Gärtner (1978) sowie Büch und Schellhaaß (1978). Es ist bezeichnend, dass alle drei Aufsätze den Fußballsport auf die eine oder andere Weise thematisieren. Bis auf den heutigen Tag ist der Profifußball eines der dominierenden Themen des Sportmanagements und der Sportökonomie geblieben. In den 1980er-Jahren kamen wichtige Impulse für das Fach aus der Soziologie und der Sportwissenschaft. Insbesondere der Wirtschaftssoziologe Klaus Heinemann (1984, 1987) ist hier als wichtiger Vorreiter des Fachs zu nennen. Von ihm stammt auch das erste deutsche Lehrbuch zur Sportökonomie (1995) sowie zu Sportorganisationen (2004). Auch der Sportwissenschaftler Pöttinger (1989) mit seiner Studie zur Professionalisierung von Sportorganisationen ist zu nennen. Marketing- bzw.

Sponsoringthemen wurden auch in der Betriebswirtschaftslehre bearbeitet (Dreyer 1986, Dress 1989, Freyer 1990).

Die akademische Ausbildung im Sportmanagement begann in Deutschland 18 Jahre nach den USA. Sie startete an der Universität Bayreuth zunächst als Aufbaustudiengang 1985 (Buchmeier/Zieschang 1992). Der Standort war nicht zufällig. Die Zentralen von Adidas und Puma liegen in Herzogenaurach und damit in der Nachbarschaft. Beide Sportartikelhersteller hatten dasselbe Problem: Lange rekrutierten sie vor allem Spitzensportler, die z.B. im Außendienst arbeiteten. Die Kunden fühlten sich nicht nur geehrt, von Weltmeistern bedient zu werden, sie hatten es auch mit Spezialisten zu tun, die sich im Sport und mit den Sportartikeln auskannten. Allerdings fehlte ihnen oft das betriebswirtschaftliche Know-how. Sie hatten Begeisterung für den Sport, aber nicht für das Berichtswesen, das für das betriebliche Controlling sehr wichtig war. Man setzte fortan auf Betriebswirte. Das war wiederum gut für das Berichtswesen, aber die Kunden waren unzufrieden, weil die Betriebswirte oft nur ein oberflächliches Sportwissen hatten und die Sprache des Marketings und nicht die des Sports sprachen. Daher reifte die Idee, beides zu kombinieren und eine Ausbildung im Sportmanagement anzuregen. In Bayreuth wurde dies durch eine Kooperation des sportwissenschaftlichen mit dem wirtschaftswissenschaftlichen Institut möglich. Der erste Lehrstuhl für Sportökonomie wurde an der Deutschen Sporthochschule Köln 1995 eingerichtet und mit Heinz-Dieter Horch, einem Heinemann-Schüler, besetzt. Im Sportmanagement wiederholt sich dabei eine Struktur, wie sie schon in der Sportsoziologie vorzufinden und erklärungsbedürftig ist. Sportsoziologische Lehrstühle gibt es in Deutschland nur an Sportfakultäten. In der Mutterdisziplin mag der eine oder andere sich dem Thema annehmen (etwa Klaus Heinemann seinerzeit am Institut für Soziologie der Universität Hamburg oder Uwe Schimank am Institut für Soziologie der Universität Bremen), aber das hat eher den Status eines Hobbys. Sportsoziologie ist nicht der Kern ihrer jeweiligen Professuren. Dies galt zunächst auch für das Fach Sportmanagement. Inzwischen haben – vor allem private – Fachhochschulen nachgezogen. Eine Sportmanagementausbildung an einer wirtschaftswissenschaftlichen Fakultät einer Universität sucht man vergebens. Hier schlägt das Image des Sports als „wichtigste Nebensache der Welt" wieder zu. Sport gilt als Hobby, als unseriöses Spaßthema – trotz der gewaltigen Gelder, die inzwischen in dieser Branche bewegt werden.

Ein wichtiger Meilenstein in der Entwicklung des Faches war der Zusammenschluss von Wissenschaftlern sowie interessierten Praktikern zu einem Arbeitskreis. Die Gründung dieses Arbeitskreises stand auf der Agenda von Heinz-Dieter Horch für die Entwicklung der Professor für Sportökonomie an der Deutschen Sporthochschule Köln 1995. Auch der damalige Direktor des Bundesinstituts für Sportwissenschaft Martin-Peter Büch trug sich mit dem Gedanken, einen solchen Arbeitskreis zu gründen. Nach einigen Vorgesprächen kam es dann in Köln am 27. 6. 1997 zur Gründung des AK Sportökonomie (AK Sportökonomie 2015a). Der AK hat ein sehr breites Verständnis von Sportökonomie, das Sportmanagementthemen miteinschließt. In einem Strategiepapier heißt es:

> „Die Sportökonomie nutzt die Theorien und Methoden der Volks- und Betriebswirtschaftslehre sowie sozialwissenschaftliche und sportwissenschaftliche Ansätze. Von daher wird eine Aufspaltung in eine ökonomische und eine Managementvereinigung, wie sie teilweise international vertreten wird, nicht für förderlich gehalten, denn Managementwissen ist ohne ökonomische Basis nicht tragend." (AK Sportökonomie 2015b)

Seit der Gründung finden jährlich Tagungen zum Thema statt, die inzwischen mit Publikationen dokumentiert werden. Sie erscheinen in einer der wichtigsten Schriftenreihen zum Thema Sportmanagement und Sportökonomie. Mit Sciamus ging 2010 auch eine deutsche Zeitschrift für Sportmanagement online. Ansonsten waren für das Fach von Anfang an internationale Zeitschriften von hoher Bedeutung, noch bevor die Veröffentlichungen in solchen Zeitschriften für die Bewertung von Hochschulpersonal eine so große Rolle spielte, wie es aktuell der Fall ist. Die wichtigsten Journale für Sportmanagement sind

- European Sport Management Quarterly,
- das Journal of Sport Management,
- das Journal of Sports Economics,
- die Sport Management Review sowie
- das Journal of Sport & Finance.

Die Anzahl der Journale ist ein gutes Indiz dafür, dass die weltweite Entwicklung in diesem Fach starke Fortschritte gemacht hat.

Für die Entwicklung einer Disziplin sind neben Zeitschriften vor allem Kongresse und Tagungen von Bedeutung. Neben den Tagungen des AK Sportökonomie waren es vor allem die Kölner Sportökonomie-Kongresse unter der Ägide von Heinz-Dieter Horch, die in ihrer Größe und der Breite ihres Programms bislang in Deutschland unerreicht bleiben. Leider wurden sie von seinen Nachfolgern nicht weitergeführt. Auf eine lange Tradition kann das Heidelberger Sportbusiness Forum zurückblicken. Auch in Jena und in Wolfenbüttel findet seit einigen Jahren regelmäßig eine Tagung statt. Das Innsbrucker Sportökonomie- und -management Symposion feiert 2021 sein zehntes Jubiläum. Sehr große Kongresse finden international statt, etwa in Europa mit der EASM, der *European Association for Sport Management.*

Weiterführende Literatur

Pawlowski, T., 2020 (2. Auflage): Sportökonomik. In: Burk, V./Fahrner, M. (Hrsg.): Sportwissenschaft. Themenfelder, Theorien und Methoden. München: UTB.

Repetitorium

1. Kann der Sport auf die Funktion des Managements verzichten?
2. Wie kann man den ersten bezahlten Sportmanager in Deutschland finden?
3. Warum entwickelte sich Sportökonomie und Sportmanagement erst nach den USA?

3 Allgemeine Prinzipien des Sportmanagements

Das Fach Sportmanagement wurde von Beginn an infrage gestellt. Einerseits konnte man wie Trevor Slack auf dem ersten Kölner Sportökonomiekongress argumentieren, dass es nur Management im Sport, aber kein eigenes Fach Sportmanagement geben würde (Slack 1999). Die Gegenposition wurde insbesondere von Heinz-Dieter Horch immer wieder vertreten. Er argumentiert, dass es Besonderheiten des Sports und des Sportmanagements gebe, die ein eigenes Fach rechtfertigten (Horch 1999, zuletzt in Horch/Schubert/Walzel 2015). Dieser Legitimationsstreit führt letztlich dazu, dass die Besonderheiten gern erforscht werden und die allgemeinen Grundlagen oft aus dem Blick geraten. Im vorliegenden Lehrbuch wird versucht, beiden gerecht zu werden. Man muss offen prüfen, ob es diese Besonderheiten tatsächlich gibt und wie relevant sie sind, und man muss die allgemeinen Prinzipien auf den Sport anwenden. In diesem Kapitel geht es nun um allgemeine Prinzipien des Managements und ihre Anwendung in den verschiedenen Sektoren des Sports. Hierzu werden wichtige Ansätze des Managements bzw. der Organisationstheorie vorgestellt und auf den Sport angewandt.

3.1 Ziele oder „Ohne Ziele kein Management"

Die Grundlage jedes Managens ist das Vorhandensein von Zielen. Organisationen haben Ziele, ihren Organisationszweck, den es zu erreichen gilt. Die Idee der modernen Managementlehre ist es, die richtigen Handlungen auszuwählen und umzusetzen bzw. die Umsetzung anzuleiten, damit diese Ziele erreicht werden (Bea/Göbel 1999, 14 ff). Dabei haben Ziele verschiedene Funktionen (Keller 2008, 44 f):

- *Koordinationsfunktion:* Ziele koordinieren die Aktivitäten in einer Organisation in eine gemeinsame Richtung.
- *Informationsfunktion:* Ziele machen Aussagen über die Organisation und wirken so nach innen und nach außen.
- *Motivationsfunktion:* Wenn sich die Mitarbeiter oder auch andere relevante Gruppen mit den Zielen identifizieren, so wirken sie motivierend.

- *Legitimations- und Konfliktlösungsfunktion:* Die Botschaft der Ziele geben den Aktionen der Organisation eine gewisse Rechtfertigung und sie können bei Konflikten zur Lösung beitragen, da sie Orientierung geben.
- *Kontrollfunktion:* Sie liefern die Vergleichsgrößen für einen Soll-Ist-Vergleich.

Wenn man Ziele hat und verschiedene Alternativen entwickelt, wie man sie erreichen kann, woran kann man dann erkennen, welche die beste Alternative ist? Hierfür können die Kriterien der *Effektivität* und der *Effizienz* weiterhelfen. *Effektiv* ist eine Maßnahme, wenn das Ziel erreicht wird. Die Maßnahmen haben gegriffen, der Verein wird Deutscher Meister, die Sportartikelfirma konnte sich mit Outdoor-Sportarten ein neues Geschäftsfeld aufbauen oder eine Sportverwaltung konnte den Erhalt eines Schwimmbades sichern. Wenn man zwei Maßnahmen als Alternative hat, die beide effektiv sind, stellt sich die Frage, welche das gleiche Resultat bei weniger Mitteleinsatz erreicht, also *effizienter* ist (Eichhorn 2000, 140 ff).

Ziele können unterschiedliche Eigenschaften haben. Es gibt Ziele, die man nie erreichen kann, die aber als Ideale wie Leuchttürme am Horizont stehen und so die Handlungen in diese Richtung lenken. Solche Ziele werden auch Visionen genannt, und ihre Stärke liegt in ihrer Fähigkeit zu motivieren. Niemand hat dies besser zum Ausdruck gebracht als der französische Schriftsteller Saint-Exupéry:

> „Wenn Du ein Schiff bauen willst, so trommle nicht Männer zusammen, um Holz zu beschaffen, Werkzeuge vorzubereiten und Aufgaben zu vergeben, sondern lehre die Männer die Sehnsucht nach dem endlosen Meer“ (zitiert nach Scholz 1991, 253).

Dennoch sind das Zusammentrommeln der Männer (heute wie schon damals auch der Frauen), das Beschaffen des Holzes und die Vergabe von Aufgaben nicht unwichtig. Es reicht nicht, Menschen für eine Idee zu begeistern und ihnen nicht anschließend ihre Aufgaben zu organisieren. Die großen Ziele müssen in kleinere Ziele heruntergebrochen werden. Dies kann bei großen Aufgaben sehr komplex werden. Daher ist schriftliche Planung immer geboten. Zudem hat sich gezeigt, dass die nachgeordneten Ziele am besten nach dem SMART-Prinzip von Locke und Latham (1990) zu formulieren sind. SMART ist ein Akronym aus der englischsprachigen Managementliteratur. Es bedeutet:

S ⟶ specific (spezifisch)
M ⟶ measurable (messbar)
A ⟶ attainable (erreichbar)
R ⟶ realistic (realistisch)
T ⟶ timed (terminiert)

Wenn Ziele so formuliert sind, dass sie spezifisch und messbar sind, kann man gut überprüfen, ob sie erreicht wurden. So können sich Sportorganisationen Ziele setzen, wie bspw. ein Teilnehmerwachstum um 10 %. Es ist gut messbar und spezifisch. Es ist auch erreichbar. Setzt man sich aber Ziele, wie bspw. 100 % Gesundheit der Bevölkerung durch Sport, so wird man scheitern. Ein solches Ziel kann als Vision dienen und somit motivieren, aber als Ziel wird es wegen seiner Unerreichbarkeit nur frustrieren. Daher sollten Ziele nach dieser Regel realistisch sein. Wirklich überprüft werden kann ein Ziel nur, wenn man das Datum kennt, an dem es erreicht sein soll.

Für erwerbswirtschaftliche Betriebe spielt das Profitziel immer eine wichtige, typischerweise sogar die entscheidende Rolle (Wex 2004). Dagegen spielen sie für NPOs und für den Staat – wenn überhaupt – nur eine geringe Rolle. Hier sind vor allem auf finanzieller Seite Deckungsziele von Bedeutung. Ein Sportangebot soll seine Kosten decken, dann ist das finanzielle Ziel erreicht. Zum Teil findet sich der Staat auch nur mit einem Deckungsbeitrag ab, etwa beim Betrieb von Hallenbädern. Dort wird subventioniert, um übergeordneten Zielen, wie der Volksgesundheit, zu dienen (Hockenjos 1995, 109 ff).

In staatlichen Organisationen besteht die Besonderheit, dass die großen Ziele meist von außen vorgegeben werden. Hier setzt das gewählte Parlament die Ziele und die Sportverwaltung ist dann das ausführende Organ. Es gibt zwar Spielraum für eigene Ausgestaltungen, aber den Rahmen setzt die Politik.

In NPOs dienen die Ziele der Organisation oft auch der Mitgliederbindung. Je mehr eine NPO mitgliederorientiert ist, umso stärker wird sie versuchen, ihre Ziele so zu formulieren, dass sich möglichst viele potenzielle Mitglieder angesprochen fühlen und in die NPO eintreten. Dies führt dazu, dass man gerade nicht nach dem SMART-Prinzip verfährt und betont unscharf formuliert. Bode (2003, 23 ff) hat dies als eine Strategie von NPOs zur Mitgliederrekrutierung identifiziert und theoretisch als lose Kopplung von Zielen nach Orton und Weick (1990) erkannt.

Aus dem Bereich der NPOs stammt auch die Frage, was passiert, wenn eine Organisation ihre Ziele erreicht hat. Dies war z.B. bei einem Verein der Fall, der sich für die Bekämpfung einer Krankheit einsetzte und diese tatsächlich bis zur Bedeutungslosigkeit ausgerottete. Der Verein wurde dann keinesfalls aufgelöst, sondern er suchte sich neue Ziele, in diesem Fall eine andere Krankheit, die es zu bekämpfen galt (Sills 1966). Organisationen können also auch eine Eigendynamik jenseits ihrer Ziele entwickeln. Dennoch gibt es gerade auch im Sport viele temporäre Organisationen, die nur für die Durchführung eines Sportevents gegründet werden. Die Bewerbungs- und Organisationskomitees von Olympischen Spielen oder Fußballweltmeisterschaften sind hier ein gutes Beispiel. Auch der Wandel von Zielen lässt sich im For-Profit-Sektor wie im staatlichen Bereich nachweisen. So war Adidas zunächst nur eine kleine Schuhmacherei, die lediglich nebenher auch Sportschuhe produzierte, weil die Besitzer sehr sportaffin waren. Erst der Erfolg der Sportschuhe führte sie dahin, sich darauf zu spezialisieren und später über die Schuhe hinaus Sportartikel zu produzieren. Mit dem Erfolg von Sport als Lifestyle kam es dann zum nächsten Wandel. Es wurden nicht mehr nur funktionale Produkte nur für den Sport produziert, sondern auch sportdysfunktionale modische Artikel wie Sneaker, die nur wie Sportschuhe aussehen (Smit 2007).

Festzuhalten bleibt, dass Ziele dem Wandel unterworfen sind. For-Profit-Organisationen können dabei sehr viel leichter veränderte Ziele akzeptieren als etwa Non-Profit-Organisationen. So hat Niklas Luhmann in seinem ersten Buch zur Organisationstheorie schon deutlich gemacht, dass Firmen sehr leicht ihr Programm ändern können, da die Mitarbeiter nicht durch das Ziel der Organisationen, sondern durch den Gelderwerb eingebunden sind (Luhmann 1964).

Weiterführende Literatur

Bea, F.X./Göbel, E., 1999: Organisation. Stuttgart: UTB.

Locke, E.A./Latham, G.P., 1990: A Theory of Goal-Setting and Task Performance. Englewood Cliffs: Prentice Hall.

Repetitorium

1. Warum kann es sinnvoll sein, sich unerreichbare Ziele zu setzen?
2. Welche Vorteile hat es, klar überprüfbare Ziele anzusteuern?
3. Was passiert mit einer Organisation, die ihre Ziele erreicht hat?

3.2 Arbeitsteilung

Wenn ich Ziele habe und nach Wegen suche, die möglichst effektiv bzw. effizient sind, brauche ich Wissen über Methoden, die solche Wirkungen haben. Eine sehr fundamentale Methode ist die Arbeitsteilung. Die Position des Sportmanagers ist ein Ergebnis der Spezialisierung und der funktionalen Differenzierung, also der Arbeitsteilung. Die besondere Bedeutung der Arbeitsteilung für die Effektivität und Effizienz einer Produktion wurde schon früh entdeckt und insbesondere von Adam Smith in seinem Buch *Wohlstand der Nationen* propagiert. Schon auf den ersten Seiten findet sich die klassische Beschreibung der Arbeitsteilung in einer Nadel-Manufaktur. Anstatt – wie in Schmieden früher üblich – alle Arbeitsschritte von einer Person Nadel für Nadel auszuführen, wurde die Arbeit zerteilt: Einer zieht den Draht, dieser wird vom nächsten zerschnitten. Ein anderer setzt einen Kopf auf die Nadel, die von dem nächsten angelötet wird. Wieder eine andere Person reinigt die gefertigten Nadeln und der nächste verpackt diese (Smith 1988, 9 ff, zuerst 1776). Diese Produktionsweise führte zu ungeahnter Produktivität und ist ein Kennzeichen der Moderne (Degele/Dries 2005, 45 ff).

Durch die Zusammenarbeit kann es insbesondere zu sogenannten *Synergieeffekten* kommen. Das Können bzw. Wissen des einen addiert sich nicht bloß zum Können und Wissen des anderen. Beide erreichen zusammen mehr als jeder einzeln für sich (Hofstätter 1971, 21).

Die Aufspaltung des Arbeitsprozesses kann aber noch einen weiteren Vorteil für die Organisation bringen. Da jeder in einer Organisation für die Tätigkeitsaspekte bezahlt wird, die am anspruchsvollsten sind, kann die Aufspaltung in einfache und schwere Arbeiten einen Lohneffekt haben (Babbage 1999, zuerst 1832, 144). Man nennt diesen Effekt auch das *Babbage-Prinzip*: Wenn man sich drei Manager leistet, die jeweils für eine Profisportsparte vollständig zuständig sind, so zahlt man drei Managergehälter. Dabei beinhaltet ihre Tätigkeit auch einfache Arbeiten wie die Ablage von Rechnungen, kurze Auskünfte bei Anfragen von Mitgliedern oder von Zuschauern. Wenn stattdessen nur ein Generalmanager vorhanden ist, der von einer Sekretärin und einem Sachbearbeiter unterstützt wird, so hat man nur den Lohn eines Managers und seiner geringer bezahlten Mitarbeiter und kann doch die gleiche Arbeitsmenge bewältigen.

3.2.1 Taylorismus oder "the one best way"

Eines der frühesten und einflussreichsten Werke der Managementliteratur beruht auf dem Prinzip der Arbeitsteilung. Es stammt von Fredrick Winslow Taylor, einem US-amerikanischen Ingenieur, der von 1856 bis 1915 lebte. Sein Ansatz begründete die Arbeitswissenschaft. Diesen Ansatz nannte er selber *Scientific Management,* er wurde aber als *Taylorismus* weltberühmt. Es beruht auf extremer Arbeitsteilung. Je kleinteiliger desto besser. Dabei wird insbesondere auf die Trennung von Hand- und Kopfarbeit größten Wert gelegt. Dem Manager obliegen die Analyse und Planung des Arbeitsprozesses, die er als präzise Arbeitsanleitungen an die Arbeiter weitergibt. Dabei sucht er immer nach der optimalen Lösung, dem *„one best way"*. Anstatt die Arbeiter einfach Kohle schaufeln zu lassen, wurde nach dem perfekten Bewegungsablauf gesucht, der optimalen Kohlemenge auf der Schaufel und last but not least der optimalen Schaufel. Der Arbeitsprozess wurde wie eine Maschine geplant und auch die Arbeiter waren Teile von ihr. Denn Taylor dachte, dass Arbeiter ähnlichen Gesetzen wie Teile einer Maschine gehorchen würden (Taylor 1977, zuerst 1913). Dabei entsprach das Menschenbild Taylors dem eines Automaten: Der Arbeiter war als Ausführender nur am Lohn interessiert. Daher wird dieser auch konsequent als Motivationsmittel genutzt. Akkord- und Prämienlöhne sind einem generellen Grundlohn zu bevorzugen (Bonazzi 2014, 34).

Gewinnprämien finden sich vielfach im Leistungssport. Bundesligavereine im Männerfußball schütten Siegprämien an ihre Spieler aus. In der Leichtathletik oder z.B. auch im Tennis werden von Veranstaltern großer und bedeutsamer Turniere Prämien für die ersten Plätze ausgelobt. Aber auch in Sportstudios finden sich Erfolgsbeteiligungen beim Einwerben von neuen Mitgliedern.

Weiterführende Literatur

Bonazzi, Giuseppe, 2014: Geschichte des organisatorischen Denkens. Wiesbaden: Springer Fachmedien

Karnigel, R, 1997: The one best way: Frederick Winslow Taylor and the enigma of efficiency. New York: Penguin Books.

Kieser, A., 2014: Managementlehren – Von Regeln guter Praxis über den Taylorismus zur Human Relation-Bewegung. In: Kieser, A./Ebers, M., 2014: Organisationstheorien. Stuttgart: Kohlhammer, S. 73-117.

3.2.2 Fordismus oder "solange es schwarz ist"

Die besonderen wirtschaftlichen Effekte der Arbeitsteilung können aber noch gesteigert werden. Henry Ford I. (1863-1947) war ein Erfinder, Ingenieur und Industrieller. Er entwickelte den Ansatz der Arbeitsteilung weiter. Nach Vorbild der Chicagoer Schlachthöfe führte er 1913 eine Fließbandfertigung ein. Darüber hinaus ist für den Fordismus der Effekt der Skalenerlöse (Economys of Scale) grundlegend. Die Stückkosten nehmen mit der produzierten Menge ab. Im Automobilbau ist das Herstellen von Pressformen für Karosserieteile extrem teuer. Je mehr Teile gepresst werden, umso niedriger werden die Kosten für das einzelne Stück.

Investition 100 €: 10 Stück · 1 € Material = 10 €

Investition 100 €: 100 Stück Stück · 1 € Material = 1 €

Sonderanfertigungen sind also besonders teuer und Massenprodukte können besonders günstig produziert werden. Daher setzte Ford auf extreme Standardisierung. Der Ford T war immer gleich. Auf die Frage, ob der Ford T auch in einer anderen Farbe als dem allgegenwärtigen Schwarz produziert werden könne, gab er zur Antwort, dass der Ford T in jeder Farbe geliefert werden könne, solange es Schwarz sei. Fords Methode führte zu einer ungeheuren Produktionssteigerung. Automobile wurden durch die standardisierte Massenproduktion und die damit einhergehenden Skalenerlöse zu einem Produkt, das immer günstiger angeboten werden konnte. Dies führte zu einer Automobilsierung der Gesellschaft. Gleichzeitig erlaubten die hohen Gewinne auch hohe Löhne für Fords Arbeiter. Ford zahlte gern hohe Löhne, da er dadurch zusätzliche Absatzmärkte für seine Automobile schuf. So legte der Fordismus die Grundlage für den Massenwohlstand der amerikanischen Gesellschaft (Halberstam 1988, 55 ff, Kühl 2008, 128).

Es liegt auf der Hand, dass der Fordismus im Rahmen des Sportmanagements nur bei der Herstellung von Sportartikeln zur Anwendung kommen kann. Dies hat er z.B. in der Fahrradproduktion der Opel-Werke schon früh getan. Die Opel-Werke wurden 1862 von Adam Opel gegründet und produzierten zunächst Nähmaschinen. Ab 1886 wurden auch Fahrräder hergestellt. In den 1920er-Jahren stieg Opel zum größten Fahrradhersteller der Welt auf. Allerdings verkaufte Opel 1936 seine Fahrradproduktion an NSU (Opel 2015). Natürlich waren die meisten Räder der Produktion keine Sportgeräte im eigentlichen Sinne, sondern wurden vor allem als Transportmittel eingesetzt. Allerdings wurde das Rad am Wochenende dann doch als Sportgerät genutzt.

Erst nach dem Zweiten Weltkrieg entwickelten sich Sportartikel als massengefertigte Produkte, da mit der Ausweitung der Freizeit und dem damit einhergehenden Sportboom eine entsprechende Nachfrage einsetzte. Vorher wurden einfach Alltagsgegenstände für den Sport umfunktioniert.

Weiterführende Literatur

Bonazzi, G., 2014: Geschichte des organisatorischen Denkens. Wiesbaden: Springer Fachmedien.

Halberstam, D., 1988: Die Abrechnung. Frankfurt am Main/New York: Campus.

Keller, M., 1994: Krieg der Autogiganten. Frankfurt am Main: Eichborn.

3.2.3 Probleme der Arbeitsteilung

Die hier gegebene Darstellung des Taylorismus und des Fordismus klingt zuerst sehr positiv. Aber den starken Steigerungen an Effektivität und Effizienz sowie dem Phänomen des Massenwohlstandes stehen auch Schattenseiten gegenüber. Die Produktion wurde extrem „entmenschlicht"; die Arbeiter zu einer Art Maschinenteil. Die Reduzierung auf eine Bewegung und das Leben im Rhythmus der Maschinen hatte radikale gesundheitliche und psychische Folgen für die Arbeiter. Charlie Chaplin hat diese auf das deutlichste in seinem Film *Modern Times* persifliert. Hinzu kamen noch Unfälle, die insbesondere unter den extremen Arbeitsmengen, verursacht durch die Akkordlöhne, passierten. Vor Ford bauten ausgebildete Handwerker die Fahrzeuge zusammen. Mit Ford kamen die ungelernten Arbeiter in die

Fabrik. Zwar konnte Ford argumentieren, dass er sogar Blinden Arbeit geben konnte, dennoch muss die Abwertung konstatiert werden: Handwerker wurden zu Handlangern (Kieser 2001, 94).

Die Folgen der schwarzen Seite der Arbeitsteilung und insbesondere auch des Taylorismus und Fordismus waren Maschinenstürmerei, Sabotage und wilde Streiks. Dies blieb auch der deutschen Politik nicht verborgen. Ab den 1970er-Jahren begann das Programm *Humanisierung der Arbeitswelt*. Es wurde u. a. versucht, den Grad der Arbeitsteilung wieder zurückzuschrauben. So wurden die Ausweitung mit gleichwertigen Tätigkeiten (Job-Enlargement) sowie die Ausweitung mit höherwertigen Tätigkeiten (Job-Enrichment) und auch der generelle Wechsel der Tätigkeiten (Job-Rotation) propagiert (Matthöfer 1974, 127 ff).

Weiterführende Literatur

Matthöfer, H., 1978: Humanisierung der Arbeit und Produktivität in der Industriegesellschaft. Frankfurt: EVA.

3.2.4 Postfordismus oder die individualisierte Masse

Die nächste revolutionäre Umwälzung in der Produktion fand in den 1980er-Jahren statt. Der Computer zog in die Produktion ein. Aus einfachen Maschinen wurden programmierbare. Zunächst unterstützten Computer die Drehbänke, dann entwickelten sich vollautomatische Herstellungsautomaten, die direkt aus der Entwicklungsabteilung mithilfe von Computer-aided-Design-Programmen gesteuert werden konnten. Der Industrieroboter wurde in die Fabrikation integriert. Dies legte das Fundament für den Übergang von der standardisierten Massenproduktion zur spezialisierten Massenproduktion. Unter Ford waren alle Ford T, die das Band verließen, gleich. Heute fährt kein gleichartiges Auto mehr vom Band. Wir sind bei der Massenproduktion von Unikaten angekommen. Der Fordismus ist überwunden, ohne die Economys of Scale zu verlieren. Man spricht daher vom Postfordismus (Kern/Schumann 1984, Priore/Sabel 1985).

Die Entwicklung lässt sich gut auch im Sport verfolgen. Zwar gibt es nach wie vor den in Massen produzierten Sportschuh, aber im Internet kann man inzwischen seinen eigenen Sportschuh in gewünschter Farbkombination mit eingesticktem Namen bestellen. Man nennt diese vom Kunden auf Maß bestellte Produktion *Mass Custimaziation*. Es gibt die harte Variante, wie in dem dargestellten Beispiel des Sportschuhs, die noch in der Fabrik stattfindet. Die weiche Variante findet sich im Fahrradhandel. Dort wird das Massenprodukt erst beim Händler auf die Kundenwünsche konfiguriert (Pine 1993).

Ein weiteres Element des Postfordismus ist die *Just-in-time-Logistik*. Die Erfindung wird Toyota zugeschrieben. Erste Versuche gab es schon nach dem Zweiten Weltkrieg, wurde dann aber mithilfe der Computertechnik in den 1980er-Jahren perfektioniert. Die Methode beruht darauf, die Anlieferung von Teilen für die Produktion in genau den Moment zu koordinieren, in dem sie gebraucht werden. Dies vermeidet Lagerkosten. Zudem können für die Mass Customizing exakt die benötigten Teile produziert und angeliefert werden. Die Voraussetzung sind schnelle Informationswege. Daher ist es kein Wunder, dass diese Methode durch die Einführung des Internets noch einen zusätzlichen Schub erhielt.

Der Versuch, diese Integration von Maschinen mit Computertechnologie noch weiterzutreiben, wird in Deutschland aktuell als Industrie 4.0 bezeichnet. Dabei handelt es sich um ein Programm der Bundesregierung, weshalb dieser Begriff auch als Marketingbegriff kritisiert wird (Bendel 2015).

Weiterführende Literatur

Kern, H./Schumann, M. 1984: Das Ende der Arbeitsteilung? Rationalisierung in der industriellen Produktion. München: Beck.

Pine, J.B., 1993: Mass Customization: the new frontier in business competition. Boston: Harvard Business Press.

Piore, M.J./Sabel, Ch., 1985: Das Ende der Massenproduktion. Berlin: Wagenbach.

3.2.5 Fazit

Man kann feststellen, dass die Arbeitsteilung, wie sie insbesondere der Taylorismus propagiert, zu ungeheuren Produktivitätssteigerungen bei zunehmend harten Arbeitsbedingungen führte. Dies wurde im Fordismus mit seiner extremen Standardisierung und Fließbandfertigung perfektioniert und führte auch erstmalig zu einem relativen Massenwohlstand. Der Postfordismus hob die Standardisierung und viele Probleme bei den Arbeitsbedingungen bei gleichzeitigem Erhalt der Economies of scale auf. Allerdings verloren viele – vor allem ungelernte – Arbeitnehmer ihre Arbeitsplätze an die nun computergesteuerten Maschinen.

Die Arbeitsteilung erscheint in diesem Kapitel wenig mit dem Sport und z.B. der Arbeit in einem Sportverein zu tun zu haben. Allerdings ist das Prinzip der Arbeitsteilung so grundlegend und beinhaltet eine große Stärke, dass ihre Entwicklung dargestellt werden muss.

Repetitorium

1. Warum ist es oft effizienter die Arbeit aufzuteilen, anstatt alle Mitarbeiter das Gleiche machen zu lassen?
2. Was bedeutet bei Taylor „one best way"?
3. Warum sind bei Henry Ford alle Ford T schwarz?
4. Welche Probleme bringt die Arbeitsteilung und die Fließbandfertigung mit sich und wie kann man damit umgehen?
5. Welche technischen Innovationen waren notwendig, damit der Postfordismus entstehen konnte?

3.3 Bürokratie oder „Regeln statt Willkür"

Die Arbeitsteilung kann zu erheblich effizienteren bzw. effektiveren Arbeitsergebnissen führen. Allerdings bedarf es dazu Regeln. Es muss klar sein, wer was wie zu machen hat. Daher lohnt es sich an dieser Stelle, sich die Organisationstheorie *Bürokratie* näher anzusehen. Über die Bürokratie gibt es klare Alltagsvorstellungen. Der Begriff ist extrem negativ besetzt. Man verbindet mit ihr unsinnige, unverständliche Formulare, die zu einem hohen Aufwand führen, die der Allgemeinheit hohe Kosten verursachen. Mit ihr sind Frustrationen und unsinnige, ja quälerische Gänge durch die Verwaltungen konnotiert. Die Organisationstheorie sieht ihre dunkle Seite auch, aber sie weiß auch von vielen Vorteilen zu berichten. Bürokratie bedeutet wörtlich übersetzt *Herrschaft der Büros/der Verwaltung*. Der Begriff wurde in Frankreich von Vincent de Gournay geprägt (Derlien/Böhme/Heindl 2011, 16). Dennoch wird er heute vor allem mit Max Weber (1864–1920) in Verbindung gebracht. Weber ging der Frage nach, wie sich Herrschaft im Lauf der europäischen Geschichte entwickelte. Dabei stellte er fest, dass es einen Prozess gab, in dem die Honoratiorenverwaltung sich zur modernen Bürokratie wandelte. Honoratioren sind ehrenamtliche Verwalter. Es waren Leute, die für die Politik leben, ohne von ihr leben zu müssen. Meist waren es Adlige, die nebenher einen Bezirk verwalteten. Diese wurden nach und nach von bürokratischen Modellen abgelöst. Weber sah als Ursache die Überlegenheit der bürokratischen gegenüber der Honoratiorenverwaltung:

- *Kontinuität der Geschäftsführung:* Honoratioren leben nicht von ihrem Amt, daher fällt es leicht, es aufzugeben. Daher kam es immer zu Diskontinuitäten im Dienstgeschäft. Dagegen wird in bürokratischen Organisationen die Kontinuität der Geschäftsführung garantiert. Das Ausscheiden eines Mitarbeiters ist aufgrund der Hauptamtlichkeit unwahrscheinlicher als bei den ehrenamtlichen Honoratioren. Zudem sind Nachfolge und Vertretung geregelt.
- *Amtsführung nach festen Regeln:* Der Unterschied zwischen Vorgänger und Nachfolger (bzw. Vertreter) ist in der Bürokratie kaum spürbar, da beide an feste Regeln gebunden sind. Die Amtsführung ist unpersönlich. Bei gleicher Sachlage wird immer gleich entschieden, unabhängig von der Person des Amtsinhabers oder seiner aktuellen Laune. Honoratioren agierten dagegen oft nach eigenem Gusto und entschieden sich nach ihrer jeweiligen Stimmungslage und oft auch nach eigenen Interessen. Dabei war oft nicht klar, welche Entscheidungsbefugnisse sie haben. In der Bürokratie sind dagegen die Grenzen und die Rechte der Amtsinhaber klar geklärt.
- *Hierarchie der Befehlsgewalten:* In Bürokratien wird genau festgelegt, wer wessen Vorgesetzter für welche Aufgaben ist und was der Vorgesetzte dem Untergebenen befehlen darf.
- *Strikte Trennung von Amt und Person:* Die Ressourcen des Amts entziehen sich dem privaten Zugriff durch die Mitarbeiter. In der Honoratiorenverwaltung gab es keine Trennung von eigenem und staatlichem Besitz durch die Honoratioren. So war nicht nur Willkür an der Tagesordnung, sondern auch die eigene Bereicherung auf Kosten der Allgemeinheit.
- *Keine Ämterweitergabe durch Amtsinhaber:* Die Rekrutierung eines Nachfolgers war in der Honoratiorenzeit nicht geregelt, aber das Amt wurde oft vom Amtsinhaber selber nach Gutdünken weitergegeben. Dabei flossen Privatinteressen, aber keinerlei Qualitätskontrollen mit ein. In der Bürokratie gibt es feste Regeln zur Qualifikation von Amtsinhabern, die durch staatlich gesicherte bzw. überprüfte Ausbildungen erlangt werden können. Der aktuelle Amtsinhaber ist bei der Besetzung seiner Nachfolge nicht beteiligt. So wird auch verhindert, dass Fehler

oder Vergehen des alten Amtsinhabers vertuscht werden können, weil sein Nachfolger in diese Vergehen miteinbezogen war.

- *Schriftlichkeit der Kommunikation:* Das Prinzip der Schriftlichkeit in den Amtsgeschäften ermöglicht die akkurate Umsetzung von Regeln nachträglich nachzuvollziehen. Sie ermöglicht auch ggf. einem Nachfolger die bisher geübte Praxis nachzuvollziehen und anhand der Präzedenzfälle kontinuierlich weiterzuarbeiten. In der Honoratiorenzeit gab es oft Probleme, da mündliche Vereinbarungen bei einem Wechsel des Amtsinhabers nicht mehr einklagbar waren.

Weber kam durch seine historischen Studien zu seiner Bürokratietheorie. Die historisch früheren Herrschaftsformen erweisen sich dabei der modernen Bürokratie als unterlegen. Die Bürokratie ist schneller, verlässlicher, präziser und diskreter. Insgesamt führt sie zu einer Verlässlichkeit und Berechenbarkeit, die historisch ihresgleichen sucht. Weber nannte sie die *„formal rationalste Form der Herrschaftsausübung“* (Weber 1980, 128). Sie ist universalistisch einsetzbar und technisch effizient. Sie bietet Schutz vor Willkür (ebenda).

Der Ansatz von Weber ist im Kern also eine historische Arbeit, die zu einer wichtigen Organisationstheorie führte. Er propagiert dabei die Bürokratie nicht als einfaches Erfolgskonzept. Man kann sagen, dass Weber nicht nur die Bürokratie als Herrschaftsform (bzw. implizit als Managementform) identifiziert hat, sondern auch gleichzeitig ein bedeutsamer Kritiker des Ansatzes ist. Er spricht von dem „stahlharten Gehäuse“ der Bürokratie. Ihr fehle es an Flexibilität und sie neige zur Überexaktheit (Weber 1980, 835). Robert K. Merton hat für die wortwörtliche Überexaktheit einer Bürokratie ein prägnantes Beispiel genannt. In den USA musste man für den Erhalt der Staatsbürgerschaft früher fünf Jahre auf dem Boden der USA eine Tätigkeit nachweisen, die zum Lebensunterhalt reichte. Ein Antragsteller wurde abgelehnt, weil er als Mitglied einer Antarktis-Expedition den Boden der USA verließ. Obwohl das Schiff, auf dem er unterwegs war, unter amerikanischer Flagge fuhr und er sich zudem in einem Gebiet in der Antarktis aufhielt, das von den USA beansprucht wurde. Man wollte schon das Schiff nicht als amerikanischen Boden betrachten, obwohl es formal rechtlich amerikanischen Gesetzen unterworfen war (Merton 1971, 269).

Oft sind die Stärken auch die Schwächen einer Lösung. Die Bürokratie beendet Willkürherrschaft und Unsicherheit durch das Einführen von expliziten, also schriftlich niedergelegten und jedem zugänglichen Regeln. Sie sind Sonderformen von sozialen Normen und entsprechend kann auf sie übertragen werden, was Ralf Dahrendorf über die doppelte Eigenschaft von Normen feststellte: Sie sind sowohl ein Halt als auch eine Fessel. Sie geben Handlungssicherheit und Berechenbarkeit, gleichzeitig schränken sie die Freiheit ein (Dahrendorf 1986a, 141).

3.3.1 Bürokratie und erwerbswirtschaftliche Betriebe

Die Bürokratie wird meist mit staatlichen Organisationen assoziiert. Tatsächlich ist sie auch typisch für erwerbswirtschaftliche Betriebe. Gerade in großen Unternehmen hat sie sich durchgesetzt. Nach dem Zweiten Weltkrieg setzte sich der Begriff *Industriebürokratie* (Bahrdt 1958) hierfür durch. Die Ähnlichkeiten von Max Webers Theorie und den tayloristischen Prinzipien (Hierarchie), Zuständigkeiten als Arbeitsteilung, liegen auf der Hand. Dennoch unterscheiden sich die Ansätze stark. Während Taylor ein präskriptives Handbuch verfasst hat, also eine Anweisung wie man managen muss, damit man erfolgreich ist, hat Weber auf der Grundlage ausführlicher Deskriptionen eine Theorie entwickelt.

Der große Unterschied der Industriebürokratie zum Staat liegt darin, dass die Bürokratie in erwerbswirtschaftlichen Betrieben nur so weit anwachsen kann, bis das Unternehmen unrentabel wird. Dann entsteht entweder ein Wandlungsdruck zur Reduzierung der Regeln oder aber es geht direkt in die Insolvenz. Der Markt wirkt hier als Regulativ der Bürokratie. Tatsächlich gibt und gab es immer wieder Ansätze, die versuchten, den bürokratischen Anteil zurückzufahren. So ist der Ansatz des Lean Managements (siehe Kapitel 5.3) auch der Versuch, Regelungen zu entfernen und Hierarchien abzubauen. Da es einen Zusammenhang zwischen Größe der Organisation und der Anzahl formeller Regeln gibt (Child 1972), ist der Versuch, klein zu bleiben und trotzdem viel zu produzieren, sinnvoll. Typisch ist hier das sogenannte Outsourcing. Die Frage, ob man etwas besser einkauft oder selbst macht, wird hier programmatisch mit Einkaufen beantwortet. So ist es z. B. eine Strategie des Sportartikelherstellers Nike, Sportartikel nur zu konzipieren und zu verkaufen, aber nicht zu produzieren. Nike besitzt und besaß keine Fabriken (Kurbjuweit 2003). Solche Organisationen werden nach Jonas (1986) als *hollow corporation* (leere Organisation) bezeichnet. Im deutschen Sprachraum hat sich dagegen die Bezeichnung Schaltbrettunternehmung (Sydow 1992) durchgesetzt.

Es gibt aber auch Managementansätze, die in mehr Bürokratie enden, wie etwa das Qualitätsmanagement (siehe Kapitel 5.2).

3.3.2 Bürokratie und Sportverwaltung

Bürokratie wird typsicherweise mit staatlichen Organisationen verbunden. Ist dies aber in der Sportverwaltung auch der Fall? Natürlich finden sich klare Regelungen, etwa bei der Vergabe von Ressourcen, die in der Regel als Sportförderungsrichtlinien niedergelegt sind. Anders als viele andere Verwaltungen des Staates fußt die Sportverwaltung nicht auf einer Pflichtaufgabe, sondern ist eine freiwillige Aufgabe des Staates. Es gibt keine gesetzliche Verpflichtung, den Sport zu fördern so wie es Pflicht einer jeden Kommune ist, Personalausweise auszustellen. Dies ist einer der Gründe dafür, dass Sportverwaltungen in Deutschland sehr heterogen sind. Es gibt keine bundesweiten Gesetze, die zu einer Standardisierung führen würden. Im Gegenteil, da der Sport genau wie die Bildung Länder- und Kommunenaufgabe ist, wird von deren Seite her sehr auf Autonomie und Selbstgestaltung geachtet. Lediglich der Höchstleistungssport im Rahmen von Repräsentation der Bundesrepublik Deutschland ist eine Aufgabe des Bundes. Jede Finanzierung des Breitensports würde vom Bundesrechnungshof moniert werden und auf den Widerstand der Länderregierungen stoßen. Auch kann der Bund keine landesweiten Sportgesetze verabschieden. Es wäre eine Überschreitung seiner Kompetenz. Daher gibt es auch kein Sportministerium, sondern eine Abteilung im Innenministerium, die sich mit Spitzensport befasst. Ansonsten finden sich auch in anderen Ministerien (etwa im Verteidigungsministerium) Stellen, die sich mit Sport beschäftigen.

Da Sport eine freiwillige Aufgabe ist, findet sich hier eine Domäne geringer Bürokratisierung. Die Gestaltung des Sportamts, seiner Regeln, seiner Politik sind stattdessen stark personalisiert statt standardisiert „geregelt". Von Kommune zu Kommune finden sich große Unterschiede in der Größe und im Aufbau der Sportverwaltungen. Die Ausgestaltung hängt stark von den Mitarbeitern im Sportamt und in der Stadtkämmerei, dem kommunalen Pendant zum Finanzministerium des Bundes, ab (Horch/Schütte 2003, 140 f).

3.3.3 Bürokratie und Non-Profit-Organisationen

Nichts scheint einer Bürokratie ferner zu sein als eine Non-ProfitOrganisation. So betont Horch (1985), dass in solchen Organisationen die Personalisierung und Ambivalenz anstatt klarer Regeln vorherrschen.

Allerdings kann man den Prozess der Bürokratisierung in NPOs besonders gut beobachten, also den Prozess der Regelbildung, der zunehmenden Formalisierung, der schriftlichen Fixierung der Regeln usw. So wie sich einst der westliche moderne Staat entwickelte, so entwickelt sich aus der Non-Profit-Organisation ein moderner Dienstleister. Diese Analogie ist passfähig. Denn die Honoratioren, von denen Weber sprach, sind wie die Ehrenamtlichen einer Non-Profit-Organisation. Die Probleme der ehrenamtlichen Führung kann damit letztlich mit Bürokratisierung begegnet werden. Man kann diesen Prozess auch als eine nachholende Modernisierung interpretieren. Non-Profit-Organisationen im Sport gelten als untersteuert. Sie haben zu wenig explizite Regeln, um effizient funktionieren zu können. Es gibt zu wenig Schriftlichkeit: Geht der Amtsinhaber, geht auch sein Wissen, und mündliche Absprachen sind nicht einklagbar. Man kann den ehrenamtlichen Mitarbeitern keine Befehle erteilen. Es gibt damit auch keine Befehlshierarchie. Man spricht hier von Personalisierung: Das Amt ist abhängig vom Träger der Position (Horch 1985). Ein Mangel an Professionalität ist ein häufig vorgebrachter Vorwurf an Vereine und Verbände. Dies geht oft einher mit der Forderung nach Hauptamtlichkeit im Management. Stimmt dieser Vorwurf? Um die Frage zu beantworten, muss man zunächst klären, was unter *Professionalisierung* eigentlich zu verstehen ist, da hier sehr viele unterschiedliche Definitionen Verwendung finden (z. B. Emrich/Pitsch/Papathanasiou 2001, 79 ff). Klar ist lediglich, dass es sich bei der Professionalisierung um einen Prozess handelt, an dessen Ende Professionalität steht. Nach Schütte lassen sich drei Felder unterscheiden, auf die sich Professionalisierung dabei beziehen kann (Schütte 2008, 29 ff):

- *Berufe:* Hier geht es um die Frage, inwieweit ein Beruf zu einer Profession wird. Eine Profession ist ein besonders machtvoller und angesehener Beruf, der auf wissenschaftlichen Qualifikationen beruht und zu einer gesellschaftlichen Machtstellung gelangt ist, wie es z. B. für Ärzte angenommen wird. Dies ist das verbreitetste Bedeutungsfeld der Professionalisierung (siehe Kapitel 6).
- *Organisationen:* Wendet man den Begriff der Professionalisierung auf Organisationen an, so hat diese Verwendung zwei Dimensionen: Man

kann Organisieren professionalisieren, indem man das Level der Qualifikation der Mitarbeiter erhöht. Die zweite Dimension findet sich typischerweise nur in Non-Profit-Organisationen. Dort geht es um die Verberuflichung von Positionen. Aus ehrenamtlichen Stellen werden hauptamtliche bzw. hauptamtliche ergänzen die ehrenamtlichen Stellen.

- *Tätigkeiten:* Letztlich kann man auch Handlungen insbesondere im beruflichen Kontext danach beurteilen, inwieweit sie mit dem *„State of the Art"* übereinstimmen. Das Statement „Wir müssen da professioneller agieren" hört man häufiger und spielt direkt auf dieses Verwendungsfeld an.

In diesem Zusammenhang hat Heinemann ein *Professionalisierungsdruck- und -grenzen-Theorem* aufgestellt. Es bezieht sich auf Organisationen (also nicht Beruf oder Tätigkeit), wobei die Verberuflichung von Ehrenamt zum Hauptamt im Vordergrund steht. Zunächst konstatiert er, dass die Welt des Sports sich stark wandelt: Es steigen die Mitgliederzahlen. Neue Finanzierungsformen in Form von Sponsoring, TV-Rechten, neue Werbeformen wie Bandenwerbung bieten neue Einnahmequellen. Der Sport selber entwickelt immer neue Sportarten und die Mitglieder weisen gewandelte Motive zum Sportzutreiben auf. Zudem kommt hinzu, dass die zunehmende Verrechtlichung der Gesellschaft auch im Sport stattfindet.

Gleichzeitig ist der Sport kaum professionalisiert. Dies führt nach Heinemann zu einem Druck zur Einführung und zum Ausbau bestehender Hauptamtlichkeit (Heinemann 1990, 118 ff, auch Heinemann/Schubert 1994). Wohlfahrtsverbände und Parteien haben sich früher und stärker professionalisiert als der Sport, der nun nachhohlen muss. Schließlich kann man mit Max Weber argumentieren, dass das Hauptamt dem Ehrenamt überlegen ist (Schütte 2000):

- Die benötigte Qualifikation eines Hauptamtlichen kann im Gegensatz zum Ehrenamt gesichert werden. Bei Ehrenamtlichen muss man diejenigen nehmen, die sich bereiterklären. Bei Hauptamtlichen hingegen kann man durch Rekrutierung aussuchen.
- Die Rekrutierung eines Hauptamtlichen kann nach rein sachlichen Kriterien erfolgen.
- Hauptamtliche sind relativ leichter ersetzbar als Ehrenamtliche, weil das potenzielle Rekrutierungsreservoir deutlich größer ist.

- Da die Hauptamtlichen (auch) durch das Anreizmittel Geld motiviert werden, übernehmen sie auch unangenehme Arbeiten.
- Ehrenamtliche können den Verein durch Rücktritt sanktionieren – sie verlieren damit nicht ihre Lebensgrundlage. Hauptamtliche dagegen können in zweifacher Weise sanktioniert werden: Es gibt die üblichen arbeitsrechtlichen Mittel (Abmahnung, Schadensersatz etc.) und zudem die *Peitsche der Arbeitslosigkeit* (Max Weber).
- Fluktuation ist bei ehrenamtlichen wie hauptamtlichen Positionen verbreitet. Die Chance der Dauerhaftigkeit des Verbleibs eines Hauptamtlichen ist dennoch deutlich höher als bei einem Ehrenamtlichen. Wo der Ehrenamtliche eine Beschäftigung in seiner Freizeit abgibt, verliert der Hauptamtliche seinen Lebensunterhalt.
- Die Arbeitszeiten der Hauptamtlichen sind flexibel gestaltbar. In der Regel decken sie sich mit den Geschäftszeiten, aber auch vertragliche Arrangements für Nacht- und Wochenendzeiten sind machbar. Die Zusammenarbeit mit Wirtschaftsbetrieben und dem Staat gestaltet sich für Ehrenamtliche schwer, da sie zu Geschäftszeiten (meist) arbeiten müssen.
- Hauptamtliche Tätigkeit ist ehrenamtlicher Arbeit umso überlegener, je weniger Zeit und Qualifikation von den Ehrenamtlichen eingebracht werden können.
- Zudem sind viele Unsicherheiten, die das ehrenamtliche Engagement mit sich bringt, bei Hauptamtlichen nicht vorhanden.
- Die Überlegenheit hauptamtlicher Mitarbeiter ist für viele Geldgeber ein Grund, Zahlungen an Non-Profit-Organisationen an eine Verberuflichung zu knüpfen.

Natürlich gibt es auch Nachteile von Hauptamtlichkeit. Sehr gravierend ist, dass Hauptamtliche Geld kosten, während Ehrenamtliche unentgeltlich für den Verein oder Verband tätig sind. Zudem führt die Einführung von einem Hauptamt zu einer Implementierung eines strukturellen Konflikts zwischen Hauptamt und Ehrenamt. Jede Zusammenarbeit von Vorgesetzten und Mitarbeitern ist von unterschiedlichen Interessen geprägt und enthält auch sonst noch weiteres Konfliktpotenzial in sich. Dieses Konfliktpotenzial bekommt durch das Nebeneinander unterschiedlicher Logiken und durch die Kompetenzverteilung eine eigene Prägung. Dabei kommt es im Arbeitsalltag immer wieder zu Kompetenzproblemen. Der bezahlte Manager hat das Wissen, aber nicht die Entscheidungsgewalt, während die Entscheidungsgewalt bei einem Ehrenamtlichen liegt, er aber aufgrund seiner geringeren Arbeitszeiten in der Organisation gar nicht so viel Wissen haben kann wie der Hauptamtliche (Bürgisser 2012). Winkler und Karhausen (1985) haben dies für Sportverbände untersucht und auch die Studie von Horch, Niessen und Schütte (2003) konnte dies für Vereine und Verbände bestätigen.

Letztlich kann die Verberuflichung zu einer Transformation des Vereines oder Verbandes führen. Sie werden dabei erwerbswirtschaftlichen Betrieben oder staatlichen Verwaltungen immer ähnlicher. Einige Autoren (z. B. Vaal 1965) sprechen von einem Selbstzerstörungszirkel des Ehrenamts. Dabei wird eine Unvermeidlichkeit unterstellt, die empirisch so nicht gegeben ist. Zudem muss es kein Nachteil sein, wenn alle diese Transformation wollen und es wirtschaftlicher ist. Horch (1995) hält deswegen auch die Bezeichnung *Transformationsprozess* für geeigneter.

Die Vorteile des Hauptamts werden umso stärker und gleichzeitig die Nachteile des Ehrenamts umso gravierender, je weiter sich die Non-Profit-Organisation entwickelt. Entwicklung geht mit einem Größenwachstum (Mitgliederzahl, Finanzen) und mit einem Aufgabenwachstum einher. Wenn das Hauptamt so überlegen ist, warum ist der selbstverwaltete Sport dann kaum professionalisiert? Heinemann argumentiert mit Grenzen (besser Hindernissen) der Verberuflichung. Sie hätten bislang die Professionalisierung verhindert. Heinemann belegt seine Thesen empirisch. Dabei korreliert er die Struktureigenschaft „Anzahl hauptamtlicher Mitarbeiter" mit den Variablen, die er als Ursache für den Druck zu mehr Hauptamtlichkeit ansieht. So kann er Hypothesen testen wie z. B. „Je mehr Mitglieder der Verein hat, umso mehr Hauptamtliche arbeiten im Vereinsmanagement."

Tatsächlich findet er eine Reihe von beachtlichen Korrelationen und kann so seine These stützen. Bei einer Überprüfung dieser Hypothesen konnten mit der gleichen Methode weitgehend die gleichen Ergebnisse erzielt werden (Horch/Niessen/Schütte 2003 bzw. Schütte 2008). Zudem kann die neue Untersuchung auch die Gültigkeit der Hypothesen von Heinemann für Verbände nachweisen. Fragt man jedoch direkt nach dem Bedarf an Hauptamtlichen, so kippt das Bild: Es gibt keinen überwältigenden Bedarf nach bezahltem Management im selbstverwalteten Sport (Schütte 2008).

Festzuhalten bleibt, dass Heinemann sein Theorem belegt hat, indem er vorhandene Strukturen (Anzahl der Mitglieder, Budgethöhe etc.) mit anderen Strukturen (Anzahl hauptamtlicher Managerstellen) korreliert hat. Diese Korrelationen werden als Erklärungen angesehen und führen zu einem Analogieschluss, welche die beste Organisationsstruktur in welcher Situation ist. Damit kann man den Ansatz der klassischen Kontingenztheorie zuordnen, die im nächsten Abschnitt näher erklärt werden soll.

Weiterführende Literatur

Derlien, H.-U./Böhme, D./Heindl, M., 2011: Bürokratietheorie. Einführung in eine Theorie der Verwaltung. Wiesbaden: VS Verlag für Sozialwissenschaften/Springer.

Heinemann, K./Schubert, M., 1994: Der Sportverein. Schorndorf: Verlag Karl Hofmann.

Schütte, N., 2008: Professionalisierungsdruck und -hindernisse des Managements in Sportvereinen und Sportverbänden. Bonn: Free Pen.

Repetitorium

1. Warum ist nach Weber die Bürokratie die rational effizienteste Herrschaftsform?
2. Welche Nachteile weist die Bürokratie auf?
3. Sind erwerbswirtschaftliche Sportbetrieb gegen Bürokratisierungstendenzen immun?
4. Sind kommunale Sportverwaltungen ebenso bürokratisch wie das Einwohnermeldeamt?
5. Welche Vorteile hat das Ehrenamt gegenüber dem Hauptamt und umgekehrt welche das Hauptamt gegen über dem Ehrenamt?
6. Wie begründet Heinemann sein Professionalisierungsdruck- und -grenzen-Theorem?

3.4 Kontingenztheorie oder die Abhängigkeit von der Umwelt

Bislang haben wir den Blick auf die Organisation gerichtet. Wie kann bei einem gegebenen Ziel die beste Arbeitsleistung durch planerische Tätigkeit (Taylor) und durch das Aufstellen von Regeln (Weber) erreicht werden? Jedoch gibt es auch ein Außerhalb der Organisation, ihre Umwelt. Ihre Bedeutung wurde insbesondere von der klassischen Kontingenztheorie hervorgehoben. Diese Theorie geht nicht auf einen Autor, sondern auf viele zurück. Es entstanden in ihrer Blütezeit, den 1950er- und 1960er-Jahren, immer neue Varianten, so dass man eigentlich von einer Vielzahl von Ansätzen reden muss. Der Begriff „kontingenztheoretische Schule" wäre vermutlich angebracht, konnte sich aber nicht durchsetzen. Dieser Ansatz ist aus der Kritik am *one best way* des Taylorismus und aus der empirischen Überprüfung der Bürokratietheorie von Max Weber entstanden. So wurden Hypothesen aus Webers Ansatz aufgestellt und anschließend empirisch getestet. Z.B. kann man die Hypothese *„Je größer die Organisation ist, desto ausgeprägter die Schriftlichkeit der Regeln"* nennen. Sie wurde dann mithilfe der Korrelationsrechnung überprüft. Dies wurde mit vielen Aspekten der Weber'schen Theorie durchgeführt und es zeigte sich immer mehr, dass die Zusammenhänge oft von dritten Variablen („intervenierenden Variablen/Kontingenz-Variablen) abhängen. So spielten die eingesetzte Technik (Woodward 1965) oder die Struktur (turbulent vs. stabil) der Umwelt der Organisation (Burns/Stalker 1961) eine bedeutsame Rolle. Aber auch interne Variablen können sehr wichtig sein. In der Konsequenz der Ergebnisse erschien es als falsch, einen immer gültigen Ansatz, einen one best way zu finden, stattdessen musste auf die Kontingenz-Variablen, auf die jeweilige Situation eingegangen werden, für die es jeweils einen *perfect fit* geben muss. Der Ansatz wird daher in Deutschland auch „situativer Ansatz" genannt (Kieser/Walgenbach 2010, 40).

Konkret bedeutet dies für einen Manager eines Breitensportvereins, dass er eine beste Anpassung der Angebotspalette des Vereins anhand der Beobachtung der Umwelt des Vereins gestalten kann und auch gestalten sollte. Wenn er feststellt, dass Gesundheit einen immer höheren Wert in der Gesellschaft erlangt, dann muss er sein Angebot darauf einstellen. Dies entspricht dem Grundgedanken der kontingenztheoretischen Schule. Welche Kritik diese Idee verlangt, wird im Abschnitt 3.4.3 dargestellt. Zunächst soll erst einmal der Ansatz vertieft vorgestellt werden.

Der Blick des Managers ging bei Taylor noch nach innen in die Organisation und schaute vor allem auf die inneren Strukturen, die es nach einem allgemeingültigen Gesetz zu optimieren galt. Die Kontingenztheorie schaut darüber hinaus aus der Organisation heraus in die sogenannte Umwelt der Organisation. Veränderungen dort müssen durch strukturelle Anpassungen nach innen begegnet werden, damit die Organisation nicht ineffizient wird. Dabei kann auf sehr unterschiedliche Phänomene reagiert werden. Dies können z.B. technische Veränderungen sein. Eine neue Generation an Fitnessgeräten kann ein Fitnessstudio veranlassen, die „Struktur" an

Fitnessgeräten zu verändern und auf die neuen Geräte umzustellen, bevor die Konkurrenz es tut. Die Organisation muss gewissermaßen eine Art Gleichgewicht mit seiner Umwelt anstreben. Das Gleichgewicht wird dann erreicht, wenn die Organisation perfekt an die Umwelt angepasst ist. Diese Vorstellung ist auch aus systemtheoretischen Ansätzen heraus bekannt (Parsons 1956, Luhmann 1964). Festzuhalten bleibt, dass die Umwelt dabei in eine *interne* und *externe* geteilt wird. Der Begriff der *internen Umwelt* klingt im Deutschen widersprüchlich. Der Begriff entstammt der Übersetzung aus dem Englischen *intern environment* und hat sich leider durchgesetzt. In den folgenden Abschnitten wird zunächst auf die externe und dann auf die interne Umwelt eingegangen. Am Ende werden die Grenzen der kontingenztheoretischen Schule beschrieben.

3.4.1 Externe Umwelt

Alles außerhalb der Organisation bildet ihre externe Umwelt. Mit so viel Komplexität kann ein Manager oder ein Organisationswissenschaftler gar nicht umgehen. Daher ist es sinnvoll, nicht alles anzusehen, sondern eine Auswahl der relevanten Faktoren zu treffen und diese in Typen einzuteilen. Dies kann unterschiedlich geschehen. Hier wird weitgehend Schreyögg und Koch (2015, 82 ff) gefolgt. Sie unterscheiden folgende Umwelten:

- *Die natürliche Umwelt:* In allgemeinen Managementbüchern wird an dieser Stelle auf begrenzte Ressourcen und Umweltverschmutzung hingewiesen. Die Umweltproblematik ist für den Sport wichtig, da viele Sportarten outdoor stattfinden, etwa in Wäldern, Bergen oder Gewässern. Dabei kann der Sport mit Umweltschutzinteressen in Konflikt geraten. (Schemel/Erbguth 2000). Bei der Errichtung von Sportstätten sind Umweltaspekte zu berücksichtigen. Wetterphänomene sind für Events, die draußen stattfinden, in der Planung miteinzubeziehen. Die derzeit wichtigste Veränderung in der natürlichen Umwelt ist der Klimawandel. Lange Zeit konnten sich viele nicht vorstellen, dass ein so globales und umfassendes Phänomen wie das Klima vom Menschen beeinflusst werden könne. Inzwischen kann der menschliche Einfluss bei der Klimaerwärmung aufgrund wissenschaftlicher Ergebnisse nicht mehr geleugnet werden. Die Klimaerwärmung trifft auch den Sport und stellt das Sportmanagement vor Aufgaben. Sie trifft zum Beispiel die Skisport Touristik ins Mark. Erwärmung bedeutet höhere Schneegrenzen und damit den Verlust von Schneesicherheit für etablierte Wintersportorte. Dort reagiert man u.a. auf die Umweltveränderung mit mehr Schneekanonen und einer Stärkung des Sommertourismus (Scott/McBoyle 2007).

- *Die makroökonomische Umwelt:* Hierunter fallen alle ökonomischen Gesamtdaten des Landes, des Bundes bis hin zu denen der Welt. Diese Daten sind für verschiedene Organisationen unterschiedlich wichtig. Wechselkurse sind für international agierende Sportartikelhersteller außerordentlich wichtig, für lokale Sportvereine aber kaum von Relevanz.
- *Die Wettbewerbsumwelt:* Hierzu gehören die Konkurrenten zur Zielerreichung und deren Aktivitäten. Sie bilden einen Markt, der verschiedene Eigenschaften haben kann. Ihn zu kennen und zu analysieren, ist oberstes Ziel von erwerbswirtschaftlichen Betrieben. Dabei geht es vor allem um die Identifizierung der Konkurrenz. Gibt es viele oder wenige Mitbewerber? Wie ist der Markteintritt? Gibt es hohe Barrieren (z.B. in Form von teuren Anfangsinvestitionen oder spezifischem Know-how) oder kann man ohne große Probleme auf den Markt treten?
- *Die technologische Umwelt:* Der technische Wandel wird immer schneller und immer bedeutsamer. Für viele erwerbswirtschaftliche Betriebe ist das Mithalten beim technischen Wandel für die Wettbewerbsfähigkeit ausschlaggebend. Neue Technik kann Kosten sparen, also effizienter sein, Interesse von Kunden wecken oder auch effektiver sein.
- *Die politisch-rechtliche Umwelt:* Gesetze üben einen starken Zwang auf Organisationen aus. Wer auf veränderte Gesetze nicht reagiert, der riskiert eine Sanktion. Aber auch politische Veränderungen können Sportorganisationen schaden oder neue Chancen eröffnen. So hat der politische Wandel von „Deutschland als kein Einwanderungsland“ hin zu „Deutschland hat Einwanderer, um die der Staat sich kümmern muss“ Gelder vom Staat freigesetzt, die Vereine im Rahmen von Programmen wie *Integration durch Sport* (Baur 2009) nutzen können. Eine Besonderheit im Sport ist hier übrigens, dass nicht nur staatliche Organisationen Gesetze und Regeln aufstellen können, sondern auch die Sportverbände. Wenn der Internationale Volleyball Verband (FIVB) andere Bälle für das Spiel vorschreibt, so muss die Sportartikelindustrie ihre Produktion an Bällen ändern und Volleyballvereine müssen neue Bälle anschaffen.
- *Die mediale Umwelt:* Bei Schreyögg und Koch wird sie nicht erwähnt. Es gäbe sicher gute Argumente, sie bei der politischen Umwelt mit

einzuordnen. Jedoch erscheint sie insbesondere im Bereich des Zuschauersports als eigene wichtige Umwelt, die nicht nur eine sorgfältige Beobachtung braucht, sondern auch ein entsprechendes Management (Horky 2009).
- *Die sozio-kulturelle Umwelt:* Sie ist von herausragender Bedeutung für Organisationen. Im Folgenden wird auf den demographischen Wandel und den Wertewandel näher eingegangen.

Die Demographie der Gesellschaft beschreibt die strukturelle Zusammensetzung der Bevölkerung. Der Wandel dieser Zusammensetzung wird aktuell als demographischer Wandel diskutiert. Dabei geht es – verkürzt ausgedrückt – im Sport nur um zwei Phänomene: Altersstruktur und Migration. Die Geburten gingen in Deutschland seit den 1970er-Jahren anhaltend zurück. Gleichzeitig stieg die Lebenserwartung beständig an. Dadurch haben sich die Größenverhältnisse zwischen den Generationen verschoben: Es gibt weniger Jugendliche und sehr viel mehr ältere Menschen als früher. Dies beeinflusst auch den Sport. Dabei trifft der demographische Wandel den Sport und seine Organisationen sowohl als Herausforderung als auch als Chance. Wenn immer weniger Kinder geboren werden, fehlt es an potenziellen Mitgliedern in Jugendmannschaften. Dies führte z. B. dazu, dass Handballabteilungen von Vereinen mit ihren Nachbarvereinen kooperieren mussten und Spielgemeinschaften gründeten. Dies war oft nicht einfach, da die Nachbarvereine meist wenig geliebt werden. Man kennt dies auch als Derby-Phänomen. Man lehnt ab, was einem am ähnlichsten ist und damit die eigene Identität gefährdet.

Menschen, die in ein Land zuziehen, und ihre Kinder werden als Personen mit Migrationshintergrund bezeichnet. Anders als beim Trend der deutschen Staatsbürger befinden sich diese Personen und ihre Familien im Wachstum. Ihre Anzahl ist bedeutsam, da 2011 16 Millionen Menschen mit einem Migrationshintergrund in Deutschland lebten (19,5 % der gesamten Bevölkerung). Abb. 2 zeigt sehr gut, dass diese Bevölkerungsgruppe eher jung ist.

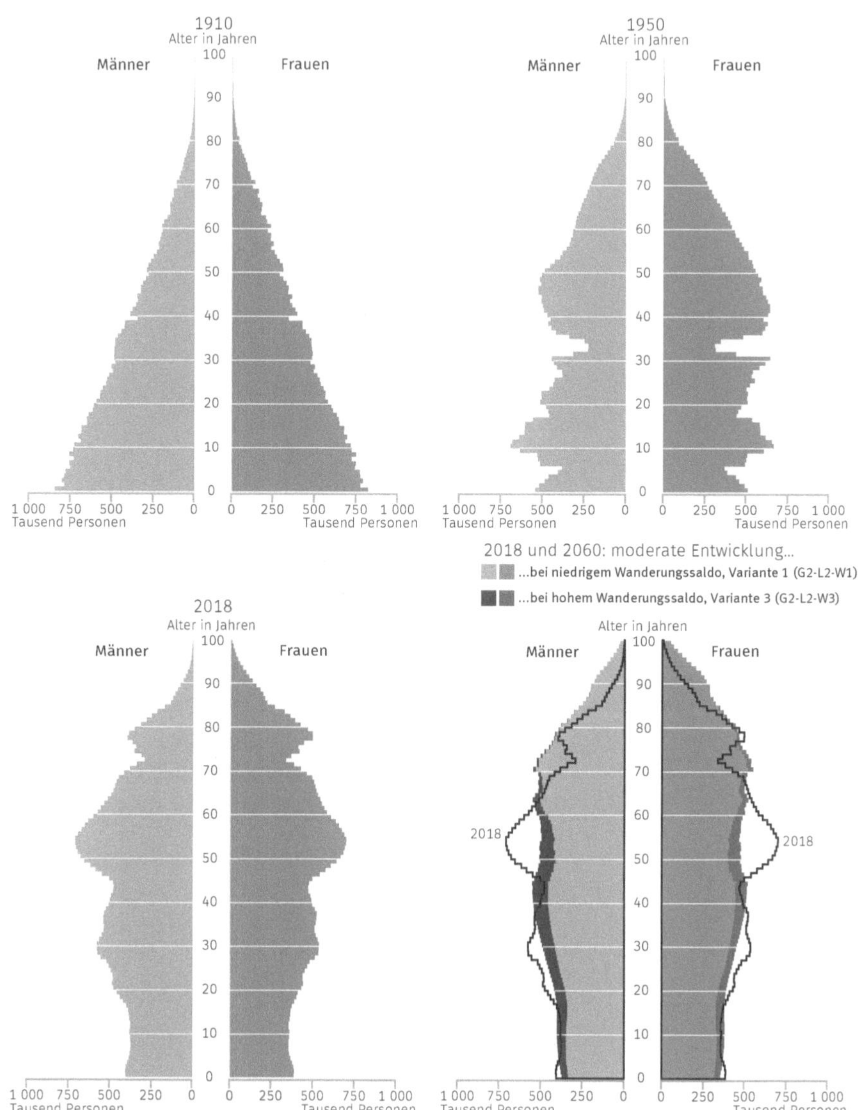

Abb. 1: Schematische Darstellung des Altersaufbaus der Bevölkerung von 1910 bis 2060 (Statistisches Bundesamt 2019, 20)

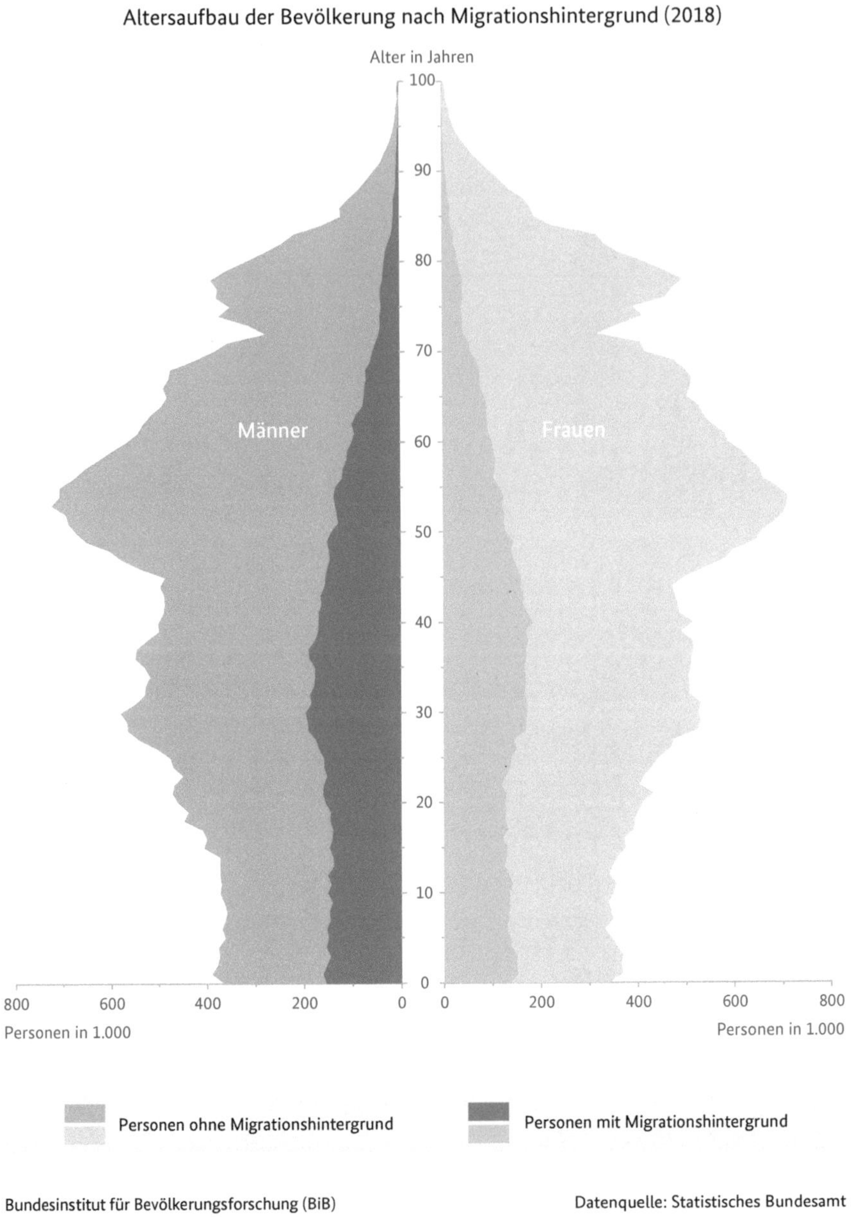

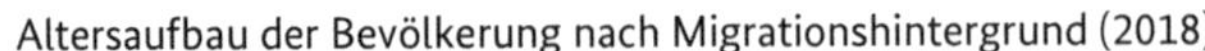

Abb. 2: Altersaufbau der Bevölkerung nach Migrationshintergrund, Deutschland 2018 (Bundesinstitut für Bevölkerungsforschung (BiB), CC BY-ND 4.0, https://www.bib.bund.de/Permalink.html?id=10343570, abgerufen am 12.3.2021)

Dieser Bevölkerungsteil gilt derzeit als eher sportfern. Sie sind im selbstverwalteten Sport unterrepräsentiert. Daher besteht hier die Chance, neue Mitglieder zu rekrutieren, und zwar insbesondere Jugendliche. Dies geschah zunächst, ohne dass ein klares Management dahinterstand. Viele Vereine, insbesondere Fußballvereine, nahmen selbstverständlich Jugendliche mit Migrationshintergrund auf und wandelten sich so von einem monoethnischen deutschen Sportverein zu einem multiethnischen Sportverein. Ohne diese Jugendlichen hätte selbst der Fußball den Weg des Handballs gehen und Spielgemeinschaften gründen müssen, aber durch die Aufnahme von Kindern mit Migrationshintergrund konnten sie weiterbestehen. Inzwischen haben die Sportverbände dieses Potenzial erkannt und zusammen mit der Politik, die etwas für die Integration der Migranten in die Gesellschaft tun will, Programme ins Leben gerufen, die hier ansetzen. Zu nennen wäre insbesondere Sport durch Integration, das zunächst nur für deutsche Aussiedler aus den Staaten der ehemaligen Sowjetunion gedacht war und sich spät – aber nicht zu spät – auch für andere Personen mit Migrationshintergrund öffnete (Baur 2009, 110). Auch soziale Initiativen der Verbände wie „spin – Sport interkulturell" sind hier zu nennen (Braun/Finke 2010). Am auffälligsten ist dieser Wandel an der Fußballnationalmannschaft zu sehen, in der im Gegensatz zu früher sehr viele Spieler mit Migrationshintergrund wie Leroy Sané oder Ilkay Gündogan eine wichtige Rolle spielen.

Neben dem demographischen Wandel ist der Wertewandel von herausragender Bedeutung für Sportorganisationen. Werte sind sozial definierte Maßstäbe oder „Vorstellungen des Wünschbaren" (Kluckhohn 1951, 395). Gesellschaftliche Werte sind dynamisch und nicht statisch (Meulemann 2013, 373). Allerdings sind Werte nur schwer messbar und Forschungen in diesem Bereich führen meist zu unterschiedlichen Auffassungen, die auch oft politisch bzw. ideologisch motiviert sind. So haben Konservative vom Werteverfall der Gesellschaft gesprochen (Noelle-Neumann 1978). In einer vielbeachteten Studie hat Inglehart (1977) z.B. einen Wandel der Werte in der westlichen Welt konstatiert: Die Dominanz von materialistischen Werten (Vermögen und Besitztum) wurde zugunsten von postmaterialistischen Werten (Selbstverwirklichung und Kommunikation) abgelöst.

Auch wenn im Laufe der 1990er-Jahre eine zunehmende Stagnation des Wertewandels in Deutschland festzustellen war und weitaus differenziertere Modelle des Wertewandels – etwa von Klages (2001) – entwickelt wurden, so bleibt doch festzuhalten, dass ein erheblicher Wandel vorliegt. So wechselt die Kollektivorientierung hin zu einer auf die eigene Person bezogene.

Schulze wies in einer ebenfalls sehr beachteten Studie nach, dass es einen Aufstieg von Erlebniswerten (siehe Schulze 2000) gegeben hätte.

Man kann nachweisen, dass diese Entwicklungen den Sport erreicht haben und der Sport darauf reagieren musste. Allerdings erscheinen diese Veränderungen in der Literatur weitaus radikaler als sie in der Wirklichkeit messbar sind:

- So waren früher Jugendliche ihrer Sportart treu. Heute gibt es die Sozialfigur des *Sporthoppers:* Sie zeichnet sich durch die revisionsoffene und zeitbegrenzte Exploration des variantenreichen Sportangebots aus (Baur/Burrmann 2003, 549). Soweit stimmt dies mit der theoretischen Erwartung überein. Allerdings setzen Baur und Burrmann nicht umsonst ein Fragezeichen hinter ihren Titel *Der jugendliche Sporthopper als ‚moderne' Sozialfigur?* Denn – so ihr zentrales Ergebnis – der Sporthopper ist im Sportsystem zwar nachweisbar, aber er ist, anders als es die Theorie nahelegt, nicht die dominierende Sozialfigur. Tatsächlich finden sich immer noch Sport treibende Jugendliche, die sich auf eine Sportart konzentrieren und sich wie Jugendliche früher pflichtorientiertem Sport widmen (Baur/Burrmann 2003, 570 ff).
- Sportverbände reagieren auf diesen Wandel, indem sie ihre Veranstaltungen vom puren Sport auf mehr Erlebnisse umstellen. Dies muss nicht, kann aber, wie z. B. bei amerikanischen Sportarten, den eigentlichen Sport durch das Sideprogramm in den Hintergrund drängen. Cheerleader-Auftritte, der Konsum von Alkohol und Fast Food sowie jede Menge Aktivitäten vor dem eigentlichen Stadion lassen die Bedeutung der eigentlichen Sache weniger wichtig erscheinen. Zudem werden die Verbände ihr Fortbildungsprogramm so verändern, dass es der neuen Nachfrage der Sportvereine nach mehr Erlebnissport befriedigt (Digel 2013, 318; Daumann/Heinze/Römmelt 2015).
- Der Boom der Fitnessstudios hat sehr viel mit der Abkehr von Pflichtwerten hin zu Spaßwerten zu tun. Hier gibt es keine Verpflichtung dazu, am Sonntagmorgen mit der Mannschaft zum Spiel anzutreten. Hier kommt und geht jeder, wie es ihm gefällt. Die Angebote sind meist keine reinen Kraft- und Ausdauerübungen, sondern werden mit allen möglichen Mitteln zu Erlebnissen und Spaßereignissen umgeformt (Zarotis 1998).
- Auch der Staat hat auf den Wertewandel reagieren müssen. Staatlich organisierte Sportveranstaltungen werden immer mehr zu Events und

auch als solche vermarktet. Beim Marathonlauf startet man nicht mehr für seinen Verein, sondern für sich im Rahmen seiner Selbstverwirklichung. Man möchte die Erfahrung der Selbstüberwindung der Qual und Schmerzen erleben (Stickdorn 2007).

3.4.2 Interne Umwelt

Die interne Umwelt wird durch die Angehörigen der Organisation (Mitarbeiter, Mitglieder etc.) und ihre Strukturen gebildet. Die interne Umwelt galt bei Taylor noch als komplett gestaltbar. Inzwischen haben sich vorsichtigere Standpunkte durchgesetzt. Dies zeigt sich übrigens auch darin, dass der Wertewandel die Sportorganisationen zweifach trifft. Die innere Umwelt verändert sich genauso wie die äußere. Die Mitarbeiter, die Mitglieder oder Ehrenamtlichen unterliegen ebenfalls dem Wertewandel. Dieser wird durch Personen gewissermaßen in die Organisation mit hereingetragen. Um diesem Phänomen gerecht zu werden, musste das Konzept der Kontingenztheorie um die sogenannte innere Umwelt ergänzt werden. So spielt heute für viele Ehrenamtliche nicht ausschließlich mehr die Verpflichtung für den Verein und die Sache die Hauptrolle, sondern der Spaß an der Sache. Allerdings sollte man bei dem Wertewandel sehr vorsichtig sein und nicht behaupten, es gäbe keine pflichtorientierten Menschen mehr. Tatsächlich handelt es sich um Veränderungen, bei denen beide Modelle nebeneinanderher existieren. So war auch früher nicht jedes Mitglied pflichtorientiert und heute ist nicht jeder nur an Spaß interessiert. Festzuhalten bleibt aber, dass heute die Spaßorientierung weitaus dominanter ist als die Pflichtorientierung.

Dennoch bleibt unbestritten, dass vieles gestaltbar ist. So ist es üblich, der Organisation hierarchische Strukturen zu geben, die man in Organigrammen abbilden kann. Die einfachste Form eines Organigramms ist die Linien-Organisation, wie sie in Abb. 3 beschrieben ist. Der Chef der Firma steht oben und kann allen unter ihm im Rahmen ihrer Verträge Anweisungen geben. Unter ihm stehen die beiden Abteilungsleiter auf gleicher Stufe. Darunter befindet sich mit zwei Technikern und einem Sachbearbeiter die unterste Stufe in dieser Firma.

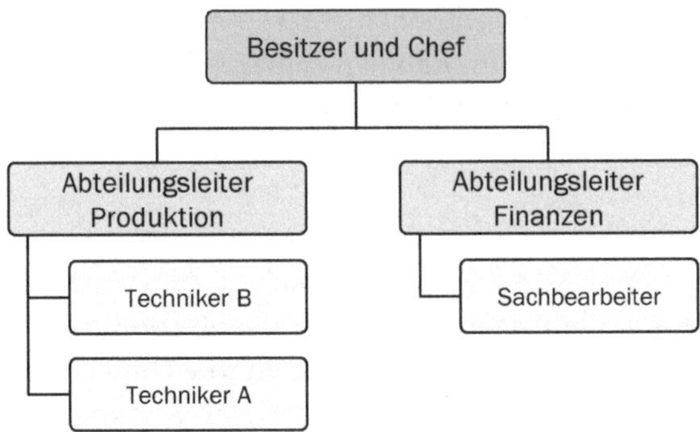

Abb. 3: Beispiel einer Linien-Organisation

In der Stab-Linien-Organisation kommen noch eine oder viele Stabstellen, in unserem Beispiel für „strategische Beratung", hinzu. Stabstellen unterstützen eine Position und gehören nicht zur Linie, die immer das Kerngeschäft der Organisation betreibt. Sie haben Sonderaufgaben und sind meist der Geschäftsleitung unmittelbar unterstellt und arbeiten ihr zu (Bea/Göbel 1999, 266 f).

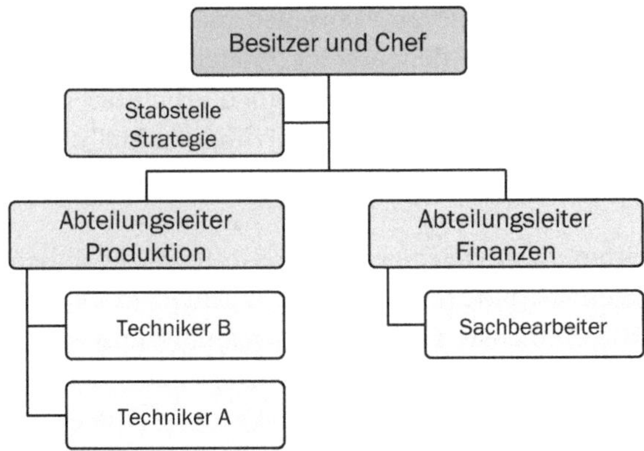

Abb. 4: Beispiel einer Stab-Linien-Organisation

Eine andere Organisationsform galt lange als sehr problematisch, da sie Mehrfachunterstellungen beinhaltet, die Matrixorganisation. Mehrfachunterstellungen haben den gravierenden Nachteil, dass man Diener mehrerer Herren ist und es damit zum Konflikt zwischen den Anweisungen kommen kann, wenn z.B. beide unterschiedliche Arbeiten sofort erledigt haben wollen. Der Vorteil ist, dass eine Kompetenz für alle Vorgesetzten freigeschaltet wird. Dies hat man oft bei Mitarbeitern, die sich um die „IT", um die Computer und das Intranet in der Organisation kümmern. Aber auch bei Verbänden kann es sinnvoll sein, Sachbearbeiter, die nur saisonal ausgelastet sind, mehreren Vorgesetzten/Abteilungen zu unterstellen, etwa dem Sportdirektor und dem Bildungsreferenten (Bea/Göbel 1999, 267 f).

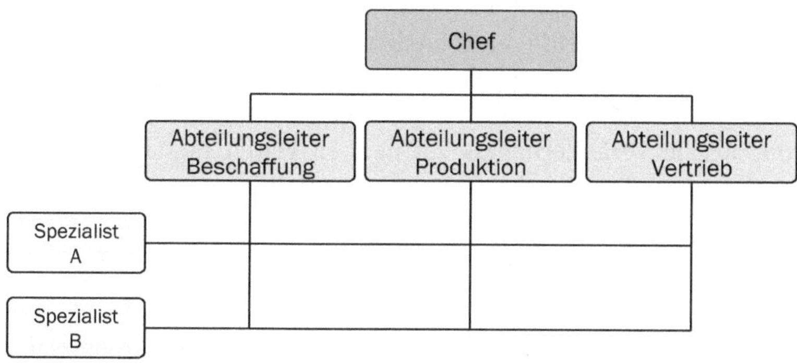

Abb. 5: Beispiel einer Matrixorganisation

Organigramme finden oft auch in Vereinen und Verbänden Verwendung. Dies ist unproblematisch, sofern es sich um bezahlte Kräfte handelt. Bei Ehrenamtlichen kommen Strukturbesonderheiten zum Vorschein, die zu einer ganz anderen Managementlogik führen müssen. Ehrenamtliche kann man nichts befehlen, man muss sie immer überzeugen. Denn sie fürchten die *„Peitsche der Arbeitslosigkeit"* (Max Weber) nicht. Im Gegenteil, Abwanderung ist ihr Mittel, die Organisation zu bestrafen. Sie werden aber dank der Interessenidentität im Idealfall alles für die Organisation tun, wovon sie überzeugt sind. Weiter sind alle Mitglieder der oberste Souverän eines Vereins oder eines Verbandes. Damit hat ein Organigramm für Ehrenamtliche also eine andere Bedeutung als für hauptamtliche Mitarbeiter! Im Grunde stehen sie alle auf dem Kopf: Nicht der Vorsitzende, sondern die Mitglieder müssten ganz oben stehen.

Genauso kann man auch Prozesse in der Produktion als Ablaufdiagramm abbilden. Letztlich kann man Abläufe wie Hierarchien in ein Organisationshandbuch eintragen und als feste Regeln formulieren. Solche Bücher beschreiben die *formale Organisation.*

3.4.3 Weitere Trends jenseits der Teilumwelten

Die Umwelten in relevante Teilumwelten zu typologisieren ist so nützlich wie irreführend. Der Nutzen liegt in einer Reduzierung der Komplexität, die zu mehr Übersicht führt. Weiter hilft die Unterteilung auch als eine Art Gedächtnisstütze: Die Liste kann helfen wichtige Umwelten nicht zu übersehen. Allerdings verführt die Einteilung auch zu einem Denkkurzschluss: Es wird nahegelegt, ohne es tatsächlich zu behaupten, dass es geschlossene technische Umwelten etc. gäbe. Tatsächlich finden sich aber sehr wesentliche Trends, die gleichzeitig verschiedene Teilumwelten betreffen. Sie stellen wichtige, wenn nicht die wesentlichen Herausforderungen an das (Sport-)Management. Gemeint sind langfristige gesellschaftliche und damit auch ökonomische Veränderungen. Zu nennen wären hier insbesondere die Modernisierung, die Globalisierung, die Digitalisierung und Ökonomisierung.

Modernisierung

Wenn man traditionelle Agrargesellschaften wie Deutschland im Mittelalter ansieht und mit dem heutigen Zustand vergleicht, erkennt man eine Reihe von Entwicklungen. Dries und Degele (2005) zum Beispiel fassen diese in vier Hauptentwicklungen zusammen. Der wirtschaftliche Erfolg der modernen Gesellschaft geht u. a. auf das Prinzip der *Differenzierung* zurück. Wir haben einen Aspekt schon in Kapitel 3.2 kennengelernt: die Arbeitsteilung. Auch das zweite Prinzip – die *Individualisierung* – wurde schon im Rahmen der Diskussion um den Wertewandel (Kapitel 3.4.1) angesprochen. Das dritte Prinzip ist die *Rationalisierung*. Hier geht es um die Ablösung von Aberglauben und religiösen Weltbildern hin zu wissenschaftlich-rationalem Denken. Max Weber nannte dies die *Entzauberung der Welt* (1968, 433). Die vierte und letzte Kategorie ist die *Domestizierung*. Man kann dies auch die Unterwerfung der Natur unter dem menschlichen Willen nennen.

Diese vier Prinzipien wirken meist nicht nur auf eine Teilumwelt ein, sondern auf mehrere. So durchdringt die Rationalisierung nicht nur die technische Umwelt, sondern auch die soziale und die ökonomische.

Die Modernisierung ist eines der schillerndsten und umstrittensten Theorieansätze der Sozialwissenschaft. Dies hat einmal damit zu tun, dass so viele unterschiedliche Ansätze vorliegen und damit kaum so etwas wie eine Definitionssicherheit gibt. Es liegt zudem daran, dass die Idee der Modernisierung bei einer Reihe von Autoren quasi als Geschichtsgesetz gedacht wird, dessen Gültigkeit nicht mehr hinterfragt werden kann. Damit verliert der Begriff seine Wissenschaftlichkeit und gerinnt zu einer Ideologie. Dies wird verständlich, wenn man sich klarmacht, dass der Begriff seine Karriere vor allem in den USA nach dem Zweiten Weltkrieg begann. Modernisierungstheorie entstand auch, um dem Geschichtsgesetz des Marxismus eine liberale Gegenposition entgegenzusetzen. Ironischerweise folgt man Marx und Engels in der Überzeugung darin, dass man die Zukunft der Industriegesellschaft bei der damals führenden Industrienation England sehen könne (z.B. Engels 1980, zuerst 1845, 15ff). Spätestens nach dem Zweiten Weltkrieg galten die USA dann als die führende Nation in der Entwicklung.

Damit stellt sich die Frage, ob man die Zukunft des Sports in den USA ablesen kann. Das Pro-Argument ist, dass viele neue Sportarten, besonders viele Fitnesssportangebote wie Aerobic, zunächst in den USA groß wurden und dann mit Verspätung auch nach Europa kamen. Gleiches gilt für die modernen Methoden der Vermarktung von Sport. Das Contra-Argument liegt in der Tatsache, dass Sportarten aus der ganzen Welt nach Europa kommen. So stammt das Fitnessangebot Zumba aus Kolumbien. In Bezug auf den modernen Fußball ist Europa sogar das Zentrum der Entwicklungen.

Die Entwicklung der Moderne ist aber nicht in den 1950er Jahren stehengeblieben. Nachdem die klassische Moderne durch die Industrialisierung entstand, wurde diese wiederum durch die Wachstumsraten im Dienstleistungssektor der 1960er und 1970er Jahre durch die Dienstleistungsgesellschaft (Bell 1973) in Nordamerika und Europa abgelöst. In den 1980er Jahren wurde auch immer deutlicher, dass die Erfolgskonzepte der Moderne inzwischen zu ihren größten Problemen avancierten. Gewissermaßen bezieht sich die Moderne nicht mehr auf die Agrargesellschaft, sondern auf sich selbst. So führt das Erfolgskonzept der Massenproduktion zur massenhaften Umweltverseuchung. Daher spricht Ulrich Beck (1986) hier von der reflexiven Moderne.

Weiterführende Literatur

Degele, N./Dries, Chr., 2005: Modernisierungstheorie. München: W. Fink.

Digel, H., 2013: Sportentwicklung in der Moderne. Schorndorf: Hofmann Verlag.

Globalisierung

Der Begriff Globalisierung wurde in den 1990er Jahren populär und macht auf eine wesentliche Veränderung der Welt aufmerksam, die ebenfalls viele verschiedene Teilumwelten umspannt. Dabei ist es sehr leicht Definitionen des Begriffs zu finden, aber sehr schwer sich auf eine zu einigen. Hier wird der Definition von Roland Robertson (1992, 8) der Vorzug gegeben:

> "Compression of the world and consciousness of the world as whole"

Anders als die Internationalisierung, die sich auch nur auf zwei Nationen beziehen kann, werden unter Globalisierung Effekte der Weltumspannung bezeichnet. Dabei spielt die technische Entwicklung, die Distanzen durch schnellere Transportsysteme verkleinern oder durch moderne Kommunikationsmittel (Internet, Streaming) ganz aufheben kann, eine ganz bedeutende Rolle. Zudem kommt die immer weitergehende Vernetzung von nationalen Volkswirtschaften. Das Stichwort lautet: *„Made in the world"*. Ein Fahrrad zum Beispiel, das den Stempel *„Made in Germany"* trägt, besteht aus Teilen aus der gesamten Welt: der Sattel aus England, Reifen aus Korea, Gepäckträger aus der Schweiz, Schaltung aus Japan etc.

So verwendet kann der Begriff *Globalisierung* sehr gut aktuelle Entwicklungen wissenschaftlich reflektieren. Problematisch wird es, wenn er gleichgesetzt wird mit einem radikalen Neoliberalismus oder mit seinen Folgen, wie es in politischen Debatten häufig passiert.

Sport trägt schon sehr lange globale Züge. Fast alle Nationen nehmen inzwischen an Weltmeisterschaften oder Olympischen Spielen aktiv mit Sportlern (oder zumindest bei den Qualifikationen) oder passiv durch Sportübertragungen teil. Die englische Premier League wird weltweit verfolgt. Für das Sportmanagement von Fußballbundesligisten sind globale Strategien inzwischen kein fremdes Gebiet mehr (Köberich 2018).

Weiterführende Literatur

Niederberger, A./ Schink, Ph. (Hrsg.), 2011: Globalisierung. Ein interdisziplinäres Handbuch. Stuttgart/Weimar: J.B.Metzler.

Giulianotti, R./Robertson, R. (Eds.), 2007: Globalization and sport. Oxford: Blackwell Pub.

Digitalisierung

Der Begriff Digitalisierung verweist zunächst auf eine technische Entwicklung: Die analoge Technik wird durch eine digitale ersetzt. In der Tontechnik waren es die Schallplattenrillen, die das Signal analog enthielten. Digital gespeichert ist es eine Zahlenmatrix, die mit modernen Computersystemen aufgenommen, erfasst und wieder abgespielt werden kann. Diese technische Methode erfasst immer weitere Bereiche und führt zu immer weitergehenden technischen Möglichkeiten. Die Technikgeschichte der Digitalisierung kann man mit den ersten funktionierenden Computern beginnen lassen, die im Zweiten Weltkrieg aufkamen, um verschlüsselte Nachrichten der deutschen Wehrmacht zu entschlüsseln. Es folgen das Zeitalter der Großrechner in den 1970er Jahren, das Aufkommen des Personal Computers (PC) in den 1980er Jahren und die Technikrennen zu immer größer werdender Leistungsfähigkeit (Tapscott 1997). Das Internet wurde von einem Militär- und Wissenschaftsnetz in den 1990er zu einem öffentlichen (Hafner/Lyon 1998). Damit wäre es eine Innovation, die nur die technische Umwelt beinhalten würde. Tatsächlich wirkt sie sich auf andere Umwelten ebenfalls massiv aus und erlangt damit ihre Relevanz für das Sportmanagement:

- In der medialen Umwelt führt sie zu neuen Medien, die auch auf den Sport zurückwirken. Durch das Internet wird jeder Sportverein oder Sportfan zu jemandem, der Sportthemen veröffentlichen kann, etwa in Form einer Homepage, von Streamingdiensten oder Beiträgen in Social Media wie Facebook, Instagram, Twitter oder in speziellen Sportforen (Horky/Stiehler/Schierl 1998).
- Diese neuen Veröffentlichungsmöglichkeiten verändern auch die ökonomische Umwelt der Sportorganisationen, da sie auf diesem Wege nicht nur neue Informations- und Reklamekanäle gewinnen, sondern auch neue Produkte für den passiven Sport anbieten können, etwa die Liveübertragung eines Spiels gegen Bezahlung (Filo/Lock/Karg 2015).
- Dies hat aber auch eine gewaltige Wirkung auf die sozio-kulturelle Umwelt. Das Verhalten der Menschen hatte sich schon durch die Einführung des Fernsehens verändert und wird sich durch die neuen Medien noch weiter verändern (Horky/Stiehler/Schierl 1998).
- Die Abkopplung des Sports von der natürlichen Umwelt hat mit dem Hallensport begonnen, wird aber nun komplett radikalisiert, da nach dem Vorreiter Schach nun auch mit dem E-Sport ganze Sportwelten im

virtuellen Raum stattfinden (Hutchins 2008). Gerade in diesem Bereich kann eine rasante und kaum vorhersehbare Entwicklung erwartet werden.

Weiterführende Literatur

Neugebauer, R., 2018: Digitalisierung. Schlüsseltechnologien für Wirtschaft und Gesellschaft, Wiesbaden: Springer Gabler, Wiesbaden.

Horky, Th./Stiehler, H. J./Schierl, Th. (Hrsg.), 2018: Die Digitalisierung des Sports in den Medien. Köln: Herbert von Halem Verlag.

Ökonomisierung/Kommerzialisierung

Kosten-Nutzen-Kalküle, die Auswahl nach Effizienz bzw. Effektivität sind in wirtschaftlichen Kontexten, etwa einem Sportartikelhersteller, eine Selbstverständlichkeit. Problematisch wird es, wenn diese Logik auf andere Kontexte, wie etwa den Sport, die Universität oder dem Gesundheitswesen, übertragen wird und die ursprüngliche Logik verdrängt. Wirtschaftliche Kalküle sind nützlich und notwendig, können aber sehr problematisch werden, wenn sie einen Bereich mit einer ursprünglich anderen Logik dominieren. Kosten-NutzenKalküle im Bereich des Rehasports sind wichtig, um die Leistung überhaupt zu ermöglichen, aber wenn nutzlose, also nicht heilsame, Maßnahmen ergriffen werden, weil sie sich für einen Anbieter lohnen, dann ist eine Grenze überschritten. Die eigentliche Heilungslogik des Rehasports wird hier negiert. Ein gutes Beispiel ist auch, wie aus dem klassischen Ringen modernes Wrestling wurde, bei dem es nicht mehr um fairen Wettbewerb, sondern nur noch um Spektakel geht, das sich gut verkaufen lässt.

Auf diesen Prozess wurde schon aus verschiedener theoretischer Perspektive aufmerksam gemacht. So bezeichnet Bourdieu diesen Prozess als *Intrusion* (Bourdieu 1998, 112 ff.). Der Systemtheoretiker Stichweh (2005, 175 ff) spricht von *korrupten strukturellen Kopplungen* zwischen gesellschaftlichen Teilsystemen.

Schimank und Volkmann (2017, 593) machen ganz zurecht darauf aufmerksam, dass der Begriff meist in Form einer kritischen Haltung gegenüber der Ökonomisierung stattfindet. Das kann man insbesondere im Bereich des Sports gut nachweisen. Hier wird die Ökonomisierung meist als *Kommerzialisierung* bezeichnet. Gemeint ist ein Ausverkauf des Sports an ökonomische Interessen. Kommerzialisierung bezeichnet dann etwas Verwerfliches, Unethisches, gewissermaßen eine generelle Todsünde. So verwendet hilft der Begriff wissenschaftlich nicht weiter. Neutral betrachtet beschreibt er einen sehr wesentlichen und wichtigen Prozess, dem z.B. auch der Sport unterworfen wird. Denn natürlich gibt es auch Befürworter der Kommerzialisierung. Sie sprechen allerdings von Vermarktung, der Schaffung von Arbeitsplätzen und von den Möglichkeiten, den Sport mit den erzielten Profiten voranzutreiben (Schütte 2021a).

Die Ökonomisierung ist ein Prozess, der nicht nur das ökonomische Teilsystem, sondern genauso das mediale und vor allem das sozio-kulturelle beeinflusst.

Weiterführende Literatur

Schimank, U./Volkmann, U., 2017: Ökonomisierung der Gesellschaft. In: Maurer, A. (Hrsg.): Handbuch der Wirtschaftssoziologie, Wiesbaden: Springer VS, S. 593-610.

Schütte, N., 2021: Der verkaufte Sport – Anmerkungen zum Diskurs der (Über?-)Kommerzialisierung. Workingpaper.

3.4.4 Grenzen des Ansatzes

Wir können also festhalten, dass die Kontingenztheorie etliche Wandlungsphänomene im Sport gut erklären kann, aber es gibt Grenzen, die insbesondere das folgende Beispiel sehr gut zeigt:

Wir können hierzu das Beispiel mit der Fußballnationalmannschaft und den Spielern mit Migrationshintergrund wieder aufnehmen. Der Spitzensport-Nachwuchs im Fußball stieg nicht linear zum Zuwachs der Spieler mit Migrationshintergrund und deutschem Pass in Deutschland an, sondern kam quasi auf einen Schlag. Lange Zeit herrschte eine Form von Diskriminierung vor. So hatten es die ersten dunkelhäutigen Spieler wie Erwin Kostedde oder Jimmy Hartwig in der Nationalmannschaft erstaunlich schwer. Zudem hat es sehr lange gedauert, bis der erste türkischstämmige Nationalspieler auflaufen konnte. Dabei spielt es sowohl eine Rolle, dass sie als „nicht wirklich Deutsche“ abgelehnt wurden, und sie andererseits die Nationalmannschaft ihres Herkunftslandes bevorzugten. Zudem gab es eine clevere Rekrutierungspolitik des türkischen Fußballverbands. Dieser unterhielt mit dem früheren Fußballprofi Erdal Keser ein Büro in Deutschland. Seine Aufgabe war es, alle türkischstämmigen Talente für die türkische Nationalmannschaft anzuwerben. Außerdem versuchte der deutsche Verband im Gegenzug nicht, diese ebenfalls zu werben, weil der

Bedarf scheinbar fehlte. Die damalige nur aus deutschen Staatsbürgern bestehende Nationalmannschaft war sehr erfolgreich. Wie so oft kam der Wandel erst durch eine Krise (siehe auch Kapitel 3.11.7). Die deutsche Nationalmannschaft scheiterte bei der Europameisterschaft 2000 früh und gleichzeitig wurde Frankreich erst Weltmeister, dann Europameister jeweils mit einer stark migrantisch geprägten Mannschaft. Der Ruf nach mehr Migranten in der Nationalmannschaft wurde laut, zumal deutlich wurde, welche Spieler der deutschen Nationalmannschaft verloren gingen (Metzger 2015).

Die kontingenztheoretische Schule erweiterte den Horizont in der Management- und Organisationsforschung gewaltig. Sie richtete den Blick auf Prozesse außerhalb der Organisation und machte auch deutlich, dass sie intern wirken können. Wie das Beispiel Fußballnationalmannschaft und Fußballer mit Migrationshintergrund zeigt, bleibt festzuhalten, dass Organisationen sich nicht zwangsläufig ihren Umwelten anpassen. Sie tun dies erst oder nur, wenn die fehlende Anpassung zu einer Krise führt. Ein weiterer Kritikpunkt an der Kontingenztheorie ist auch, dass sie die agierenden Personen komplett ausblendet. Die Organisation erscheint quasi als eigene Person, die handelt. Sie handelt dabei rein rational und verhält sich wie das Wasser in kommunizierenden Röhren. Sie passt sich perfekt an. Damit werden die Manager als Träger der Entscheidungen ausgeblendet (Kieser 2001a, 183 ff).

Es gibt noch weitere Probleme dieses Ansatzes, die deutlicher werden, wenn man sich mit Heinemanns Professionalisierungsdruck- und -grenzen-Theorem (siehe Kapitel 3.3.3) auseinandersetzt. Zunächst erscheint alles klar. Kontingenzvariablen verweisen auf einen starken Druck zu mehr Hauptamtlichkeit (Mitgliederwachstum, neue Geldquellen, neue Ansprüche von neuen Mitgliedergruppen usw.), die nur durch Grenzen (Finanzen, Konservatismus etc.) aufgehalten werden. Überprüft man dieses Theorem empirisch, indem man die Sportvereine direkt nach dem Bedarf (also, ob sie Hauptamtliche brauchen, nicht danach, ob sie diese auch bezahlen können) fragt, dann zeigt sich keineswegs, dass der selbstverwaltete Sport Bedarf nach mehr Hauptamtlichkeit hat (Schütte 2008, 145). Ein seltsames Ergebnis tritt zutage: Gerade die Sportvereine, die schon professionalisiert sind, überlegen, ob sie noch mehr Hauptamtliche einstellen sollen. Dies passt überhaupt nicht zu Heinemanns Theorem. Es zeigt gut, dass die kontingenztheoretische Argumentation Grenzen hat. So übersieht sie, dass oft auch Alternativen zur Verfügung stehen. Anstatt zu verberuflichen, können bspw.

auch Aufgaben an Firmen übertragen werden (Outsourcing). So beauftragen Vereine oft Firmen, die die Mitgliederbeiträge einziehen und verwalten. Einmalige große Aufgaben werden an Eventagenturen abgegeben. Eine Entlastung kann es auch bringen, Ehrenamtliche weiter zu qualifizieren, anstatt einen Hauptamtlichen einzustellen. Man kann zur Belastung werdende Aufgaben auch durch allgemeine Rationalisierungsmaßnahmen in Grenzen halten oder man lässt diese Aufgaben ganz sein. Es besteht die Möglichkeit, das Arbeitsprogramm auf einem Niveau einzufrieren oder es sogar zurückzufahren (*Downsizing*). Dies geschieht übrigens recht häufig, wenn ein Verein in eine höhere Liga aufsteigt und den Platz nicht annimmt, da die Kosten und der Aufwand in der höheren Liga explodieren.

Tatsächlich befindet sich der dritte Sektor im Sport gar nicht unter Druck und damit ist die Professionalisierung gar nicht unvermeidbar. Lediglich in Leistungssportorganisationen findet sich die Sanktion der geringeren sportlichen Schlagkraft. Im breitensportorientierten Teil ist die Professionalisierung eher eine Chance. Wer sie nutzt, hat die Chance auf Wachstum – wer sie nicht nutzt, stagniert (Schütte 2008, 178 ff).

Zudem haben verschiedene Studien unabhängig voneinander zeigen können, dass die Entscheidung, zu professionalisieren, ganz erheblich von der jeweiligen Kultur der Organisation (siehe Kapitel 5. 1) bestimmt wird und nicht durch Kontingenzvariablen der äußeren Umwelt (Nagel 2006, Schütte 2008, Thiel/Meier/Cachay 2006, Meier 2003). Die Kultur erklärt auch gut das seltsame Ergebnis, dass gerade die Vereine und Verbände sich weiter professionalisieren wollen, die schon Hauptamtliche in ihren Reihen haben. Dort sind Hauptamtliche ein etabliertes Phänomen in der Organisation, während die anderen oft noch eine kulturell bedingte Ablehnung zeigen, die letztlich auf das Amateurideal des Sports zurückgeht (Schütte 2008, 184).

Dennoch bleibt festzuhalten, dass die Kontingenztheorie nach wie vor einflussreich ist und Sportmanager bei ihrer Planung zu wichtigen Beobachtungen der Umwelt der Organisation anregt.

Weiterführende Literatur

Donaldson, L., 2001: The Contigency Theory of Organizations. Thousand Oaks/London/New Dehli: SAGE Publications.

Schütte, N., 2008: Professionalisierungsdruck und -hindernisse des Managements in Sportvereinen und Sportverbänden. Bonn: Free Pen.

Repetitorium

1. Welche Untertypen von externen Umwelten wurden hier unterschieden?
2. Warum ist der Wertewandel für Sportvereine oder Sportstudios relevant?
3. Was versteht man unter demographischen Wandel und warum muss der Sport sich auf ihn einstellen?
4. Welche Trends jenseits der Teilumwelten haben auf den Sport großen Einfluss?
5. Welche Grenzen weist der Ansatz der kontingenztheoretischen Schule auf?

3.5 Finanzierung oder „*Wes Brot ich ess, des Lied ich sing*"

In diesem Abschnitt geht es um die Möglichkeiten der Finanzierung und der Konsequenz aus der Art der Finanzierung. Ein altes deutsches Sprichwort besagt: „*Wes Brot ich ess, des Lied ich sing*". Es stammt vermutlich aus dem Mittelalter und bezieht sich auf Sänger, die Loblieder auf ihre Gönner singen. Es ist ein früher Verweis darauf, welche Machtprozesse mit der Finanzierung verbunden sind. Anders ausgedrückt kann man sich fragen, welche Rolle es für eine Organisation spielt, von wem sie ihr Geld oder andere Ressourcen bekommt? Dies fragten sich die US-amerikanischen Organisationstheoretiker Pfeffer und Salancik (1978). Im Zentrum ihres Ansatzes steht die Beziehung von Umwelt (Finanzen) als Faktor für eine Struktureigenschaft der Organisation (Macht). Damit kann man sie auch als Sonderfall der Kontingenztheorie sehen. Dabei wird nur der Faktor Finanzierung berücksichtigt (= unabhängige Variable) und erklärt wird die Machtstruktur der Organisation gegenüber der Umwelt (= abhängige Variable). Es geht um die Abhängigkeit oder um Autonomieverluste der nehmenden Organisation und um die durch ungleichgewichtige Tauschbeziehungen entstehende Macht auf der anderen Seite. Ungleichgewicht entsteht durch

- die überragende Bedeutung des Beitrags des anderen,
- das Fehlen von Alternativen,

- das Fehlen von bedeutsamen Gegenleistungen und
- das Fehlen von sonstigem eigenen Gegeneinfluss (Pfeffer/Salancik 1978).

Was dies im Einzelnen bedeuten kann, lässt sich am besten darstellen, indem man auf die verschiedenen Finanzierungen der unterschiedlichen Organisationstypen eingeht.

3.5.1 Erwerbswirtschaftliche Betriebe

Denkt man an Einnahmen, so wird meist zunächst an Verkaufserlöse gedacht. Verkaufseinahmen sind die typische Finanzierung von erwerbswirtschaftlichen Betrieben. Es gilt der Satz „alles Geld kommt vom Kunden“. Lediglich in Ausnahmenfällen erhalten sie staatliche Subventionen, etwa bei der Gründung des Unternehmens oder bei Forschungen von nationalem Interesse.

Gewinnt der Kunde dadurch Macht über die Organisation? Es kommt nach Pfeffer und Salancik darauf an, ob der Beitrag des Kunden eine überragende Bedeutung für die Organisation hat. Wenn es viele Kunden gibt, so spielt der einzelne Kunde keine große Rolle. So hat ein einzelner Kunde eines Fitnessstudios keine Macht. Es kann aber die Abhängigkeit von Großkunden geben. So ist ein Verband, der sich wesentlich durch den Verkauf von Übertragungsrechten an einen TV-Sender finanziert, von diesem stark abhängig, wenn es keinen zweiten Interessenten für diese Sportart gibt. Man spricht in diesem Zusammenhang auch von Käufer- und Verkäufermärkten. Bei Verkäufermärkten sind die Kunden von den Verkäufern abhängig, da sie seine Waren dringend benötigen und diese knapp sind. Dies war nach dem Zweiten Weltkrieg in Deutschland fast überall der Fall. Es war alles knapp und die Waren verkauften sich quasi von allein. Dies bedeutete eine hohe Marktmacht für die Verkäufer. Solche Marktsituationen sind nicht ausgestorben. Als die Rollerblades (auch Inline Skates genannt) Mitte der 1990er-Jahre auf den Markt kamen, waren sie schnell ausverkauft und die Industrie kam mit der Produktion kaum nach. Plötzlich hatte es der Handel mit bittstellenden Kunden zu tun, die den begehrten Sportartikel unbedingt haben wollten. Diese Macht dauerte natürlich nur kurz, da es nicht nur Sättigungseffekte gab, sondern die Industrie sehr schnell nachproduzierte. Andere Beispiele kennen wir aus dem Kartenverkauf von bedeutenden Sportereignissen. Hier bilden sich Schlangen schon einen Tag vor dem

Verkauf, um an die begehrten Karten zu kommen. Heute haben wir es in der Regel mit Käufermärkten zu tun. Ein breites Überangebot an Artikeln steht nur einer geringen Nachfrage gegenüber. Der Kunde kann auswählen und erhält dadurch mehr Macht. Die sich in Deutschland abzeichnenden Käufermärkte waren übrigens ein Grund dafür, warum die Disziplin Marketing einen unglaublichen Bedeutungszuwachs bekam (Schneider 2004, 13 ff).

Weiterführende Literatur

Freyer, W., 2011: Sport-Marketing. Modernes Marketing-Management für die Sportwirtschaft. Berlin: Erich Schmidt Verlag.

3.5.2 Sportverwaltung

Die Sportverwaltung erhält ihr Budget vornehmlich nach politischem Beschluss des Finanzministeriums bzw. der Stadtkämmerei, die ihnen Steuergelder zur Verfügung stellt. Gewinnt der Bürger dadurch Macht über das Sportamt? Die Antwort ist sehr einfach. Es entsteht durch die Steuerzahlungen keine Macht für den Bürger, da die Zahlungen von sehr vielen Bürgern stammen, die zu viele verschiedene Interessen haben. Zudem ist der Bürger kaum der Kunde des Sportamts, sondern Sportvereine. Diese aber geben nichts, sie nehmen.

Der Staat agiert schon lange und aktuell zunehmend auch auf anderen Feldern. So bedient sich der Staat heute auch des Sponsorings bei Sportveranstaltungen oder dem Bau von Sportanlagen. Dies führt unweigerlich zu Autonomieverlusten des Staates.

Der Staat agiert auch als Verkäufer, z. B. wenn er als Besitzer von Sportanlagen diese vermarktet. Eintrittseinnahmen bei Schwimmhallen und Freibädern sind hierfür ein wichtiges und typisches Beispiel. Dabei besteht die Besonderheit der tolerierten Verluste. Der Staat muss keine Gewinne einfahren, bestimmte Ziele lässt er sich etwas kosten. Fast alle Sportanlagen, die vom Staat betrieben werden, fahren Verluste ein. Dies gilt insbesondere für Schwimmhallen und Freibäder. Diese haben hohe Investitionskosten, Unterhaltungskosten insbesondere für Wasser und Heizenergie sowie Personalkosten. Dem stehen Eintrittspreise gegenüber, die sozial verträglich sein sollen. Verluste sind hier vorprogrammiert. In einer solchen Situation ist es von geringem Interesse, ob die Besucher dieser Bäder, die kaum zur Deckung der Kosten beitragen, ein schöneres Ambiente wünschen. Weder ist der Staat auf sie angewiesen, noch hat er die Mittel, diese Wünsche zu erfüllen, noch sind die Kunden bereit und in der Lage, mehr für das Bad zu zahlen.

Das Beispiel der Stadionvermietung zeigt deutlich, dass potenzielle und tatsächliche Mieter meist großen Einfluss haben. Denn die Anlagen sind vorhanden und kosten, aber es finden sich kaum Mieter. Auch mit sportfremden Veranstaltungen wie Konzerten lassen sich kaum täglich Stadien füllen. Zudem kommen die typischen Mieter aus dem Bereich Fußballspitzensport und diese haben im Verbund mit der Presse großen Einfluss. Politiker wissen, dass sie mit dem Fußball gesehen werden und dass es einen positiven Imagetransfer vom Verein auf sie geben kann. Dies allein macht sie schon geneigt, die Interessen der Vereine zu respektieren.

Die Entwicklung der Staatsfinanzen in der Bundesrepublik begann mit wenig Einnahmen und hohen Kosten für den Wiederaufbau. Zeitweise war man auf ausländische Hilfe angewiesen. Mit der Währungsreform und der boomenden Weltwirtschaft durch den Koreakrieg 1950–53 ging es unerwartet schnell wieder besser. Es war die Zeit des Wirtschaftswunders. Bis 1973 wuchs die Wirtschaft und die Haushalte prosperierten. Dann kam die sogenannte Ölkrise und die Weltwirtschaft geriet abrupt vom Boom in die Krise (Abelshauser 1983). Ab den 1980er-Jahren gerieten immer mehr Länder in eine staatliche Finanzkrise. Dies verschärfte sich ab 1985 im Rahmen der Globalisierung mit der zunehmenden Standortkonkurrenz der Länder. Man versuchte mit immer niedrigeren Gewerbesteuersätzen Industrie von anderen Ländern ins eigene Land zu locken oder zumindest den Verlockungen der anderen Länder etwas entgegenzusetzen. Dies führte zu einer Abwärtsspirale bei den Steuereinnahmen. In Deutschland zeigten sich diese Krisenerscheinungen erst in den 1990er-Jahren, als gleichzeitig noch die hohen Belastungen aus der Wiedervereinigung zu bewältigen waren. Diese Finanzkrise war Auslöser für eine Verwaltungsreformbewegung in Deutschlands Kommunen, die insbesondere auch die Sportverwaltungen betrafen (Damkowski/Precht 1998, 22).

Dies alles führte zur Suche nach alternativen Geldquellen. Dabei kam die Idee des wirtschaftlichen Arbeitens als Geldquelle auf, damit wurde auch die Verwaltungsreformbewegung in Deutschland initiiert. So versuchte man durch besseres Management Gelder einzusparen. Auch wenn dies manchmal lediglich als Mantel für globale Budgetkürzungen (die sogenannte Rasenmäher-Methode) diente, wurden doch eine Reihe von Managementmaßnahmen vorgeschlagen und umgesetzt, die sich als erfolgreich erwiesen. Zu nennen sind nach Horch und Schütte (2003, 70 ff) Folgende:

- Die Einführung globaler Budgets: Im öffentlichen Dienst werden Ressourcen wie Geld in Form von sehr engen Budgets zugewiesen. Gelder können dabei nicht oder wenn doch nur mit großem bürokratischem Aufwand von einem Topf in einen anderen verschoben werden. Wenn bspw. eine Personalstelle vakant ist, geht das gesparte Geld in den Gesamthaushalt und verbleibt nicht im Sportamtbudget, wo es z. B. für die Reparatur einer Sporthallenbeleuchtung gerade dringend gebraucht würde. Der Vorteil dieser Budgetierung ist die komplette Transparenz der Mittel und die damit verbundene erschwerte Möglichkeit der Unterschlagung oder des Missbrauchs von öffentlichen Geldern. Leider führt dies auch zu organisierter Verschwendung. Da ein Budget bis zu Jahresende im Dezember ausgegeben sein muss, kommt es zum *Dezemberfieber*, ansonsten verfällt das Budget und im nächsten Jahr wird es auch noch gekürzt. Das heißt: Man versucht, ohne Rücksicht auf den Nutzen, Gelder noch vor dem Haushaltsende im Dezember auszugeben, um nicht im nächsten Jahr mit einer Kürzung bestraft zu werden. Man kann nichts ansparen bzw. wird Sparsamkeit systematisch bestraft. Als Lösung gelten die globalen Budgets, die weniger detailliert die Ausgaben vorgeben als bisher, so dass das Verschieben von Geldern von einem Budget zum anderen und auch das Ansparen ermöglicht werden.
- Mehr Sparsamkeit wird auch dadurch ermöglicht, dass eine Buchführung, wie sie seit Langem in der Wirtschaft üblich ist, nun auch in der kommunalen Sportverwaltung eingeführt wird. Sie ermöglicht mehr Transparenz, da man Nutzen und Kosten besser darstellen kann.
- Alternative Geldquellen liegen auch für den Staat im Bereich des Sponsorings. Beim Sponsoring erwirbt der Sponsor Werberechte vom Gesponserten, etwa auf Bannern, Plakaten und Tafeln. Auch der Staat generiert im Rahmen seiner in Eigenregie durchgeführten Veranstaltungen seit Langem Einnahmen durch Sponsorship. Dabei kann er in Abhängigkeit vom Sponsor geraten, wenn es nur einen Sponsor gibt und dessen Beitrag die Veranstaltung erst ermöglicht.
- Ein weiteres Thema für Einsparungen ist die Privatisierung. Der Staat gibt die Aufgabe komplett an einen erwerbswirtschaftlichen Betrieb ab, der mit dieser Aufgabe auch Gewinne erzielen kann. Dahinter steht

die Idee, dass erwerbswirtschaftliche Betriebe aufgrund des Anreizes von Profit einfach wirtschaftlicher arbeiten würden. Dies ist allerdings mit einem kompletten Kontrollverlust verbunden. Ein sehr drastisches Beispiel hierfür sind die „dunklen Tage von Auckland". Die Hauptstadt von Neuseeland, Auckland, verkaufte 1992 ihre Stromversorgung an ein privates Unternehmen. Dies ist ein klassischer Fall von Privatisierung. Um mehr Profit zu erwirtschaften, entschloss sich der neue Besitzer dazu, die Wartungsmannschaften outzusourcen, also den Technikern zu kündigen und nur noch bei Bedarf andere Firmen mit Reparaturen zu beauftragen. Als 1998 eine Hauptleitung versagte, dauerte die Reparatur fünf Wochen lang (Wired 1999).

- Neben der recht radikalen Methode der Privatisierung gibt es auch Wege der Zusammenarbeit von Staat und dem selbstorganisierten Sport in Form der sogenannten Public Private Partnership (Budäus/Eichhorn 1997). So wurden Sportanlagen an Sportvereine zum Betreiben und zum Unterhalten gegeben, etwa in Form einer Verpachtung. Das Modell hat sich dadurch bewährt, dass Sportvereine durch ehrenamtliche Arbeit weniger kostspielig arbeiten können als der Staat. Auch diese Methode geht mit Kontrollverlusten durch den Staat einher.

Weiterführende Literatur

Horch, H. D./Schütte, N., 2003: Kommunale Sportverwaltung. Analysen zur Verwaltungsreform und zum Berufsfeld. Köln: ASS.

3.5.3 Vereine und Verbände

Im Vergleich zu erwerbswirtschaftlichen Betrieben und Sportverwaltungen ist die Finanzierung hier ein sehr komplexes Thema.

Beginnen wir bei den Ressourcen eines Vereins vor der Gründung. Zunächst ist es eine Finanzierung ohne Geld, es gibt nur die Ressource des Ehrenamtes und gegebenenfalls Sachspenden. Für die Gründung wird kaum Geld benötigt. Nach der Gründung werden allerdings oft auch Gelder benötigt, etwa wenn ein neugegründeter Sportverein sich bei einem Verband für den Ligabetrieb anmelden will. Diese Gelder können z. B. durch die sogenannte Monetarisierung entstehen. So haben viele Vereine ihren Mitgliedern Arbeitsverpflichtungen auferlegt. Wer Mitglied sein möchte, muss sich z. B. bei Segelfliegervereinen beim Winterdienst engagieren. Die

Segelflugzeuge müssen geputzt und repariert werden. Wer dieser Pflicht nicht nachkommt, wird mit Bußgeldern bestraft, die sich dann langsam zur akzeptierten Alternative der Befreiung durch Geld weiterentwickeln. Die Arbeitsverpflichtung wird monetarisiert (Heinemann 1985, 119).

Typischerweise wird jedoch schon gleich mit der Finanzierung durch Mitgliedsbeiträge begonnen. Vereine ohne Mitgliedsbeiträge sind heutzutage die absolute Ausnahme, da das Sportsystem über Geld funktioniert. In Vereinen, die sich nur über Mitgliedsbeiträge finanzieren, sind die Mitglieder typischerweise vergleichsweise sehr stark. Die Mitglieder sind allerdings eine heterogene große Gruppe, die kaum in der Lage sind, gemeinsam Macht auszuüben. Je größer die NPO, umso heterogener die Interessen. Je größer die Organisation wird, umso schwächer wird das einzelne Mitglied. Der Austritt eines Mitglieds schmerzt umso weniger, je mehr Mitglieder es gibt. Dies zeigt sich sehr deutlich bei der Tendenz der Oligarchisierung (Michels 1957, zuerst 1912) der demokratischen Entscheidungsstruktur des Vereins. Vereine werden typischerweise stark durch die aktiven Mitglieder geprägt. Viele Mitglieder überlassen es einer aktiven Elite, den Verein zu führen. So kommt es oft vor, dass Mitgliederversammlungen von Vereinen mit über 3.000 Mitgliedern gerade mal von 71 Leuten besucht werden und diese auch den Vorstand wählen.[1]

Eine weitere Finanzierungsform sind die Spenden. Wenn sie klein und einmalig vorkommen, spielen sie keine große Rolle, denn sie sind unsichere und kaum planbare Einnahmen. Anonyme Spender wollen keinen Einfluss nehmen. Diese Finanzierungsform führt also nicht zu Autonomieverlusten.

Wenn aber große Spenden hinzukommen, können diese oft eine erhebliche Wirkung haben. Sie sind meist nicht anonym. Der Spender neigt dazu, Bedingungen für die Verwendung zu stellen, etwa das Geld nur für die Jugendabteilung oder für die Volleyballmannschaft in der zweiten Liga zu verwenden. Letztlich bedeuten sie durchaus Autonomieverluste, die allerdings durch die Einmaligkeit der Zuwendung gemildert werden.

---

1 Tatsächlich handelt es sich hierbei um eigene Beobachtungen des Verfassers. Die Versammlung für über 3000 Mitglieder des Sportvereins fand in einem Raum statt, der für ca. 100 Personen ausgelegt war. Von den 71 Personen waren ungefähr 10 Amtsträger (Vorstand, Kassenprüfer, 2 Kandidaten für ein vakantes Wahlamt), 36 wollten sich eine bronzene Nadel für ein Mitgliedschaftsjubiläum oder für sportliche Leistungen abholen und die restlichen waren aktive Mitglieder inklusive der alten Damen der Turnabteilung, die immer geschlossen zu solchen Sitzungen kommen.

Bei großen oder regelmäßigen großen Spenden spricht man von Mäzenatentum. *Gaius Maecenas* war ein Römer, der „uneigennützig" die Künstler seiner Zeit (Vergil, Horaz, Properz etc.) in Rom unterstützte und so unsterblich wurde. Seine Motive waren vermutlich selbstsüchtiger als der Mythos seiner Tätigkeit glauben machen will. Das entscheidende Kennzeichen des Mäzenatentums ist, dass keine Gegenleistung vereinbart wird. Im Idealfall wäre der Mäzen anonym und es ginge ihm nur um die „gute Sache". Bei vielen mag es nur um die gute Sache und darüber hinaus auch um die eigene Person gehen. Dabei können Mäzenaten durchaus fordernd sein und starken Einfluss ausüben. Bekannt sind Fälle von Kunstmäzenen, die ihre Sammlung an die Stadt geben wollen, wenn diese ein Museum nach ihrem Gusto und mit ihrem Namen baut. Dietmar Hopps Engagement beim Fußballverein Hoffenheim ist ein gutes Beispiel für einen Mäzen. Er hat es durch Unterstützung des Fußballvereins, in dem er als Jugendlicher selbst gespielt hat, dem Verein ermöglicht, bis in die Fußballbundesliga aufzusteigen. Ohne seine Mittel wäre dies nicht möglich gewesen. Hoffenheim selber ist ein kleiner Stadtteil von Sinsheim mit knapp über 3.000 Einwohnern. Sinsheim hat knapp 35.000 Einwohner. Dabei ist Hopp kein Sponsor, denn Sponsoring bedeutet immer ein Geschäft auf Gegenseitigkeit. Es wird eine Gegenleistung für die gezahlten Gelder vereinbart. Dies sind in der Regel Werbung und Imagetransferleistungen für den Sponsor. Dies ist bei Hopp nicht der Fall, da für seine Firma, SAP, keine nennenswerten Vorteile entstehen, denn die SAP ist bei ihrem potenziellen Kundenkreis hinlänglich bekannt und bedarf auch nicht den Abglanz eines Fußballbundesligisten, um ihre Produkte, nämlich betriebswirtschaftliche Software für große Betriebe, zu verkaufen. Darüber hinaus wirkt Hopp in vielen sozialen Projekten rund um den Sport in seiner Heimatregion, ohne davon groß zu berichten. Da er im Moment in der Region der einzige Mäzen ist und sich wohl auch kaum andere finden lassen, kann man seinen Einfluss gemäß Pfeffer und Salancik als überragend ansehen.

Es bleibt festzuhalten, dass gerade im Breitensport viele, die als Sponsoren bezeichnet werden, tatsächlich Mäzene sind, da sie zwar Geld oder Sachwerte geben, aber der Verein gar nicht in der Lage ist, nennenswerte Werbung oder Imagetransfers zu leisten. Im Grunde lohnt das Engagement dieser Geldgeber nicht. Sie sind daher eigentlich Mäzene. Gerade im Breitensport oder im Spitzensport ohne nennenswerte Beachtung durch Publikum oder Presse lohnt das Engagement nicht. Dies hat auch die Bayer AG vor Jahren erkannt. Nachdem sie lange Zeit viele Leistungssportaktivitäten in der Leichtathletik, im Damenhandball etc. finanziert hatte, beschloss man, sich auf die lohnenden Sportarten zu konzentrieren. Dies war der Profifußball der Männer. Sie gaben den bisher unterstützten Sportarten bei Bayer Leverkusen eine Übergangsfrist und stellten danach die Zahlungen ein (Spiegel Online 2015). Dabei kann man der Bayer AG keinesfalls unsoziales Handeln unterstellen. Denn ihr soziales Engagement, insbesondere im Behindertensport, ließ sie unangetastet. Die Entscheidung gegen Damenhandball ist rational begründet. Viele der nicht mehr unterstützten Sportarten sind ohne die Unterstützung weitaus weniger erfolgreich. Man sieht deutlich, wie abhängig diese von ihrem Geldgeber waren und wie wenig sie über Alternativen verfügen.

Wenn wirkliches Sponsoring vorliegt, bedeutet dies nicht automatisch eine Abhängigkeit vom Sponsor. Wieder ist es eine Frage des Gleichgewichts der Tauschbeziehungen. Tatsächlich dürften aber sehr viele Sportvereine eine gewisse Abhängigkeit haben, da der Austausch des Sponsors sich oft schwierig gestaltet. Allerdings gibt es auch Veranstaltungen oder Vereine, die so stark sind, dass sie sich ihre Sponsoren aussuchen können. Würde einer abspringen, wäre der nächste sofort bereit, einzuspringen. Man kann dies gut beim Poker um Vertragsverlängerungen beim Trikotsponsoring bei Fußballbundesligisten erkennen. Dort kommt es häufig zum Wechsel, weil ein Konkurrent bereit ist, mehr zu zahlen als der bisherige (Braun et al 2007).

Der Unterschied zwischen Sponsoring und Mäzenatentum ist von besonderer Wichtigkeit, wenn es um das Fundraising geht. Sponsoren kann man am besten durch die Werbeleistung oder die Chance auf einen Imagetransfer gewinnen. Der Versuch, dies für eine Sportart mit wenig Publikum und wenig Pressewahrnehmung zu machen, ist kaum erfolgsversprechend. Hier ist es eher angezeigt, Mäzene mit sozialen Motiven oder biografischer Verbundenheit anzusprechen (Wilfer 2010, 85 ff).

Wie erwerbswirtschaftliche Betriebe können auch Non-Profit-Organisationen Verkaufserlöse erzielen. Typische Einkünfte dieser Art stammen aus dem Verkauf von Eintrittskarten, Getränken und Essen auf Veranstaltungen. Da diese Erlöse bei kleinen Vereinen eher gering sind, ist die Abhängigkeit von den Kunden auch eher gering. Große Veranstaltungen leben oft von den Zuschauern, die theoretisch dadurch eine starke Macht entfalten könnten. Sie tun dies aber in der Regel nicht, da sie meist nicht organisiert sind und eine zu heterogene Gruppe bilden, um sich gut zu organisieren.

Weitere Erlöse kommen durch den Verkauf von Übertragungsrechten hinzu. Diese Rechte lösten den Zuschauer als wichtigste Einnahmequelle in der Fußballbundesliga ab (Korthals 2005, 11).

Eine der wichtigsten Geldquellen für den selbstverwalteten Sport soll zum Schluss genannt werden. Es sind die staatlichen Subventionen. Sie sind typisch für jeden Verein und auch für die Verbände. Der Staat fördert den Sport, weil er ihm gemeinnützige Eigenschaften unterstellt (Hockenjos 1995, Rittner/Breuer 2004). Die Abhängigkeit liegt bei diesen Zahlungen klar auf Seiten des selbstverwalteten Sports. Dies zeigt sich deutlich darin, dass das Spitzenpersonal der Spitzenverbände in Deutschland durch den Staat bezahlt wird und dieser sein Tarifsystem den Verbänden aufoktroyiert. Diese bezahlen dann in Anlehnung an den Tarif des Öffentlichen Dienstes. Zwar wird die Beziehung zwischen Staat und selbstverwaltetem Sport gerne als freundschaftlich, auf gegenseitigem Respekt und auf Anerkennung der Autonomie dargestellt, aber manchmal ist aus der Politik dann doch Klartext zu hören:

> „SPIEGEL ONLINE: ‚Der Sport ist nicht immer begeistert, wenn sich die Politik einmischt, und beharrt auf seiner Autonomie. Wünschen Sie sich da mehr Einfluss?‘
> Sportausschuss-Vorsitzende Freitag: ‚Wir haben jetzt schon alle Möglichkeiten. Wir sind der Gesetzgeber. Die Autonomie des Sports ist anzuerkennen, aber sie endet da, wo Maßnahmen des Gesetzgebers gefragt sind. Es kann nicht sein, dass wir als öffentliche Hand nur zahlen, aber nichts zu sagen haben. Wir haben die Pflicht, uns einzumischen – auch wenn es einigen mal unbequem erscheint.‘“ (Spiegel Online 2010)

Weiterführende Literatur

Horch, H.-D., 1992: Geld, Macht und Engagement in freiwilligen Vereinigungen. Grundlagen einer Wirtschaftssoziologie von Non Profit Organisationen. Berlin: Duncker & Humblot.

Repetitorium

1. Wann entstehen durch Geldquellen für Organisationen Autonomieverluste?
2. Wie finanzieren sich erwerbswirtschaftliche Betriebe?
3. Welche Probleme kommen auf die kommunale Sportverwaltung zu, wenn sie auf andere Geldquellen als Steuermittel zugreift?
4. Welche Ressourcen können Sportvereine und Sportverbände haben?

3.6 Wissen

Wissen gilt als extrem wichtiger Faktor für den Organisationserfolg und ist oft auch die Grundlage für Wettbewerbsvorteile. Woher können Manager ihr Wissen beziehen? Im Kern ist das eine sehr alte Frage, die heute jedoch gern mit dem modischen Begriff des Wissensmanagements wieder aufgerollt wird. Tatsächlich lohnt es sich, den Wissenserwerb zu strukturieren und zu managen sowie das erworbene Wissen zu speichern. Hierzu wird zunächst der Frage nachgegangen, was Wissen von Informationen oder Daten unterscheidet. Dann werden einige Instrumente zur Generierung von Wissen vorgestellt, um schließlich die Grenzen des Ansatzes zu beleuchten.

3.6.1 Datum - Information - Wissen

Was ist Zweiundvierzig? Folgt man dem Roman von Douglas Adams' *Per Anhalter durch die Galaxis*, so ist Zweiundvierzig die Antwort auf die *„Frage nach dem Leben, dem Universum und dem ganzen Rest"*. Im Roman wird ein gigantischer Computer auf die Frage angesetzt und nach einer langen Berechnungszeit gibt er „Zweiundvierzig" zur Antwort. Niemand kann damit etwas anfangen und der Computer macht deutlich, dass die Fragesteller wohl selbst nie so richtig wussten, was eigentlich ihre Frage war (Adams 1984). Dies ist nicht nur eine perfekte Parodie auf manche quantitative Sozialforschung, sondern macht auch deutlich, was ein *Datum* ist. Es ist durch Wertangabe ohne Kontext und damit im Prinzip wertlos. Denn erst doch einen Kontext wird das Datum zu einer wertvollen *Information* und verständlich (Huseman/Goodeman 1999, 105 f). Damit eine Information zu wirklichem *Wissen* wird, bedarf es noch mehr:

> „Wissen ist Information aufgeladen mit Erfahrung, Wahrheit, Gerechtigkeit, Intuition und Werten; eine einmalige Kombination, die es Personen oder Institutionen erlaubt, neue Situationen zu bewerten und Wandel zu managen“ (Huseman/Goodeman 1999, 107 – Übersetzung aus dem Englischen von Schütte).

Wissen ist so verstanden keine einfache Sammlung von Instrumenten, die man einfach abruft, wenn man auf ein Problem stößt, im Sinne einer einfachen Programmierung: Wenn Problem X, dann führt Methode X zur Beseitigung. Wenn es zu einem Rückgang der Mitglieder in der Leichtathletik kommt, dann machen wir wieder einen Aufruf in der Lokalzeitung, dann gewinnen wir wieder Nachwuchs. In Wachstumsmärkten funktionieren solche Methoden. Aus dieser Zeit stammt auch noch die Vorstellung, man könne mit sogenannten *Management-Informations-Systemen* (MIS) die Funktion des Managers mithilfe von Computerprogrammen automatisieren. Davon abgesehen, dass Managen viel zu komplex ist, um es mit wenigen Regeln zu simulieren, kann die Übertragung auf Unbekanntes nicht so ohne Weiteres stattfinden. Hierzu bedarf es oft der Intuition. Intuition ist dabei als mehr zu verstehen als ein dumpfes Bauchverstehen. Dreyfus und Dreyfus (1987, 43 ff) nennen es die höchste Stufe des Lernens. Dabei verstehen sie unter Intuition ein müheloses Verstehen, ein Sich-einfühlen-Können.

Weiterführende Literatur

Huseman, R./Goodeman, J.P., 1999: Leading with knowledge. Thousand Oaks/London/New Dehli: Sage.
North, K., 1999: Wissensorientierte Unternehmensführung. Wiesbaden: Gabler.

3.6.2 Instrumente

„Wenn die Organisation nur wüsste, was sie weiß!“

In Organisationen ist immer mehr Wissen vorhanden als den Managern bewusst ist. Dabei kommt es darauf an, dieses Wissen zu akquirieren und möglichst auch zu dokumentieren. Ein gutes Beispiel hierfür stammt aus dem japanischen Management und gilt als eines der Erfolgsgründe japanischer Unternehmen. Es handelt sich um QC-Circles und ist inzwischen von westlichen Unternehmen unter dem Namen Qualitätszirkel übernommen worden. Es beruht auf der Einsicht, dass die betroffenen Mitarbeiter über Wissen verfügen, das externe Experten gar nicht haben können. Wenn in Deutschland eine Maschine nicht wie gewünscht arbeitet, ruft man gern einen Experten von außerhalb, der die betroffenen Mitarbeiter nicht miteinbeziehen wird. Dies ist in Japan anders. Dort setzt man auf die Fähigkeit der Mitarbeiter vor Ort – egal wie qualifiziert sie sind. Ihre Ideen und Erfahrungen macht man sich in speziellen Gruppensitzungen zunutze. Dabei hört man den Mitarbeitern genau zu, erarbeitet mit ihnen Problembeschreibungen und Lösungsansätze. Dies bringt nicht nur mehr Wissen für die Organisation, sondern führt auch zu einer Wertschätzung des Personals und zu mehr Motivation durch Beteiligung an Lösungen. Die Lösungen werden zusätzlich auch gut akzeptiert und nicht wie bei fremdentwickelten Ansätzen mit Abwehrverhalten untergraben (Fürstenberg 1981, 72 ff).

Zur Abschöpfung des offensichtlichen Wissens haben sich viele Methoden der innerbetrieblichen Datenerhebung durchgesetzt. Einige werden im Kapitel über das Controlling (Kapitel 5.4) näher erläutert.

Weitere Ansätze zur Informations- und Wissensbeschaffung werden im Rahmen des strategischen Managements (siehe Kapitel 3.10) vorgestellt.

3.6.3 Grenzen des Ansatzes

Wissensmanagement beinhaltet eine wichtige und oft nicht genannte Voraussetzung: Wissen muss erhebbar und speicherbar sein. Dafür muss es bewusst sein und nach angebbaren Regeln funktionieren. Dass dies keine triviale, sondern eine mit weitreichenden Konsequenzen behaftete Aussage ist, lässt sich leicht an einem Beispiel verdeutlichen. Der Homo sapiens zeichnet sich durch seine aufrechte Gangart aus – er lernt diese Fähigkeit schon als Kleinkind. Aber er kann niemandem erklären, wie er es macht! Das sogenannte implizite Wissen (*Tacid Knowledge* bzw. *Tacid Knowing*) zeichnet sich dadurch aus, dass man etwas kann, ohne dass man sagen kann, wie man es kann. Das Konzept geht auf Michael Polanyi (1985) zurück. Hier spielt auch das hinein, was wir schon im Kapitel 3.6.1 als Intuition kennengelernt haben.

Weiterführende Literatur

North, K., 1999: Wissensorientierte Unternehmensführung. Wiesbaden: Gabler.
Polanyi, M., 1985: Implizites Wissen. Frankfurt am Main: Suhrkamp.

Repetitorium

1. Warum reicht es nicht, einfach nur Daten zu sammeln?
2. Was ist ein Qualitätszirkel?
3. Warum ist es nicht möglich, alles Wissen zu dokumentieren?

3.7 Die Kunst der Planung und der Kontrolle

Ziele zu haben, allgemeine Regeln aufzustellen, die Umwelt zu beobachten sind die ersten Schritte der Planung. Man muss noch genauer planen. Man muss die allgemeinen Ziele bis hin zu operativen Plänen herunterbrechen. Das Thema Planung füllt ganze Bücher (z.B. Klein/Scholl 2012). Pläne können sehr komplex und umfangreich werden, aber im Prinzip bestehen sie aus einem kurzen Satz an Anforderungen: Wer macht was bis wann mit welchen Mitteln und wie kontrolliert man, dass es durchgeführt wurde?

- Zunächst muss also ein verantwortlich Ausführender benannt werden. Die Erfahrung zeigt, dass es immer besser ist, nur einen Verantwortlichen zu haben. Bei mehreren besteht immer die Gefahr, dass der eine sich blind auf den anderen verlässt und am Ende nichts getan wird. Zudem neigen mehrere Verantwortliche bei Problemen immer dazu, die Verantwortung auf den anderen zu schieben.
- Der Inhalt der Aufgabe sollte zwar prägnant formuliert werden, aber es muss den Ausführenden klar sein, was verlangt wird.
- Neben dem Inhalt ist es sinnvoll auch Kriterien für den erfolgreichen Abschluss festzulegen und auch mitzuteilen. Bei vielen Teilzielen ist dies sehr einfach, etwa in der Form „Sportplatz ist reserviert worden / ist nicht reserviert worden“. Bei anderen muss genauer gearbeitet werden. Was bedeutet z.B. „die Presse wurde informiert“. Es sollte en Detail geklärt werden, wer auf welchen Weg eine Nachricht erhalten hat.
- Aufgaben ohne Terminierung werden nicht erledigt, sondern nur aufgeschoben. Außerdem kann man nicht terminierte Aufgaben nicht

kontrollieren, da man gar nicht weiß, wann die Kontrolle fällig ist. Bei komplexen Aufgaben kann nicht nur der Inhalt aufgeteilt werden, sondern auch die Zeitplanung. Dabei hat es sich bewährt, Zwischentermine an markanten Abschnitten der Ausführung zu setzen und sie als Meilensteine zu bezeichnen.

- Um Aufgaben zu erledigen, braucht man Ressourcen, die unterschiedliche Formen haben können. Dies können Sachmittel, Geld, Personal, der Zugang zu Räumlichkeiten oder Maschinen sein. Sachmittel sind Geräte und Betriebsstoffe. Dies kann ein Gerät sein, mit dem Kreidelinien auf den Rasen für ein Freilufthandballturnier aufgemalt werden. Dabei darf man die nötigen Betriebsstoffe – hier die Markierungskreide – nicht vergessen. Oft ist es nötig, diese Mittel zu kaufen, und man muss entsprechende Finanzpläne aufstellen. Da Planung die Vorhersage einer zukünftigen Ausführung ist, fehlt oft das genaue Wissen, so dass die Verantwortlichen 108 Allgemeine Prinzipien des Sportmanagements auch Probleme und einen höheren Finanzbedarf einplanen sollten. Über welches Personal verfüge ich und muss ggf. noch welches rekrutiert werden? Im Rahmen von Sportmanagement sind die Räumlichkeiten oft sehr wichtig: Sportplätze müssen reserviert und/oder gemietet werden.
- Wie kontrolliere ich, ob der Plan ausgeführt wurde und ob er erfolgreich ist? Der Erfolg von Kontrollen hängt dabei massiv davon ab, dass die Kontrolle schon in der Planung integriert ist. Zudem sorgt eine sichere Kontrolle dafür, dass der verantwortlich Ausführende weiß, dass er die Aufgabe wirklich erledigen muss und sich nicht drücken oder eine andere Sache bevorzugt behandeln kann.

Möglicherweise stellt man beim Planen fest, dass die Ressourcen nicht reichen, um die Ziele zu erreichen. Dann müssen mehr Ressourcen beschafft oder Abstriche bei den Zielen gemacht werden. In der Regel versucht man, verschiedene Pläne aufzustellen, um sich dann für den besten entscheiden zu können (siehe hierzu auch Heiser 2019, 154 ff).

Weiterführende Literatur

Klein, R./Scholl, A., 2012: Planung und Entscheidung: Konzepte, Modelle und Methoden einer modernen betriebswirtschaftlichen Entscheidungsanalyse. München: Vahlen.

Repetitorium

1. Wie hängen Planung und Kontrolle zusammen?
2. Warum ist es wichtig ein Abschlussdatum miteinzuplanen?

3.8 Entscheidungen

Organisationen werden durch Menschen und ihre Entscheidungen gestaltet, nicht direkt durch Kontingenzvariablen. Diese simple Tatsache wird in der Kontingenztheorie einfach ausgeblendet. Dabei wird implizit durch die Theorie unterstellt, dass die Führung der Organisation auf Umweltänderungen mit rationalen Entscheidungen reagiert. Hier stimmt sie mit vielen Ansätzen der Entscheidungstheorie und der BWL überein.

3.8.1 Der rationale Entscheider

Der Manager erscheint in vielen Ansätzen der BWL als rationaler Akteur, der anhand von Kosten-Nutzen-Kalkülen entscheidet. Dabei findet er immer die beste Lösung. Generell findet sich diese Vorstellung in der sogenannten Modellannahme des *Homo oeconomicus*, die sich zum Teil als Menschenbild verselbständigt hat. Dieses Bild geht von einem reinen Nutzenmaximierer aus, der sich nicht um Werte der Gesellschaft kümmert, sofern sie ihm nicht nutzten. Nie reagiert er emotional, noch trifft er spontane Entscheidungen. Er kalkuliert immer, wie viel ihm etwas nutzt und zieht dann die Kosten ab. Dies wird ihm immer leichtfallen, wenn er die Kosten und den Nutzen genau quantifizieren und diese Zahlen in Geldeinheiten darstellen kann. Bei der Anschaffung eines Druckers kann man leicht die Kosten pro Blatt errechnen und den günstigsten Drucker aussuchen, zumal dank dem Internet heute eine weitaus größere Markttransparenz herrscht als vor der Einführung des World Wide Web.

Wie kompliziert Entscheidungen sein können, zeigt das Beispiel von Kosten-Nutzen-Analysen von Megasport-Events wie den Olympischen Spielen. Kosten-Nutzen-Analysen sind Berechnungen, um die Wirtschaftlichkeit von Investitionen zu überprüfen. Dabei wird zunächst einfach der Nutzen ermittelt und dann werden die Kosten abgezogen (Schütte 2014, 281 ff). Dabei entstehen die Probleme nicht nur daraus, dass die Komplexität von

Olympischen Spielen höher ist als beim Kauf von Druckern, sondern es gibt grundsätzliche Probleme:

- *Intangible Nutzen:* Sportveranstaltungen stiften z. B. Nutzen in Form von Eintrittsgeldern. Die Daten hierzu liegen in Form von Geldeinheiten unverfälscht vor. Andere Nutzen tun dies aber nicht. So ist der Imagegewinn einer Nation durch Ausrichtung von Olympischen Spielen kaum fassbar; diese Nutzen sind intangibel (Preuss/Heisey 2012, 307 f). Man kann zwar versuchen, z. B. durch Erfassung der Häufigkeit der Nennung in den weltweiten Medien eine Schattenzahl zu entwickeln, indem man den Wert durch Werbeleistungen, die der gleichen Anzahl von Nennungen entspricht, als Schattenpreis angibt. Ob solche Verfahren zu validen Ergebnissen führen, bleibt natürlich fraglich. Noch schwieriger wird es, wenn sich nicht einmal ein Schattenpreis finden lässt, etwa bei dem Glücksgefühl der gastgebenden Nation durch die Ausrichtung der Spiele. Man versucht, solche Nutzen, die 110 Allgemeine Prinzipien des Sportmanagements manche für die wichtigsten Nutzen halten, durch qualitative Angaben zumindest zu dokumentieren (Hanusch/Ilg/Jung, 2011).
- *Zuordnung von Kosten und Nutzen:* Um die richtigen Ergebnisse zu bekommen, muss ich wissen, dass die Kosten und Nutzen exklusiv zusammenhängen. So wurde bei Olympischen Spielen z. B. eine Metro wie in Rio de Janeiro mit einem ungeheuren Kostenaufwand verlängert. Tatsächlich wäre dieser Ausbau auch ohne Olympische Spiele – wenn vermutlich erst später – unternommen worden. Ist es unter solchen Umständen richtig, die volle Summe der Kosten auf die Olympischen Spiele zu berechnen? Gleichzeitig werden auch oft Kosten einfach ausgeblendet. So wurden bei den Angaben zu den Kosten der Fußball-WM 2006 in Deutschland nur die Stadionbau- bzw. Renovierungskosten angegeben. Zusätzliche Ausgaben für eine S-Bahnstation in München, eine Autobahnabfahrt und ein Parkhaus in dreistelliger Millionenhöhe wurden aber nicht mit angegeben.
- *Aussagen über die Zukunft:* Bei jeder Entscheidung muss man Annahmen über die Zukunft treffen. Dabei können die Aussagen zwischen relativ sicher und absolut unsicher variieren. Niemand weiß im Voraus, wie viele Zuschauer zu Olympischen Spielen kommen und wieviel Geld sie ausgeben werden. Man kann zwar auf der Grundlage von vorherigen Spielen arbeiten, aber eine Garantie, dass die Spiele sich wieder so

entwickeln, gibt es nicht. Besonders unsicher wird es, wenn nicht kontrollierbare Faktoren – wie das Wetter – eine wichtige Rolle spielen. So funktioniert Public Viewing nicht, wenn es stark regnet. Es gibt verschiedene Strategien, wie man mit solchen Unsicherheiten umgehen kann: Man kann systematisch so rechnen, dass man immer den Nutzen unter und die Kosten überschätzt (sogenanntes konservatives Vorgehen). Dabei ergibt sich dann ein Wert, der den tatsächlichen Wert mit Sicherheit unterschätzt und damit eine gewisse Stabilität aufweist. Man kann sich sicher sein, dass der tatsächliche Wert über dem errechneten liegt. Weiter kann man verschiedene Szenarien durchspielen und so Wissen über mögliche Ausgänge generieren (Preuß 2003).

Das rationale Entscheiden ist also sehr voraussetzungsvoll. Dies hindert allerdings Ökonomen nicht daran, den Ansatz von Kosten-und Nutzen-Kalkülen bis ins Absurde zu steigern. Gary S. Becker (1930–2014) hat die mikroökonomische Theorie nicht nur auf Märkte angewandt, sondern auf das Alltagsverhalten übertragen. Es gibt Bereiche, wo die Kosten-Nutzen-Kalküle angebracht scheinen, aber schwierig wird es, wenn es um Themen wie Heiraten oder Kinderkriegen geht. Nach Becker heiratet ein Mensch, wenn dadurch sein Nutzen höher ist als die Kosten, die durch das Alleinbleiben bzw. durch die Suche nach einem geeigneteren Partner entstehen. Becker betrachtet Kinder als langlebige Konsumgüter (Becker 1976). Für diese und andere Theorien erhielt er 1992 den Preis für Wirtschaftswissenschaften der schwedischen Reichsbank im Gedenken an Alfred Nobel.

Es ist offenbar, dass man rationale Kosten-Nutzen-Kalküle nicht auf alles übertragen sollte, denn nicht alles auf dieser Welt wird und sollte für Geld und eigenen Nutzen getan werden.[2] Darüber hinaus gibt es an der rationalen Entscheidung noch weitaus mehr zu kritisieren.

Weiterführende Literatur

Grünig, R./Kühn, R. 2017: Prozess zur Lösung komplexer Entscheidungsprobleme. Ein heuristischer Ansatz. Berlin: Springer Gabler.

Hanusch, H./Ilg, G./Jung, M., 2011: Nutzen-Kosten-Analyse. München: Beck.

---

2 siehe hierzu auch die Ausführungen zur Ökonomisierung im Kapitel 3.4.3.

3.8.2 Grenzen des rationalen Entscheidens

Wie realistisch sind die Annahmen der rationalen Entscheidung? Dieser Frage ging der Wirtschaftswissenschaftler und Wirtschaftsnobelpreisträger von 1978 Herbert A. Simon nach. Er fand, dass die meisten Akteure entscheiden, ohne über vollständige Informationen zu verfügen. Dies liegt daran, dass jeder nur begrenzte Zeit zum Entscheiden hat, dass die Beschaffung von Informationen nicht umsonst ist, sondern Kosten verursacht. Zudem lassen sich nicht immer trotz aller Mühe alle Informationen erhalten; sie bleiben unvollständig. Auch die kognitiven Fähigkeiten des Menschen sind begrenzt. Wenn zu viele Informationen auf den Entscheider einprasseln, führt dies zur kognitiven Überlastung. Letztlich streben viele gar nicht die optimale Lösung an, sondern wählen die erste befriedigende Lösung (Simon 1981).

Weiterführende Literatur

Simon, H.A., 1981: Entscheidungsverhalten in Organisationen, Landsberg am Lech: Verlag moderne Industrie.

3.8.3 Das Mülleimermodell des Entscheidens

Der Angriff auf das rationale Entscheiden durch Herbert A. Simon beruhte auf reinen Überlegungen und stieß damit weitere Forschungen an. Der Versuch, empirisch zu beobachten, wie Entscheidungen in Organisationen tatsächlich ablaufen, wurde von Cohen, March und Olsen (1972) unternommen. Das Ergebnis ihrer Forschungen war das sogenannte *Mülleimer-Modell der Entscheidung* (*garbage can model).*

Sie trafen auf ein sehr gemischtes Bild von rationalen Entscheidungen und von Chaos, sobald es um Entscheidungs- und Lernprozesse in Situationen von Mehrdeutigkeit oder Unklarheit geht. Ähnlich wie Simon fanden sie Situationen vor, die durch beschränktes Wissen und unvollkommene Technologien gekennzeichnet waren. Zudem fanden sie oft problematische Zielkonstellationen vor. Ziele waren inkonsistent oder gar nicht zu operationalisieren. Zudem stellten sie fest, dass es sich bei Entscheidungen um Prozesse handelt, die eben nicht nur punktuell an einem Ort zu einem Zeitpunkt stattfinden. Sie fanden heraus, dass wechselnde Teilnehmer an dem Prozess teilnahmen und der Sache im Zeitverlauf auch unterschiedliche Aufmerksamkeit gaben. Oft waren viele Teilnehmer mit unterschiedlichen

Interessen, die sich im Laufe der Zeit auch ändern konnten, daran beteiligt. Daher kam es dabei oft zu Verhandlungen, zum Verkauf von Interessen und zu politischem Verhalten. Das Ergebnis war dann keine optimale Entscheidung, sondern oftmals faule Kompromisse oder chaotische Beschlüsse, die sich kaum noch nachvollziehen ließen. Um diese Art von Ergebnissen zu beschreiben, nutzten sie die Metapher des *Mülleimers*. Jeder wirft in den Entscheidungsprozess seine aktuellen Entscheidungsprobleme und -lösungen hinein und chaotische Lösungen wie die Anordnungen in Mülleimern entstehen.

Diesem deprimierenden Ergebnis stellen sie die Frage entgegen, wann Entscheidungen gut laufen und unter welchen Umständen die extrem schlechten Entscheidungen getroffen werden. Wird der Entscheidung eine hohe Wichtigkeit beigemessen, so ist die Lösungschance gering. Denn dies geht mit vielen starken Interessen einher. Ebenso ist die Lösungschance gering, wenn der Entscheidung eine niedrige Wichtigkeit eingeräumt wird, denn dann fehlt oft die Energie, das Problem wirklich zu lösen. Interessanterweise funktionieren die Entscheidungen mit einer mittleren Lösungswichtigkeit am besten. Sie mobilisieren hinreichend Energie und Interesse, um sie zu lösen, aber sie werden noch nicht so stark von Interessen dominiert, dass es zu faulen Kompromissen etc. kommt.

Wendet man das Mülleimer-Modell auf die Professionalisierung von Non-Profit-Organisationen im Sport an, so findet man schnell heraus, dass eine solche Entscheidung stark in die Organisation eingreift. Sie bedeutet die Abgabe von Macht bei den Ehrenamtlichen. Es müssen Ressourcen für das Einstellen von Hauptamtlichen gefunden werden, die vermutlich woanders abzuziehen sind. Insgesamt steht ein Finanzierungsrisiko dem Einstellen gegenüber. Wenn gleichzeitig keine wirkliche Dringlichkeit vorhanden ist, ist die Wahrscheinlichkeit einer positiven Entscheidung gering. Dieses Modell kann gut erklären, warum z.B. ein Breitensportverein nur in der Leichtathletik-Abteilung einen Manager hat oder warum es in Verbänden Hauptamtliche gibt, die mit viel zu wenig Kompetenzen ausgestattet sind, um ihre Aufgabe zu erledigen.

Weiterführende Literatur

Cohen, M./March, J./Olsen, J., 1972: A Garbage Can Model of Organizational Choice. In: Administrative Science Quarterly, Vol. 17. S. 1-25.

3.8.4 Langlebigkeit des Mythos der rationalen Entscheidung

Man kann sich fragen, warum die Idee der *rationalen Entscheidung* mit all ihren Mythen trotz der Beiträge von Simon (1981) sowie von Cohen, March und Olsen (1972) nach wie vor so stark ist. Dies liegt mit Sicherheit daran, dass ein Teil der Entscheidungen in Organisationen tatsächlich so funktionieren. Sie sind mathematisch exakt und damit gut nachvollziehbar. Dies gilt aber eben nicht für alle Bereiche. In vielen Fällen wird entschieden, und erst nachträglich versichert man sich, dass dies eine gute Entscheidung sei. Menschen sind keine Roboter, sie akzeptieren nur schwer, dass sie eine Fehlentscheidung getroffen haben. Dann versuchen sie, diese nachträglich als richtig anzusehen. Leon Festinger (1919–1989) hat diese Momente, in denen man z.B. eine Fehlentscheidung bemerkt, als *kognitive Dissonanz* bezeichnet. Solche Momente sind extrem unangenehm. Sie berühren das empfindliche Selbstbild des Menschen. Niemand kann ertragen, als dumm dazustehen. Er hat eine Reihe von Maßnahmen von Menschen zur Auflösung der kognitiven Dissonanz erkannt. Eine besteht z.B. darin, die besseren Alternativen abzuwerten, wie es schon der Fuchs aus Äsops Fabel tat, als er die Trauben, die er nicht erreichen konnte, als zu sauer ansah. Eine andere Maßnahme besteht darin, sich selektiv dissonanzreduzierende Informationen zu beschaffen und so seine Entscheidung als richtig zu interpretieren (Festinger 2012).

Darüber hinaus ist die Vorstellung der rationalen Entscheidung in Organisationen für eine Gruppe besonders attraktiv: Manager stehen als Entscheider damit im Mittelpunkt. Man kann dies auch als *Great Man Theory* des Managements auffassen oder als Heldengeschichte (Clegg/Kornberger/Pitsis 2012, 29).

Zudem wird oft übersehen, dass es oft gar keine rational richtigen Entscheidungen für alle Beteiligten geben kann. Der Vorteil des einen mag der Nachteil des anderen sein. In solchen Situationen wird nicht rational, sondern nach Macht entschieden. Auch hier wird immer versucht, unter dem Mantel der Rationalität die Entscheidung zu begründen. Vokabeln wie *Sachzwang*, *einzig rationale Lösung* etc. finden dann ihren Einsatz.

Weiterführende Literatur

Festinger, L., 2012: Theorie der kognitiven Dissonanz. Göttingen: Hogrefe (Vorm. Verlag Hans Huber).

Repetitorium

1. Kann man jeden Nutzen mit Geld bewerten?
2. Was ist eine rationale Entscheidung?
3. Was versteht Simon unter begrenzter Rationalität und welche Folgen hat sie?
4. Wo im Sport fallen Ihrer Ansicht nach Entscheidungen, wie sie das Müllereimermodell beschreibt?
5. Warum ist der Mythos der rationalen Entscheidung so beständig?

3.9 Durchführung und Führung von Menschen

Die meisten Projekte scheitern einfach daran, dass man sie zwar plant, aber dann doch nicht ausführt. Die Umsetzung von Plänen ist ein oft übersehenes Kernproblem des Managements. Der Taylorismus hat mit der Bürokratietheorie und auch mit der kontingenztheoretischen Schule eines gemeinsam: sie beruhen auf einer rationalistischen Weltsicht. Wenn Manager nur die richtigen, also rationalen Entscheidungen treffen, kommt der Erfolg von allein. Man muss nur die Abläufe optimieren und kommt so zu optimalen Ergebnissen. Menschen erscheinen bei Taylor als Wesen wie Maschinen. Ähnlich einem Automaten erhält man so viel von ihnen, wie man hineingeworfen hat. Motivationsprobleme existieren in dieser Welt nicht. Ähnliche Ideen gibt es übrigens auch im Sport. Eine Fußballmannschaft liegt zur Halbzeit zurück. Der Mäzen der Mannschaft kommt in die Kabine und öffnet einen Geldkoffer. „Das gehört euch, wenn ihr gewinnt." Die Mannschaft verliert trotzdem.

Fragen der richtigen Führung, der Motivierung der Mitarbeiter sind eines der bedeutsamsten Felder der Managementlehre. Ein perfekter Plan kann immer noch an der Umsetzung durch Menschen scheitern. Zunächst werden die Hawthorne-Experimente vorgestellt, die einen neuen Blick auf die Organisation und das Management ermöglichten. Dann geht es um die eigentliche Führung und die Motivation.

3.9.1 Hawthorne Experimente oder die Entdeckung des human factors

Taylors Managementtheorie wurde durch die vermutlich berühmteste Experimentierreihe in den Sozialwissenschaften Ende der 1920er-/Anfang der 1930er-Jahre herausgefordert. Es handelt sich um die sogenannten *Hawthorne-Experimente,* die ihren Namen einer Niederlassung der Western Electronic im Ort Hawthorne (USA) verdanken. Dort wurden damals Spulen gewickelt. Dabei handelt es sich um ein elektronisches Bauteil, das für Relais und Radios in jener Zeit von großer Bedeutung war. Ein Eisenkern wurde mit Draht umwickelt. Die Experimente begannen 1927 ganz im Stile Taylors: Man fragte sich, bei welcher Beleuchtung die Spulen am effizientesten gewickelt werden. Man ging von einer optimalen Beleuchtung (one best way!) aus, die man finden wollte. Die Ergebnisse waren zunächst erfreulich: mit zunehmendem Licht stieg auch die Leistung. Dann wurde es verwirrend. Die Leistung nahm auch zu, als es dunkler wurde. Sicher war am Ende der ersten Experimente nur, dass im Dunkeln nicht gearbeitet werden konnte.

Man entschloss sich Hilfe zu holen, um die verwirrenden Probleme zu lösen. Sie kam in Person von Elton Mayo von der Harvard University. Ganz im Stile der Psychologie führte er zusätzlich eine Kontrollgruppe ein, bei der das Licht konstant blieb. Dies machte allerdings die Verwirrung komplett, da auch die Arbeitsleistung der Kontrollgruppe auch bei konstantem Licht immer besser wurde. Damit stand für Mayo fest, dass es neben den berücksichtigen Variablen (Lichtstärke und Arbeitsleistung) weitere Variablen geben musste, die in das Experiment einwirkten. Sein Forschungsteam kam zu dem Schluss, dass die Beachtung der Arbeitsgruppe durch die Forscher eine Rolle spielte. Zudem kam mit den Forschern ein anderer Umgang mit den Arbeitern in den Betrieb. Wurden sie zuvor von ihren Vorarbeitern harsch und geringschätzig behandelt, so wurden sie nun mit offensichtlicher Wertschätzung durch die Forscher in ihre Arbeit eingewiesen. Allein schon die Tatsache, dass Forscher sich für ihre Arbeit interessierten, veränderte die Arbeitssituation grundlegend. Dies setzte ein Schlaglicht auf eine bisher kaum wahrgenommene Variable in der Produktion, nämlich die menschlichen Beziehungen in der Arbeit. Mayo nutzte die gewonnenen Erkenntnisse zur Begründung einer neuen theoretischen Strömung im Management, die als *Human-Relation-Bewegung* bekannt wurde. Sie betrachtet die Beziehungen zwischen den Menschen als wesentlichen Faktor für Leistung in einer Organisation. Sie bildet damit eine

Gegenposition zum Taylorismus: Der Mensch ist kein Automat, sondern ein soziales Wesen, das soziale Bedürfnisse hat und durch diese angesprochen wird. Der Ansatz setzt auf Zuwendung, sanften wertschätzenden Führungsstil statt auf bloße Leistungsentlohnung (Burisch 1973, 44 ff).

Lange galt der Hawthorne-Effekt als gesichertes Wissen. In den 1970er-Jahren führten allerdings sorgfältige Recherchen von H. M. Parsons zu neuen Erkenntnissen. Mayo und seine Mitarbeiter unterließen es, wichtige Aspekte mitzuteilen. So wurden die Arbeiter, die am Experiment teilnahmen, vielfach privilegiert und bei nachlassender Arbeitsleistung mit der Rückversetzung an ihren alten nicht privilegierten Arbeitsplatz bedroht. Damit verlor die eigentliche Erkenntnis, dass Gruppeneffekte und ein humanistischer Führungsstil zu mehr Arbeitsleistung führen, ihren Beweis (Rice 1982).

Trotz dieser Einschränkung lebt der Mythos der Experimente bis heute weiter. Dies liegt vermutlich daran, dass – wie bei fast allen Mythen – auch hier ein wahrer Kern enthalten ist. Auch wenn Organisationspsychologen wie Greif (2004, 41) ganz zurecht davor warnen, mithilfe des Experiments Effekte in der Führung zu belegen, so bleibt doch festzuhalten, dass hier wissenschaftsgeschichtlich entscheidende Gegenpositionen zum Taylorismus formuliert wurden und der Forschung und auch der Managementpraxis die Augen für soziale Effekte geöffnet wurden, die auch im Sport von großer Bedeutung sind.

3.9.2 Hawthorne Experimente oder formale vs. informale Struktur

Die Hawthorne-Experimente brachten noch eine weitere bahnbrechende Entdeckung mit sich: die informelle Struktur der Organisation. Die sogenannte formale Struktur einer Organisation dürfte seit den ersten Organisationen bekannt sein. Sie beschreibt die Hierarchie in einer Organisation. Im Kern geht es um die Frage: „*Wer darf wem was befehlen?*" Es ist üblich geworden, dies als die formale Struktur einer Organisation zu bezeichnen.

Die formale Struktur galt bis zu den Hawthorne-Experimenten als frei gestaltbar und als Abbild der Realität im Betrieb. Alles, was zu regeln ist, war dort geregelt. Aber wo Menschen miteinander interagieren, beginnt die Vergesellschaftung (Simmel 2013). Verhalten wird zu Mustern, die sich dann zu eigenen Regeln weiterentwickeln. Durch regelmäßige Interaktion entsteht Kultur (Berger/Luckmann 1982). Dies ist auch in Organisationen so. Neben der formal verordneten Struktur entwickelt sich auch eine informelle.

Der Betrieb ist mehr als ein Organigramm. Die informellen Regelungen besagten z. B. bei den Hawthorne-Experimenten, wieviel Leistung für den Lohn dem Unternehmen zusteht. Gibt man mehr Leistung, wird man von den anderen als sogenannter *Ratebuster* bestraft (Dalton 1948). Was als lustige Ermahnung oder Anspielung beginnt, kann zur Drohung und zum tatsächlichen Einsatz von Gruppensanktionen führen. Solche Strukturen finden sich übrigens nicht nur in der Produktion bei den Arbeitern, sondern auch in den höheren Etagen unter den Managern (Dalton 1959).

Auch in Sportorganisationen lassen sich Beispiele für informelle Regeln finden. So kann ein Trainer einen Kapitän einer Mannschaft absetzen und einen anderen Spieler zum Kapitän ernennen, aber der heimliche Kapitän bleibt der alte.

Die Human-Relation-Bewegung zog aus dem Vorhandensein der informellen Struktur den Schluss, dass eine permanente Empirie nötig sei. Anders als im Taylorismus, bei dem eine einmal erfasste Bedingung zu einer immer weiter gültigen Ausgestaltung (optimale Schaufelbewegung bleibt konstant) entwickelt wird, bleibt die Gestaltung bei der Human-Relation-Bewegung abhängig von den Menschen und ihren Beziehungen. Diese Beziehungen sind im ständigen Wandel und ein permanenter Dialog und Aufmerksamkeit werden nötig. Damit gibt es keine dauerhaften Lösungen mehr, aber ein dauerhaftes neues Betätigungsfeld für Psychologen und Soziologen in den Betrieben (Bliwier 2015).

3.9.3 Zwischenfazit

Nehmen wir an, es gibt einen perfekten Plan, um unser Ziel zu verwirklichen. Damit ist aber noch nichts erreicht. Er muss auch umgesetzt werden. Die meisten Pläne scheitern wie die guten Vorsätze an Silvester: Sie werden einfach nicht umgesetzt. Dies fängt bei der Führungskraft an, die sich selber motivieren muss, es anzupacken. In diesem Abschnitt geht es aber um eine andere Hürde, nämlich um die, wie ein Manager dafür sorgen kann, dass seine Pläne durch Mitarbeiter umgesetzt werden. Für Taylor war dies einfach kein Problem: Geld macht es möglich und der Mitarbeiter ist wie ein Automat, der so viel hergibt, wie man hineinwirft. Mithilfe von Arbeitsverträgen und genauen Tätigkeitsanforderungen bekommt das bürokratische Management die Umsetzung in den Griff. Organisationen aus dieser Sicht sind Maschinen und die Menschen nur Maschinenteile. Hawthorne brachte es jedoch an den Tag: Die Mitarbeiter agieren als eigene Personen und als Gruppe. Es gibt ein Führungsproblem. Mitarbeiter leisten nicht so viel, wie sie können. Es gibt ein Potenzial an Leistung, das zurückgehalten wird und das durch die richtige Führung für die Organisation anzuzapfen ist. Schlimmer noch: Es finden sich empirische Belege dafür, dass Mitarbeiter absichtlich ihre Führungskraft sabotieren. Im Sport kennt man dies unter der oft behaupteten Aussage: „Das Team spielt gegen seinen Trainer."

Offensichtlich ist das Führungsproblem ein gravierendes und für die Zielerreichung kritisches Problem. Kann uns die Wissenschaft hier weiterhelfen? Tatsächlich gibt es kaum einen Bereich in der Managementforschung, der umfangreicher und verwirrender ist als das Thema Führung (Neuberger 1995, 2 ff). Es gibt unglaublich viele Ansätze, davon verbuchen viele auch eine gewisse Berühmtheit, aber kaum etwas, was einer kritischen wissenschaftlichen Überprüfung standhält. Das, was die Wissenschaft überwiegend hervorbringt, hilft der Praxis nicht, und was in der Praxis als Wundermittel gilt, kann von der Wissenschaft leicht widerlegt werden. Dies soll in den folgenden Abschnitten genauer erläutert werden. Hierzu werden verschiedene Perspektiven und Ansätze zum Thema vorgestellt.

3.9.4 Konfliktsoziologische Perspektive

Beginnen wir damit, dass wir das Führungsproblem soziologisch angehen. Hierfür bietet sich die konfliktsoziologische Perspektive an, die die Organisation als eine Art Arena der Interessen ansieht. Aus der Perspektive des Maschinenmodells der Organisation wird immer die Gesamtfunktion der Maschine betont und dass alle Teile funktionieren müssen. Teile, die nicht funktionieren sind schadhaft und müssen ausgetauscht werden. Es scheint nur so etwas wie ein Gesamtinteresse zu geben. Tatsächlich haben Führender und Geführter unterschiedliche Interessen. Der eine möchte bei gleicher Entlohnung vom anderen mehr Leistung erhalten, und der andere ist nicht bereit, mehr zu geben, und es wäre in seinem Interesse, den eigenen Beitrag sogar noch zu senken. Der Gewinn des Einen ist der Verlust des Anderen. Dieser strukturelle soziale Konflikt findet sich in allen hierarchischen Beziehungen in der Organisation. Zwar gibt es phasenweise eine Übereinkunft, wie sie in den Verträgen auch niedergelegt ist, die aber wird immer wieder infrage gestellt. Der vereinbarte Lohn verliert aufgrund von Inflation seinen tatsächlichen Wert. Die finanzielle Lage der Organisation macht den Mitarbeitern Mut, einen größeren Anteil zu erhalten, oder die finanzielle Lage macht Druck auf die Besitzer der Organisation, Kosten zu senken, und damit sind meist Löhne gemeint. Zudem verändern sich die Technik und damit auch die Arbeit und die Anforderungen. Dies führt wieder dazu, dass der latent immer vorhandene Konflikt offen ausbricht und ausgetragen wird. Beide Seiten werden versuchen, sich mit den ihnen zur Verfügung stehenden Machtmitteln durchzusetzen: Streik und Aussperrung. Eine Streikform, der Dienst nach Vorschrift, wirft ein besonderes Schlaglicht auf die bürokratische Führung. Der Dienst nach Vorschrift ist in der Regel die sicherste Methode, einer Organisation zu schaden. Tatsächlich kann man Arbeiten nur in extremen Fällen so exakt beschreiben wie der Schaufler bei Taylor. In den meisten Fällen ist die Arbeitssituation viel zu komplex. Zudem bedeutet das sture Festhalten an Anweisungen, dass man Fehler nicht korrigiert. Da aber jeder Vorgesetzte Fehler macht, insbesondere, weil nach dem Watzlawick-Axiom Kommunikation scheitern muss bzw. jede Menge an Missverständnispotenzial in sich birgt (Watzlawick/Beavin/Jackson 1969), sind Vorgesetzte unglaublich stark auf die Korrekturen und das korrekte Verstehen ihrer Mitarbeiter angewiesen. Selbst der Schaufler kann der Organisation schaden, wenn er den Sand an die falsche Stelle schaufelt, weil die Anweisung missverständlich oder falsch war. Nach Dahrendorf lassen sich solche strukturellen Konflikte nicht lösen, da die Struktur der gegensätzlichen Interessen immer vorhanden sein wird. Aber man kann sie kanalisieren, damit die Konflikte und der Einsatz von Machtmitteln nicht zu sehr eskalieren. Dazu bedarf es akzeptierter Regeln von beiden Seiten, wie mit dem Konflikt umzugehen sei. Aus Sicht dieses Ansatzes unterliegen die Vereinbarungen zwischen Führung und Mitarbeitern immer wieder neuen Verhandlungen. Dies gilt übrigens nicht nur für die Entlohnung, dem sogenannten Lohnkonflikt, sondern auch bei der alltäglichen Ausgestaltung der Arbeit (Dahrendorf 1957, 1995).

3.9.5 Führung durch Motivierung

Der konfliktsoziologische Ansatz hat mit Taylor durchaus etwas gemeinsam: Beide gehen von der Wirksamkeit von Geld als Beeinflussungsmittel des Menschen aus. Allerdings scheint es nicht gleichmäßig zu funktionieren. Denn einigen Menschen scheint Geld wichtiger zu sein als anderen, was man z. B. daran erkennt, dass jemand einen gut bezahlten Arbeitsplatz zugunsten eines schlechter bezahlten aufgibt. So wechselt manch eine Spielerin oder Spieler den Verein, selbst wenn der neue Verein weniger zahlt, die Chance spielen zu dürfen dort aber höher ist. Das Geld reicht allein nicht aus, um

Menschen dazu zu bringen, etwas zu tun. Menschen verfolgen Ziele, weil sie Beweggründe, also Motive dafür haben. Motivation ist dabei die Triebkraft, mit welcher versucht wird, Ziele zu erreichen (Steers 2004).

Das Konzept der Motivation stammt vornehmlich aus der Psychologie und kam mit den Hawthorne-Experimenten in die Managementliteratur. Allerdings gibt es eine sehr alte Vorgeschichte, die im klassischen Griechenland begonnen haben könnte, als der Philosoph Aristippos das Prinzip des Hedonismus entwickelte, um menschliches Verhalten zu erklären. Demnach strebt der Mensch Lust an und vermeidet Schmerzen. Dies wurde im 19. Jahrhundert durch Jeremy Bentham und John Stuart Mill aufgegriffen und zum Utilitarismus weiterentwickelt. Als die Psychologie als eigenes Fach aufkam, argumentierte man mit Instinkten und Trieben. Große Berühmtheit erlangten die Theorien von Sigmund Freund, aber auch William James und William McDougall (1921) sind hier zu nennen. Allerdings entsprechen diese Konzepte nicht mehr den modernen Ansprüchen an eine empirisch valide zu überprüfende psychologische Theorie. Dies taten dagegen die Arbeiten von Pawlow, der die Wirkung von Belohnung und Bestrafung auf das Verhalten von Tieren untersuchte. Schließlich entwickelte Skinner, in die gleiche Richtung gehend wie Pawlow, seine Theorie des *Behaviourismus* in den 1950er-Jahren. Dieser Ansatz ist mit dem Automatenbild von Taylor und seiner Lohntheorie kompatibel. Eine andere Richtung beschritt die sogenannte Humanistische Psychologie Anfang der 1950er-Jahre. Ihre Theorien für die Motivation des Menschen und damit der Mitarbeiter einer Organisation wurden sehr einflussreich in der Managementliteratur, auch wenn sie heute bei Psychologen kaum noch Anerkennung finden. Abraham Maslows *Bedürfnishierarchie* (auch bekannt als *Bedürfnispyramide*) hat bis auf den heutigen Tag trotzdem noch großen Einfluss. Er geht davon aus, dass es eine Reihe von Bedürfnissen gibt, die stufenweise befriedigt werden müssen. Dabei muss eine Stufe nicht zu 100 % befriedigt werden, bevor die nächste Stufe relevant wird. Maslow benennt fünf Stufen, wobei die ersten vier als Defizitbedürfnisse gelten und die letzte Stufe als Wachstumsbedürfnis, das unersättlich ist, also nie komplett befriedigt werden kann. Es handelt sich um folgende fünfstufige Hierarchie (Maslow 1989, 62 ff):

1. Zunächst müssen die physiologischen Bedürfnisse, wie Hunger und Durst, gestillt werden.
2. Es folgt das Bedürfnis nach Sicherheit.

3. Wenn die ersten beiden Stufen weitgehend befriedigt sind, spürt der Mensch den Drang nach Gesellschaft.
4. Es folgen die Motive, die sich aus dem Bedürfnis nach Achtung, Auszeichnung (Prestige) und Erfolgserlebnissen rekrutieren.
5. Die Spitze der Pyramide bildet das Motiv nach Selbstverwirklichung. Es wird unterstellt, dass der Mensch sein Potenzial ausschöpfen will. Dabei ist die Form, in der sich dieses Bedürfnis ausdrückt, vom Individuum abhängig.

Der Vorteil dieses Ansatzes ist, dass er gut zu erklären scheint, warum z. B. Geldanreize irgendwann ihre Wirkungen verlieren. Das Verhalten der Spielerin bzw. des Spielers, die bzw. der den gutzahlenden Verein verlässt, um wieder mehr Einsätze zu bekommen, wird durch das Selbstverwirklichungsmotiv erklärt. Allerdings bleibt vieles in dieser Theorie unscharf und schwer empirisch zu überprüfen. Dies gilt vor allem für die fünfte Stufe, da man sehr einfach Verhalten als individuelle Selbstverwirklichung auffassen kann (Clegg/Kornberger/Pitsis 2012, 150 f). Dem Modell wird auch Konservatismus (Neuberger 1995, 39) vorgeworfen. Anderen erscheint es in Anbetracht von menschlicher Destruktivität viel zu optimistisch (Neher 1991).

Eine weitere verbreitete Inhaltstheorie zur Motivation ist die *Zwei-Faktoren-Theorie* von Frederick Herzberg (1959) aus den 1960er-Jahren. Genau wie in Maslows Ansatz wird eine inhaltliche Klassifikation geboten, daher werden diese Ansätze als Inhaltstheorien bezeichnet. Im Gegensatz zu Maslow geht es aber Herzberg nicht um allgemeine Motive, sondern um die Arbeitsmotivation. Dabei unterscheidet er zwischen der Arbeit und ihrem Kontext. Arbeitskontexte können zu Unzufriedenheit führen, wenn sie als negativ angesehen werden. Sie bilden die sogenannten Hygienefaktoren. Die Berücksichtigung der Hygienefaktoren, wie die Bezahlung oder die Arbeitsumgebung, führt aber nicht zur Zufriedenheit, sondern nur zur Abwesenheit von Unzufriedenheit. Erst durch die Inhaltsfaktoren wie das Tragen von Verantwortung oder der Erwerb von Anerkennung kann Zufriedenheit entstehen.

Auch diese Theorie erscheint sehr plausibel. Bei dem Versuch, sie empirisch zu überprüfen, kommt sie aber z. B. bei Büttner (2010) in Bedrängnis. So lässt sich schon ihr Kern, die strikte Trennung in Hygiene- und Motivationsfaktoren nicht nachweisen (Büttner 2010).

Weiterführende Literatur

Herzberg F./Snydermann, B.B., 1959: The Motivation to work. New York: John Wiley & Sons.

Maslow, A.H., 1989 (zuerst 1954): Motivation und Persönlichkeit. Reinbek bei Hamburg: Rowohlt.

3.9.6 Führung mit dem Grid Management

Das *Grid Management* nach Blake und Mouton (1985) findet sich in sehr vielen Büchern zur Führung von Organisationen. Der Kern des Ansatzes blieb auch bei der Weiterentwicklung von Blake und McCanse (1991) der gleiche. Im Grunde basiert Grid Management auf der Idee, zwei Führungsmethoden zu kombinieren. Aus der Gruppensoziologie ist z. B. bekannt, dass es in Gruppen oft zu einer Teilung der Führung kommt, das sogenannte *Führungsdual.* Der eine achtet darauf, dass Ziele erreicht werden und der andere hält die Gruppe als emotionaler Leader zusammen. So finden sich auch in Organisationen Führungskräfte, die vor allem nur auf die Zielerreichung achten, Atmosphärisches oder die Menschen spielen keine Rolle. Jack Welsh, der als Manager von General Electric (1981–2001) eine gewisse Bekanntheit erlangte, gehört zu diesem Typ. Welch stellte im Rahmen seines Performance Management die 20-70-10-Regel auf. Die besten 20 % der Mitarbeiter („Stars") sollen mit Boni belohnt werden. Die 70 % in der Mitte sollten gefordert und gefördert werden. Die schwächsten 10 % aber sollten entlassen werden. Niemand fühlt sich unter solchen Bedingungen wohl, aber Ziele werden meist unter Druck irgendwie erreicht. Die Kollegen erscheinen als Konkurrenten, die es zu überflügeln gilt (Rössig/Reppesgaard 2003). Das Gegenstück ist die rein emotionale Führung, die nur dafür sorgt, dass die Menschen sich wohlfühlen. Allerdings geraten dabei die eigentlichen Ziele aus den Augen. Wenn man beide Typen jeweils auf eine Achse eines Koordinatensystems mit einer Skala von 0 bis 9 setzt, so erhält man ein Gitternetz. Daher stammt auch der Name *Grid Management* (wörtlich Gitter-Management). Die Idee ist, nicht einseitig eine Seite zu bevorzugen, sondern auf beide Faktoren (Zielerreichung und emotionale Zufriedenheit) zu achten und bei beiden möglichst hohe Werte zu erreichen. Das Ideal ist, auf beiden Achsen die 9 zu erreichen. Dies wäre die beste Führung überhaupt (Blake/Mouton 1985).

Die Theorie klingt sehr überzeugend, jedoch konnte bislang kein empirischer Erfolgsnachweis erbracht werden. Tatsächlich wird hier auch der Versuch unternommen, gleichzeitig einen Gegensatz auf eine Person zu vereinen. Dies dürfte, wie die Gruppenforschung zum Führungsdual zeigt, eher eine Ausnahme sein (Schreyögg/Koch 2015, 422). Ungeachtet der berechtigten Kritik an dem Ansatz kann man ihn für die Managementpraxis immerhin als wichtigen Hinweis auf zwei Aspekte des Führens verstehen, die – und auch dies zeigt die Gruppenforschung – von großer Bedeutung sind.

Weiterführende Literatur

Blake, R. R./McCanse, A.A., 1991: Leadership Dillemas – Grid Solutions, Houston: Gulf.

Blake, R. R./Mouton, J.S., 1985: Managerial Grid III, Houston: Gulf.

3.9.7 Führung durch Techniken: MbO

Es werden auf dem Beratermarkt viele Techniken zum erfolgreichen Führen angeboten. Eine der verbreitesten Techniken ist das *Management by Objectives* (MbO). Die Idee stammt von dem Managementautoren Peter F. Drucker (1998, zuerst 1954), der viele einflussreiche Bücher zum Thema Management veröffentlicht hat. Man kann MbO als Management durch Zielvereinbarung übersetzen. Die Grundidee ist, den Manager durch Delegation von Aufgaben zu entlasten. Dabei wird aber nicht einfach eine Aufgabe befohlen und die Ausführung wie beim Taylorismus en détail vorgegeben. Stattdessen findet ein offenes, auf Vertrauen basierendes Gespräch statt, bei dem Zielvereinbarungen getroffen werden. Die Ziele sollten dem SMART-Kriterium, wie wir es in Kapitel 3.1 kennengelernt haben, entsprechen. Dabei wird insbesondere schriftlich festgehalten, wann dieses Ziel erreicht sein soll. Die Gespräche finden normalerweise in einem regelmäßigen Turnus statt. Erst dann wird vom Vorgesetzten überprüft, inwieweit die Ziele erreicht werden konnten. In der Zwischenzeit hat der Mitarbeiter die Verantwortung für das Ziel und die Gestaltungsfreiheit. Dabei werden auch Rahmenbedingungen erörtert und beschlossen. Darunter fallen auch Nutzung von Einrichtungen und Zuweisung von Ressourcen. Probleme können schon im Voraus diskutiert werden. Auch ggf. notwendige Schulungsmaßnahmen können vereinbart werden (Drucker 1998). Ein beliebter und fataler Fehler ist die *halbe Delegation*. Dabei mischt sich der Vorgesetzte ständig ein und demotiviert seinen Mitarbeiter durch seine Besserwisserei und sein mangelndes Vertrauen. Denn diese Methode motiviert gerade dadurch, dass sie Selbstverwirklichung bei der Arbeit durch den Mitarbeiter ermöglicht. Insofern wird hier ein Motiv aufgenommen, das wir bei Maslow schon kennengelernt haben. Die Grundidee dieser Methode gilt als weitgehend plausibel und ihr Beitrag zur Führung von Organisationen ist unbestritten. Allerdings zeigt sich in der Praxis dann doch oft eine Reihe von Problemen. Es ist gar nicht so einfach, Ziele so zu formulieren, dass sie umsetzbar sind. Die Methode ist extrem aufwendig. Sie bedarf Vertrauen auf beiden Seiten, was nicht unbedingt gegeben ist. Insbesondere die Frage, wie man damit umgeht, wenn die Ziele nicht erreicht werden, bleibt offen (Drucker 1998).

Weiterführende Literatur

Drucker, P. F., 1998: Die Praxis des Managements. Düsseldorf: econ.

Kunz, G., 2003: Führen durch Zielvereinbarungen, München: C.H. Beck.

3.9.8 Heroen und Charisma

Es wird auch diskutiert, ob Führungsqualitäten auf Talent beruhen, also angeborene Eigenschaften sind oder ob sie lernbar sind (Clegg/Kornberger/Pitsis 2011, 128 ff). Wenn man davon ausgeht, dass man Führen nicht lernen kann, sondern durch feste persönliche Eigenschaften bestimmt wird, die ererbt sind, kommt man schnell zu einer Heroen-Ideologie des Managements. Dabei wird unterstellt, dass bestimmte Persönlichkeitseigenschaften wie Willensstärke, Selbstvertrauen oder Intelligenz für den Führungserfolg verantwortlich sind. Der Ansatz gilt in seiner radikalen universellen Fassung als gescheitert. Dies liegt zunächst daran, dass er komplett die Macht der Situation unterschätzt. Bestimmte Persönlichkeitseigenschaften kommen in verschiedenen Situationen unterschiedlich zum Tragen. Außerdem enthält die Theorie implizit die Idee, dass in jeder Führungssituation immer die gleichen Persönlichkeitseigenschaften gebraucht werden (Schreyögg/Koch 2015, 402 f). Dass dies nicht der Fall ist, kann man sehr leicht im Sport nachvollziehen, wo Trainer mit ihrer Führungsaufgabe bei der einen Mannschaft großen Erfolg haben und bei der zweiten nur Niederlagen und Streit produzieren. Die Beurteilung von Führungserfolgen ist auch nicht so einfach, wie oft getan wird. Denn hochbewertete Manager in einem

Jahr können im nächsten Jahr als Versager dastehen. So galt Michael Meyer als Manager von Borussia Dortmund als ein Vater des Erfolges (Meisterschaften, Börsengang 2000), um dann im Krisenjahr als Schuldiger dazustehen und keine Vertragsverlängerung mehr zu erhalten (KSTA o.D.). Auch die Vorstellung, dass die Auswahl bei Führungspositionen so hart ist, dass immer nur die Besten den Weg schaffen, entspricht kaum der Wirklichkeit. Tatsächlich ist es immer schon sehr hilfreich gewesen, um an Führungspositionen zu gelangen, wenn man auf personelle Ressourcen zurückgreifen kann. So können sich auch Clegg, Kornberger und Pitsis nicht vorstellen, dass es George Walker Bush ohne seinen Vater in das Präsidentenamt der USA geschafft hätte (2011, 129).

Dessen ungeachtet spielen allerdings Persönlichkeitseigenschaften im Führungsprozess mit eine Rolle, aber nicht die alleinige und nicht die dominante (Neuberger 1995, 64). Die große Gefahr dieses Ansatzes liegt darin, dass sie leicht im Rassismus und Faschismus enden kann. Schließlich sind die meisten großen Anführer männlich und von weißer Hautfarbe (Clegg/Kornberger/Pitsis 2011,128 ff).

In eine ähnliche Richtung geht auch der Aufschwung des Ansatzes Führung durch *Charisma.* Im Kern handelt es sich dabei um eine klassische Idee, die insbesondere durch Max Weber geprägt wurde. Weber entwickelte das Konzept der charismatischen Führung im Rahmen seiner Herrschaftssoziologie und seinen historischen Arbeiten. Dabei spielten oft auch charismatische Führungspositionen eine Rolle, die sich durch eine magisch anmutende Faszination auszeichneten. Gerade die als besonders große Führungspersönlichkeiten anerkannten Menschen haben als Gemeinsamkeit diese Eigenschaft – Charisma. Der charismatischen Führung, die personengebunden war, stellte Weber die bürokratische Herrschaft gegenüber, die von Personen unabhängig ist und durch schriftliche fixierte Regelungen wirkt. Der Unterschied zwischen einer charismatischen Persönlichkeit und einer normalen kann sehr gut am Beispiel früherer Bundestrainer bzw. Teamchefs dargestellt werden. Jupp Derwall konnte gegenüber der Presse sagen, was er wollte, er blieb dabei immer eine graue Maus, deren Aussagen ständig kritisiert wurden. Der Charismatiker Franz Beckenbauer dagegen wurde akzeptiert, vergöttert und stellte die Presse selbst mit Allerweltsaussagen wie *„Schaun mer mal, dann sehn mer scho!"* ruhig.

Ein großes Problem der charismatischen Führung ist allerdings, das Charisma sich auch verbrauchen kann. Niederlagen schädigen das Charisma. So ist die Lichtgestalt Franz Becker durch seine Beteiligung an der

Affäre um Schwarzgelder bei der Vergabe der Fußballweltmeisterschaft 2006 komplett in der Versenkung verschwunden. Franz Walter hat für die Politik nachgewiesen, dass charismatische Persönlichkeiten in der bundesrepublikanischen Geschichte immer wieder wichtige Rollen spielen, aber ihre Karriere gegenüber denen der bürokratischen Machtfiguren, wie z. B. Helmut Kohl, jeweils sehr kurz waren (Walter 2009). Diese Herrschaftsform ist – wie insbesondere Max Weber schon herausstellte – stets fragil. Wie Steyrer (1995) betont, wird Charisma zugeschrieben. Es ist also von Dritten abhängig und damit keine Eigenschaft einer Führungsperson per se. Dies bedeutet aber auch, dass es sich nur unter bestimmten Bedingungen entfaltet und man es auch nicht lernen kann.

Weiterführende Literatur

Steyrer, J., 1995: Charisma in Organisationen. Sozial-kognitive und psychodynamisch-interaktive Aspekte der Führung. Frankfurt am Main/New York: Campus.

3.9.9 Institutionenökonomischer Ansatz oder die verdeckten Kosten

Neben dem überaus positiven Menschenbild, das z. B. den Ansätzen der humanistischen Psychologie eigen ist, haben sich auch Ansätze etabliert, die ein sehr negatives Menschenbild aufweisen. Berühmt ist der zynisch wirkende Renaissance-Ratgeber für einen Fürsten, den Nicolò Machiavelli um 1513 (König 1984) verfasste. Eine Theorie, die großen Einfluss in der Sportökonomie erlangt hat und ein ähnlich düsteres Menschenbild hat, ist der *Institutionenökonomische Ansatz.* Eigentlich kann man auch von drei Ansätzen sprechen. Allerdings weisen alle drei als Gemeinsamkeit auf, dass sie anders als die orthodoxe Wirtschaftswissenschaft sich nicht nur Marktpreise ansehen, sondern versteckte Kosten durch die Rolle der institutionellen Bezüge berücksichtigen. Es handelt sich bei den Ansätzen um folgende:

- Transaktionskostentheorie
- Property-Rights-Theorie
- Agenturtheorie

Im Zentrum der *Transaktionskostentheorie* steht die Kostenanalyse von ökonomischen Transaktionen. Sie fragt, welche Arten von Transaktionen in welchen institutionellen Arrangements relativ am kostengünstigsten abgewickelt und organisiert werden können (Williamson 1985, 41). Dabei weisen die Akteure nicht nur begrenzte Rationalität auf, sondern zeigen auch opportunistisches Verhalten. Das heißt, sie verfolgen Eigeninteressen auch unter Verwendung von Täuschung, List und Zurückhaltung von Informationen. Dieses Menschenbild ist weitaus radikaler als das des Homo oeconomicus. Dieser verhält sich lediglich rational und fragt, was für ihn am besten ist. Hier ist der Mensch ein Opportunist. Für ihn kommen auch Optionen infrage, die illegal, verwerflich und kriminell sind (Coase 1937).

Die *Property-Rights-Theory* wird im deutschen Sprachraum auch als Theorie der Verfügungsrechte bezeichnet. In ihrem Zentrum steht die Bedeutung von Verfügungsrechten für Transaktionen. Es geht darum, wer etwas nutzen darf, und nicht darum, wer der Besitzer ist. Wie in der klassischen Ökonomie wird den Akteuren nutzenmaximierendes Verhalten unterstellt. Bei der Spezifizierung, der Übertragung und der Durchsetzung von Verfügungsrechten entstehen Transaktionskosten. Die Art der Nutzungsrechte bestimmt die Art, wie man mit dem Eigentum umgeht. Ein gutes Beispiel ist die *Public Private Partnership*. Der Begriff umschreibt die Zusammenarbeit von Staat und privaten Organisationen (Budäus/Eichhorn 1997). In unserem Fall sind dies keine erwerbswirtschaftlichen Betriebe, sondern Vereine. Als in Hamburg aufgrund der demographischen Entwicklung nach dem Pillenknick die Schülerzahl stark zurückging, wurden Schulen geschlossen. Allerdings gehören zu den Schulen oft Sportplätze, die von Sportvereinen neben der Schule stark genutzt wurden. Damit der selbstverwaltete Sport den Platz weiter nutzen kann, besteht die Möglichkeit, ihn zu verpachten. Soll der Sportplatz einem Verein oder fünf im Stadtteil ansässigen Vereinen zur Verfügung gestellt werden? Wenn alle fünf den Platz gemeinsam pachten, so besagt diese Theorie, dann maximiert jeder Verein seinen Nutzen und minimiert seine Kosten. Das heißt, keiner wird den Platz schonen und in ihn investieren, sondern jeder Verein wird versuchen, ihn so oft zu nutzen, wie er kann. Das wird dem Sportplatz nicht gut bekommen. Wenn dagegen nur ein Verein den Platz bewirtschaftet, dann wird dieser den Platz schonender behandeln, da er auch über die Früchte der schonenden Behandlung verfügt. Es lohnt sich auf einmal, den Platz pfleglich zu behandeln. Tatsächlich entspricht den Vorhersagen der Theorie die Erfahrung, die Sportämter in Deutschland mit der Übertragung von Verfügungsrechten an Sportplätzen gemacht haben (Horch/Schütte 2003, 78 f). Je mehr die Verfügungsrechte auf verschiedene Akteure verteilt und je schwächer sie ausgebildet sind, desto verdünnter sind sie (Furubotn/Pejovich 1972, 1140). Der Grad der Verdünnung von Verfügungsrechten ist ein starker Faktor, um die Effizienz einer Organisation zu erklären. Durch verdünnte Verfügungsrechte rücken unterschiedliche Interessen in den Blickpunkt, die die Organisation letztlich an einem effizienten Arbeiten hindern können. Die Verfügungsrechte in Vereinen und Verbänden werden aus Sicht dieser Theorie als problematisch angesehen. Das Mitspracherecht von vielen statt von einem gilt als besonders problematisch. Die Ertragsrechte sind nicht spezifiziert. Es gibt erhebliche Anreiz- und Kontrollprobleme. Der Grad der Verdünnung von Verfügungsrechten ist extrem hoch. Vereine und Verbände sind geradezu immunisiert gegen die monetären Folgen von schlechtem Management. Denn es gibt keine Ausschüttungen für die Manager bei Erfolgen, und das Augenmerk auf Finanzielles ist bei den Mitgliedern nur sehr begrenzt vorhanden (Frank 2000, 14ff). In vielen Fällen wird erst eingeschritten, wenn deutliche Verluste zu verzeichnen sind. Ohne rote Zahlen findet kein Handeln gegen Verschwendung statt. Die Sanktionsgewalt der Mitglieder gegenüber der Organisation ist relativ schwach, da Austritte von einzelnen Mitgliedern keine deutlichen finanziellen Signale auslösen. Frank geht so weit, dass er sagt:

> „Die Disziplinierung des Vereinsvorstandes durch die Mitglieder ist noch problematischer als die Vorstandskontrolle durch die Kleinaktionäre in einer Publikumsgesellschaft“ (Frank 2000, 14).

Dass diese Strukturen Probleme mit sich bringen, die eine Führung berücksichtigen muss, liegt nahe. Ein schönes Beispiel hierfür ist die Transformation von deutschen Profifußballabteilungen (nicht Vereinen!) aus der Vereinsstruktur zu Tochterunternehmen. Dabei wandelt sich die Abteilung zu einer Tochterorganisation mit weniger verdünnten Verfügungsrechten und mit Anreizsystemen für ihre Manager.

Auf die Führung im Sport bezogen empfiehlt dieser Ansatz, verdünnte Verfügungsrechte zu vermeiden. Das heißt, die Kosten für einen gemeinsamen Pool von Trainingsbällen sind zu vermeiden. Jede Mannschaft, besser noch jeder Spieler sollte einen eigenen haben, damit er schonender damit umgeht.

In der *Agenturtheorie* steht die Institution des Vertrages zwischen einem Auftraggeber (Prinzipal genannt) und einem Auftragnehmer (Agent genannt) im Mittelpunkt. Es handelt sich um eine allgemeinere Form als die

Beziehung zwischen Geführten und Führenden. Denn nicht nur Personen in einer organisationalen Hierarchie sind damit angesprochen, sondern auch externe Auftragnehmer.

Die Beziehung von Prinzipal zu Agent ist problematisch (*Prinzipal-Agent-Problem*): Der Agent vertritt seine Interessen radikal und stellt sie vor die des Prinzipals. Im schlechtesten Fall betrügt er den Prinzipal und im besten Fall arbeitet er ineffizient. Was kann der Prinzipal tun, damit der Agent in seinem Eigennutz auch das tut, was der Prinzipal will? Er kann den Agenten kontrollieren, was ihm allerdings Kontrollkosten aufbürdet. Er müsste sich über dessen Arbeit informieren und gegebenenfalls Anreizsysteme schaffen. Dies können z. B. Gewinnbeteiligungen sein (Jensen/Meckling 1976).

Was bedeutet dies für NPOs? Wer ist Prinzipal, wer ist Agent in einem Verein/Verband? „Organisation – Vorsitzender" stellt eine „Prinzipal (die Mitgliedschaft) – Agent (der Vorsitzende)"- Beziehung dar. Diese wird noch verstärkt durch das Einstellen von hauptamtlichen Managern, die quasi als Agenten des Agenten fungieren. Aus Sicht dieser Theorie kann das Problem nur durch Kontrolle und Anreize gelöst werden. Ein akzeptabler Anreiz wären Eigentumsrechte an den Früchten der Arbeit, etwa Erfolgsboni für jedes gewonnene Mitglied oder eine Meisterprämie. Letztlich ist auch dies keine stabile Beziehung und der Effizienz wegen wird die Organisation sich wandeln müssen.

Diese Theorien können recht gut erklären, wie es zum *Sonnenkönigsphänomen* in Profisportvereinen kommt. Der Begriff Sonnenkönig geht auf Ludwig XIV. zurück, einen absolutistischen Herrscher in Frankreich, der für seinen Pomp einst bekannt war. Der Name Sonnenkönig fand auch seine Übertragung auf Günter Eichberg, der 1989–1993 Präsident von Schalke 04 war. Passenderweise war er Inhaber von sechs Privatkliniken und von Sonnenstudios. Zwar stieg unter seiner Ägide Schalke 04 aus der zweiten Liga wieder in die erste Bundesliga auf – aber sein Name wird ebenso mit Verschwendungssucht und Schulden verbunden. So ging ihm der Transfer des Bayern-Stürmers Radmilo Mihajlović zu langsam. Er riss die Verhandlungen an sich, ging zu den Bayern und legte 3 Mio. DM Ablöse in einem Koffer hin und sorgte so für den unverzüglichen Wechsel des Spielers. Was er nicht wusste, war, dass sein Manager schon so gut verhandelt hatte, dass der FC Bayern ihn für 2,5 Mio. ziehen lassen wollte. Als Eichberg die Beerdigung von Ernst Kuzorra, einem Schalker Idol, verpasst hatte, ließ er die Feierlichkeiten wiederholen. Man kann sagen, dass Eichberg seine eigene

Geltung optimierte und nicht die Wirtschaftlichkeit des Clubs. Eichberg verlor sein Amt erst, als die Schäden angerichtet waren (Strohmeyer 2014).

Der Ansatz kann gut erklären, warum „Sonnenkönige“ Vereine ruinieren können, ohne dass der Prinzipal rechtzeitig einschreitet.

Die Ansätze dieser Schule unterstellen Opportunismus, der Mensch wird als gewissenloser Vorteilssucher gesehen. Hierfür lassen sich (vor allem in Gerichtsakten) viele Beispiele finden. Allerdings auch für das Gegenteil lassen sich hinreichend Beispiele finden.

Die Kritik am Ansatz betrifft vor allem das Menschenbild des gewissenlosen Vorteilssuchers. So bestehen z. B. Etzioni (1997) oder Stehr (2007) darauf, dass wertorientiertes Verhalten auch in Wirtschaftszusammenhängen vorkommt. Etzioni geht von der Doppelgesichtigkeit des Menschen aus: In der einen Situation zeigt er wertorientiertes Verhalten und in einer anderen Egoismus.

3.9.10 Governance

Das harte Menschenbild der Institutionenökonomie führt uns zu einem weiteren Themenfeld im Rahmen der Führung von Menschen und Organisationen. Es geht um die Frage, wie die Steuerung selbst im Sinne der Organisation gesteuert werden kann. Für diese Fragestellung hat sich der Begriff *Governance* etabliert. Leider kann man nicht von einem einheitlichen Ansatz, sondern nur von einer babylonischen Sprachverwirrung berichten. Ausgangspunkt für den Governance-Ansatz waren die Arbeiten von Michel Foucault, einem französischen Soziologen. In seinen Vorlesungen 1978 und 1979 am Collège de France (Foucault 2021, 2019) untersuchte er die Genealogie des modernen Staates (Lemke/Krasmann/Bröckling 2012, 9 f). Seitdem entwickelten sich viele uneinheitliche Ansätze in den verschiedenen Fachdisziplinen, darunter auch in der Managementlehre. Dabei spielt insbesondere eine Rolle, dass Organisationen immer größer wurden, sie sich von ihren Gründern abnabelten, den Besitzer wechselten, zu Aktiengesellschaften u. ä. wurden, und überhaupt die Tendenz besteht, nach außen transparenter zu werden (Johnson/Scholes 1997, 185 ff). Hierzu bedurfte es einer deutlichen Planung und Veröffentlichung von der Art, wie in der Organisation „regiert“ wird. Eine gängige Definition der Corporate Gouvernance lautet:

> „Corporate Governance ist die Gesamtheit der Sachverhalte, der institutionellen Gegebenheiten und der Mechanismen, die bestimmen, wie in wichtigen Unternehmen wichtige Entscheidungen getroffen werden und wie Leitung und Kontrolle ausgeübt werden. Dazu gehört die rechtliche Regelung der Entscheidungsbefugnisse ebenso wie das marktmäßige Umfeld, das die Handlungs- und Einflussmöglichkeiten der verschiedenen Stakeholder prägt." (Schmidt/Weiß 2003, 110)

Eine Richtung des Ansatzes fragt, wem die Organisation nützen sollte und wie dies garantiert wird. Dabei spielt insbesondere das Shareholder-Value-Konzept eine wichtige Rolle. Wenn ein Unternehmer ein Unternehmen führt, so ist klar, für wen er es tut. Wenn allerdings ein Manager für einen Eigentümer oder eine ganze Gruppe von Eigentümern handelt, so wird unklar, für wen oder was das Unternehmen da ist: für die Beschäftigen, das Unternehmensziel, die Kunden, den Manager oder doch die Besitzer? Shareholder Value besagt nun, dass die Unternehmung und die Profite, die sie hervorbringt, vor allem für die Besitzer da sind. Das klingt wie eine Selbstverständlichkeit, ist es aber nicht. Denn im dritten Sektor werden Profite nicht an die Mitglieder ausgeschüttet (der sogenannte *non-distribution constraint,* Hansmann 1980, siehe auch Kapitel 1.5.2). Dennoch bringen diese Organisationen Leistungen hervor, die an die Mitglieder gehen können. Dieser Fall entspricht einem Shareholder Value in dem Sinne, als die Mitglieder die Besitzer der Organisation sind. Oft gehen aber die Leistungen von Non-Profit-Organisationen an Dritte, an Nichtmitglieder. So organisiert der DOSB soziale Initiativen, die für Nichtmitglieder bestimmt sind, etwa im Rahmen von „Integration durch Sport". Um solche Phänomene besser abbilden zu können, hat sich der Begriff Stakeholder Value etabliert. Dabei geht es um den Nutzen, den die Anspruchsgruppen (*Stakeholder)* von der Organisation haben.

Renate Maynz betont, dass man den Begriff nicht mit der in der europäischen Politikwissenschaft üblichen Steuerung gleichsetzen solle, da Governance auf den institutionellen Rahmen schaut und nicht wie die politische Steuerungstheorie ein akteurszentrierter Ansatz ist. Bei ihr geht es um die Gesellschaftsgestaltung durch dazu legitimierte politische Instanzen. Dagegen kann der Governance-Ansatz seine Herkunft aus der Wirtschaftswissenschaft nicht leugnen. Sie fokussiert kaum auf die Genese von Regelungen, sondern auf deren Wirksamkeit, und versucht diese zu optimieren (Maynz

2004). Dabei spielen insbesondere auch Ideen der Institutionen-Ökonomie, vor allem der Prinzipal-Agent-Theorie, eine Rolle.

Kritik am Konzept der Corporate Governance liegt in dem Glauben, man könne Probleme in Organisationen einfach von oben per Erlass beseitigen, als ob es sich dabei nur um Fragen der Technik handle, um eine rationale Lösung zu finden. Insbesondere die verordnete Version des *Good Governance* wird kritisiert, weil eine rationale Gesamtlösung von Problemen, insbesondere im Rahmen von Befehlsketten, es nur in absoluten Ausnahmen geben kann. Denn die Partialinteressen werden sich in der Regel sehr unterscheiden und zu sehr unterschiedlichen rationalen Partiallösungen tendieren. Aus einer konfliktsoziologischen Perspektive hat dies zuletzt Mouffe (2007, 135 ff) für den politischen Bereich massiv kritisiert. Im Kern zeigt sich hier wieder die alte Erkenntnis von Dahrendorf, dass man strukturelle Konflikte in Organisationen (und auch anderswo) nicht lösen kann, sondern nur kanalisieren und immer wieder mit den Beteiligten verhandeln muss (Dahrendorf 1986).

Wenn man dies beachtet, kann das Augenmerk auf Governance-Fragen immerhin helfen, Konflikte in Organisationen geregelt und kanalisiert zu bearbeiten. Lösungen kann dieser Ansatz nicht bringen, aber er kann Fortschritte bei der Bearbeitung erzielen.

Es bleibt noch festzuhalten, dass dieser Ansatz eher für große und schon etablierte Organisationen geeignet ist.

Weiterführende Literatur

Hoye, R./Cuskelly, G., 2007: Sport Governance. Oxford: Elsevier Butterworth-Heinemann.

Mayntz, R., 2004: Governance Theory als fortentwickelte Steuerungstheorie? MPIfG working paper, No. 04/1.

Repetitorium

1. Wozu dient der Governance-Ansatz?
2. Kann der Ansatz seine Versprechen einlösen?

3.10 Strategie

Strategie kann als Königsdisziplin des Managements aufgefasst werden. Dies zeigt sich auch darin, dass mit ihr alle Fayol'schen Funktionen verbunden sind, was man insbesondere im sogenannten Managementzirkel wiedererkennen kann. Dieser beginnt bei der Analyse der Lage der Organisation, um daraus Ziele abzuleiten, wobei eine große Menge an Vorausschau zu leisten ist. Dann geht es in die Planung. Es werden alternative Pläne entwickelt und die besten ermittelt. Es folgt die Organisation, also das Herunterbrechen der allgemeinen Planung in konkrete Schritte, die dann umgesetzt werden müssen, wobei es auf die Führung von Menschen in der Regel ankommen wird. Am Ende steht die Kontrolle, ob oder inwieweit die Ziele erreicht wurden. Dann beginnt der Zirkel von neuem mit der Analyse (Freyer 2011).

Unter strategischem Management kann nach Wührl-Struller verstanden werden:

> „... [der] Prozeß, in dem eine rationale Analyse gegenwärtiger Situationen sowie künftiger Chancen und Risiken zur Formulierung von Absichten, Strategien, Maßnahmen und Zielen führt. Diese Absichten, Strategien, Maßnahmen und Ziele geben an, wie das Unternehmen unter optimaler Ausnutzung vorhandener Ressourcen umweltbedingte Chancen wahrnimmt und Bedrohungen abwehrt" (Wührl-Struller 1995, 74).

Das Thema Strategie hat neben der Definition von Wührl-Struller noch viele andere hervorgebracht. Man kann es sogar als Modethema bezeichnen. Die Herkunft des Begriffs ist schillernd: Es entstammt dem Vokabular des Militärs, und ihr wichtigster Klassiker ist der preußische Generalmajor Carl von Clausewitz, der in seinem Buch *Vom Kriege* viele grundsätzliche Anmerkungen formulierte. Nach ihm bezieht sich der Begriff auf den gesamten Krieg und die Taktik gilt nur für die jeweilige Schlacht. Strategien sind eine zielgerichtete, langfristig ausgelegte Folge von taktischen Handlungen mit Zuweisung der notwendigen Ressourcen (nach Chandler 1962); im Grunde also der Gesamtplan, wie man die Kriege gewinnen will. Der Strategiebegriff kam durch den Wirtschaftshistoriker A. D. Chandler in die Managementdebatte. Sein Hauptwerk war *„Strategy and structure in the history of the american enterprise"* von 1962. Er beschrieb darin das

Wachstum von Firmen wie General Motors oder DuPont hin zu großen Konzernen. Seine Hauptthese war, dass die Struktur der Strategie folgen muss *(Structure follows Strategy)*. Denn aus seinen Fallbeispielen konnte er den Schluss ziehen, dass Erfolg bei der Konzernbildung erst durch Strategiebildung einsetzt, die wiederum die Strukturen bestimmt. Damit gilt er auch als ein Klassiker der kontingenztheoretischen Schule, da er die Struktur der Konzerne aus einer dritten Variablen, der Strategie, ableitete.

Ohne Strategie können Unternehmen selbstverständlich auch wachsen. Ein gutes Beispiel ist der Konzern ITT (*International Telephone and Telegraph Corporation*), der zunächst im Telefon- und Elektronikgeschäft tätig war, aber durch Zukäufe der unterschiedlichsten Firmen zu einem Mischkonzern wurde. So gehörten zu dem Konzern auch Versicherungen, Autovermietungen (Avis), Hotels (Sheraton) bis hin zu Friedhöfen. Die Struktur des Unternehmens enthielt keinen Plan. Es musste restrukturiert werden, um wieder in die Erfolgsspur zu kommen. In manchen Fällen erwiesen sich die getroffenen Entscheidungen im Nachhinein als eine sinnvolle Strategie. Man spricht dann von emergenten Strategien. Sie sind kein Teil des rationalen Managements, eher eine freundliche Interpretation im Nachhinein. Gutes strategisches Management weist den Weg, bevor er beschritten wird. Emergente Strategien sind lediglich die psychische Rationalisierung einer Erkenntnis, nachdem der Weg zurückgelegt wurde.

Strategien versprechen, das Risiko von Fehlentscheidungen zu minimieren. Dabei sollen rechtzeitig Gefahren erkannt werden, solange noch Ressourcen zur Bekämpfung der Gefahren vorhanden sind. So werden durch die strategische Analyse rechtzeitig Handlungsspielräume eröffnet, durch die Zeit und Sachzwänge vermieden werden können.[3] Strategien führen eine Organisation durch das Labyrinth der tausend Möglichkeiten, in dem sie schon vorher viele Wege ausschließt, die vielleicht vielversprechend sind, aber in eine andere Richtung als die Strategie weisen. Da Zeit und Ressourcen knapp sind, müssen sie auf die strategisch wichtigen Möglichkeiten verwandt werden. Strategisches Management lehrt, sich nicht zu verzetteln, sondern konzentriert am Ziel zu arbeiten. Das beinhaltet fast immer, dass Chancen und interessante Möglichkeiten liegengelassen werden müssen. Der Versuch, alles zu machen, hat noch nie funktioniert. Weiter wirken Strategien als Richtschnur, die zu Stabilität von Verhaltensweisen und -erwartungen führt. Denn man kann immer entscheiden, ob etwas zur

3 Strategien sind damit auch eine Prävention gegen Krisen! Siehe hierzu Kapitel 3.12.

Strategie passt oder nicht. Damit können alle Einzelentscheidungen in einen umfassenden Gesamtplan untergeordnet werden. Dies bringt Klarheit und Motivation.

Egal welchem Sektor eine Organisation angehört, jedes strategische Management beginnt mit einer Analyse. Hierzu wurden viele Instrumente entwickelt, die nicht nur Daten sammeln, sondern die relevanten Informationen herausfiltern. Information gibt es nicht nur im Inneren von Organisationen. Tatsächlich haben sich viele Instrumente meist mit der Informationsbeschaffung von außen beschäftigt. Der Vergleich mit Organisationen, die im gleichen Feld agieren oder ähnliche Produkte anbieten, ist nicht nur naheliegend, sondern auch eine fest im strategischen Management und im strategischen Marketing etablierte Methode. Wenn es z. B. einen Besten im Feld, gibt, so wird die Orientierung an ihm als *Benchmarking* bezeichnet. Er ist der Vergleichspunkt, den es zu erreichen gilt. Hierfür wird versucht ihn zu analysieren und herauszubekommen, wie er es besser als die anderen macht (Grant 2005, 157 f).

Eine Vielzahl von Instrumenten zur Informationsgewinnung und Wissensgenerierung wurde insbesondere im Rahmen des Marketings entwickelt. Genau genommen wendet sich der größte Teil der Strategieliteratur an erwerbswirtschaftliche Betriebe. Dabei geht es vor allem um die Frage, ob man die richtigen Produkte produziert. Denn Produkte haben Lebenszyklen. Es beginnt mit der Innovation und wenn es gut läuft, findet diese ihren Markt. Aber dieser ist irgendwann gesättigt oder neue Produkte verdrängen die alten und der Markt verschwindet ganz. Für erwerbswirtschaftliche Betriebe ist diese Frage von existenzieller Bedeutung. Hierzu gibt es sehr viele Beispiele für das Scheitern (z. B. Mills/Friesen 1996, Sobel 1999, Slyvwotzky/Morrison 1997, Taffinder 1998) Die Sportverwaltung dagegen bekommt von der Politik das Portfolio ihrer Aufgaben vorgeschrieben. Sie kann nur in einem kleinen Rahmen ihre Aufgaben selbst wählen und gestalten (Horch/Schütte 2003, 40 ff). Interessant wird es, wenn es um den Non-Profit-Sektor geht. Dort gibt es Bereiche, die genau wie der erwerbswirtschaftliche Betrieb Produkte einfach auf den Kosten-Nutzen prüfen, auf Zukunftsfähigkeit hin testen und ggf. auch abschaffen kann. Dies gilt zum Beispiel für Modetrainingsformen wie Zumba oder Managerboxen (Gymnastik für Bürokräfte mit Boxtrainingeinlagen). Wenn es aber um das Kernangebot geht, etwa bei einem Ruderverein um das Ruderangebot, kommt es zu Besonderheiten, die in Kapitel 4. 5 besprochen werden.

Der Lebenszyklus von Produkten, Serviceleistungen oder auch sonstigen Aktivitäten von Organisationen lässt sich insbesondere als Instrument weiterentwickeln, wenn mehrere vorhanden sind. Solche Ansammlungen werden auch *Portfolio* einer Organisation genannt. Die bekannteste Weiterentwicklung stammt von der Unternehmensberatung Boston Consulting Group (BCG) aus den 1970er Jahren. Sie kombiniert dabei den Marktanteil eines Produkts mit dem Marktwachstum. Auf diese Weise wird eine einfache und übersichtliche Vierfeldertafel generiert. Man nennt sie auch BCG-Matrix (Johnson/Scholes 1997, 170 ff).

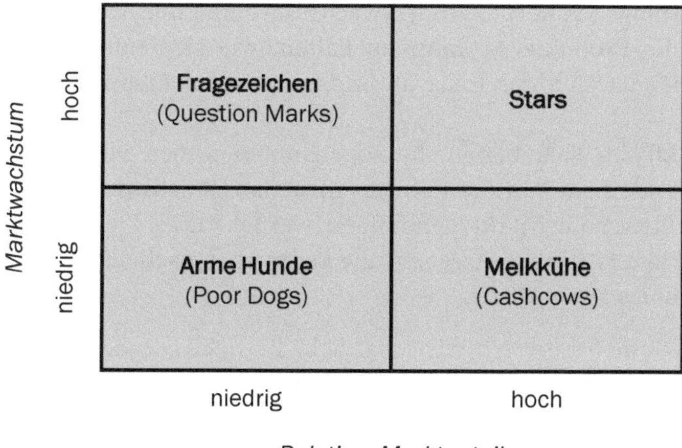

Abb. 6: BCG-Matrix (eigene Darstellung nach Johnson/Scholes 1997, 171)

Was ein hoher Marktanteil oder ein hohes Wachstum ist, hängt sehr von den untersuchten Märkten ab. Daher muss für den jeweiligen Fall eine Festlegung stattfinden. Letztlich finden sich vier Felder vor, die eine unterschiedliche Bedeutung haben. Beginnen wir mit einer Betrachtung von z. B. vier Produktgruppen eines Fitnessstudios:

- Beginnen wir links oben mit den sogenannten Fragezeichen. Für unser Beispiel könnte hier ein neues Segment im Studio dienen, wie Fitness für Manager und Managerinnen. Hier gibt es nur einen geringen Marktanteil, aber der Markt ist sehr attraktiv, da er im Wachstum sich befindet. Das stellt das Produkt in Frage (daher der Name): Einerseits erscheint es attraktiv zu investieren (etwa in der Form mehr Kurse anzubieten), da der Markt wächst, anderseits kann man sich auch daraus zurückziehen, da man nur einen kleinen Teil hat.

- Als Stars werden Produkte, Dienstleistungen und sonstige Aktivitäten genannt, die versprechen sich in Zukunft sehr gut zu entwickeln. Zudem ist die Marktposition hervorragend. Hier heißt es nicht nur weitermachen, sondern möglichst auch auszubauen. Als Beispiel kann die neue Kletterwand genannt werden.
- Die Melkkühe haben eine sehr starke Position im Markt und sind daher aktuell (noch!) attraktiv. Hier wird Geld verdient. Ein gutes aktuelles Beispiel wäre eine schon etablierte Fitnesssportart wie Spinning oder Zumba. Allerdings tendiert das Marktwachstum zum Ende. Daher wird empfohlen, die Produkte so lange zu halten, wie sie rentabel sind. Dennoch zeichnet sich das Ende ab und es muss an Ersatz gedacht werden.
- Das unattraktivste Feld bilden die sogenannten armen Hunde. Sie haben einen kleinen Marktanteil bei geringem Wachstum. Solche Produkte sollten vom Markt genommen werden. Dies könnte zum Beispiel eine alte Fitnesssportart sein, die kaum noch nachgefragt wird (Johnson/Scholes 1997, 170 ff).

Das Instrument wurde für erwerbswirtschaftliche Betriebe entwickelt, aber es kann auch für staatliche und Non-Profit-Organisationen nützlich sein (Allison/Kaye 1997). Allerdings verändern sich dabei bestimmte Aussagen.

- Sportvereine können ihre verschiedenen Angebote ebenfalls als Portfolio darstellen. Dies ist als Übersicht hilfreich. Allerdings wird aus dem Marktanteil z. B. der Mitgliederanteil. Dann wäre z. B. Fußball ein Star (viele Mitglieder und immer noch Wachstum), Faustball ein armer Hund, die neue Abteilung E-Sport ein Fragezeichen und die Melkkuh wäre der Fitnessbetrieb. Allerdings würde ein Turnverein niemals auf die Idee kommen, das Turnen zu beenden, weil sich nur noch wenige Mitglieder dafür interessieren.
- Ähnliches kann man über Sportverbände sagen. Ihre Kernaufgaben, etwa den Wettkampfsport, werden sie kaum in Frage stellen. Dennoch sind solche Übersichten sinnvoll, da sie möglicherweise auch auf Tätigkeitsfelder hinweisen, die künftig wichtig werden oder die künftig weniger eine Rolle spielen werden. So ist aktuell jede Form von Gesundheitssport ein interessantes Fragezeichen, das das Potenzial zu einem Star hat. Es kann auch sein, dass sich Prioritäten verschieben, wenn

verschiedene Sportarten etwa in einem Radsportverband sich in ihrer Bedeutung bei den Mitgliedern verändern. So kann Mountainbiken wichtiger werden als das traditionelle Straßenrennen.

- Auch für Sportverwaltungen sind solche Portfolios von Interesse. Zwar können die von der Politik vorgegebenen Geschäftsfelder (Sportförderung, Unterhalt der Sportanlagen usw.) nicht in Frage gestellt werden – insofern sind Sportämter nicht strategiefähig –, aber bei den sonstigen Aktivitäten können Potenziale ermittelt werden. So hat das Geschäftsfeld Event in vielen Gemeinden das Potenzial eines Stars.

Ein weiteres sehr verbreitetes Instrument ist die SWOT-Analyse. SWOT ist ein Akronym für

S → strength (Stärke)
W → weakness (Schwäche)
O → opportunities (Chancen, Möglichkeiten)
T → threats (Risiken, Bedrohungen)

Bei den Stärken und Schwächen geht es um interne Gegebenheiten und bei den Chancen und Risiken um externe. Im Kern geht es darum die eigenen Stärken zu realisieren, die nötig sind, um die Chancen der Umwelt zu nutzen. Die Stärke eines Sportangebots kann z. B. in der Gesundheitswirkung für den Rücken liegen und wenn dann gleichzeitig die Umwelt neue Chancen bietet, weil immer mehr Menschen an Rückenkrankheiten durch Bewegungsarmut erkranken, so weist die SWOT-Analyse darauf hin, dass hier ein wichtiges Zukunftsfeld liegt. Gleichzeitig hat der Verein aber auch Schwächen, insbesondere Raumprobleme und die Übungsleiterknappheit sind zu nennen. Dazu wird der Verein durch Sparmaßnahmen in der Gemeinde bedroht, eine alte Sporthalle soll möglicherweise geschlossen werden und andere Vereine drohen Übungsleiter abzuwerben. Hierauf kann der Verein auf verschiedene Weise reagieren, etwa kommunalpolitisch auf die Renovierung und Erhaltung der alten Halle ggf. mit den Nachbarvereinen drängen oder eigene Räumlichkeiten und Sportanlagen aufbauen. Übungsleiter kann man durch Erhöhung der Entgelte ggf. halten oder man bildet neue Übungsleiter aus dem Nachwuchs heraus aus. Dabei spielen insbesondere finanzielle Fragen eine wichtige Rolle. Dabei ist Geld in der Regel bei Vereinen eine sehr knappe Ressource, die man in die Rubrik Schwäche einordnen kann.

Ein wichtiger Vorzug der SWOT-Analyse ist die Fähigkeit verschiedene Bereiche miteinander in Verbindung zu bringen und komplexe Sachverhalte relativ einfach abbilden zu können. Ihr gravierendster Nachteil liegt darin, dass sie nur Hinweise, aber keine Handlungsanweisungen liefert. Sie bringt Informationen hervor, aber was mit ihnen zu machen ist, bleibt bei den Führungskräften (Johnson/Scholes 1997, 173 ff).

SWOT-Analyse		**Interne Analyse**	
		Stärken	Schwächen
Externe Analyse	Chancen	Angebot von Rückengymnastik bei steigender Nachfrage nach Rückengymnastik	geringe finanzielle Möglichkeiten begrenzte Raumkapazitäten
	Bedrohungen	Abwanderung von Übungsleitern und Schließung einer Halle, aber Sport ist kommunalpolitisch von Gewicht	keine eigene Ausbildung von Übungsleitern und kein Geld für höhere Honorare

Abb. 7: Beispiel einer SWOT-Analyse

Immer spielen bestimmte Personengruppen eine wichtige Rolle, um die Organisationsziele zu erreichen. Sei es, dass sie die Zielerreichung durch Verkaufserlöse (Kunden) oder Spenden finanzieren, politisch fördern können oder verhindern wollen. Personengruppen, die die Organisation beeinflussen, werden als „Stakeholder" (Anspruchsgruppen) bezeichnet. Sie zu identifizieren und ihr Potenzial einzuschätzen ist eine wichtige Hilfe in der Strategieentwicklung und wird für die Umsetzungspläne bedeutsam. Dieses Identifizieren wird auch *„Stakeholder Mapping"* (übersetzbar als „Anspruchsgruppenlandkarte") genannt. Es gibt – wie bei den meisten strategischen Analyseinstrumenten – sehr viele Varianten. Typisch ist allerdings, dass man die Stakeholder danach unterscheidet, wie mächtig sie sind und welches Interesse sie an der Zielerreichung haben. Dabei kann das Interesse positiv sein, was sie zu potenziellen Förderern macht, oder negativ, was sie zu potenziellen Blockierern macht. Nachdem man potenzielle Stakeholder identifiziert hat, kann man sie einer Macht-Interessen-Matrix zuordnen (Johnson/Scholes 1997, 197 ff). Nehmen wir als Beispiel einen großen Mehrspartensportverein einer großen Stadt. Ziel des Vereins ist das Mitgliederwachstum. Dies soll insbesondere durch Ausbau eigener Sportanlagen erfolgen, da fehlender Sportraum als Haupthemmnis für weiteres Wachstum identifiziert wurde.

Macht-Interessen-Matrix		**Ausmaß des Interesses**	
		niedrig	hoch
Macht	niedrig	A minimaler Aufwand (nicht engagierte Mitglieder)	B Informiert halten (potenzielle Mitglieder)
	hoch	C zufrieden halten (Kreditgeber)	D Schlüsselgruppe (Bürgermeister, engagierte Mitglieder, Bürgerinitiative)

Abb. 8: Macht-Interessen-Matrix (eigene Darstellung nach Mendelow 1991, 95)

Stakeholder, die über wenig Macht verfügen und wenig Interesse haben, kann man weitgehend außer Acht lassen. Hier ist nur ein geringer Aufwand, wenn überhaupt, nötig (Zelle A). In unserem Beispiel sind dies Mitglieder, die zwar im Verein aktiv Sport treiben, aber sich für die Entwicklung des Vereins nicht weiter interessieren. Sie nehmen typischerweise auch nicht an Mitgliederversammlungen teil und sind zufrieden, wenn sie wie gewohnt Sport treiben können.

Gruppen mit hohem Interesse, aber nur geringer Macht sollte man informiert halten (Zelle B). Dies wären insbesondere potenzielle Mitglieder. Einerseits möchte man Mitgliederwachstum haben, anderseits gibt es potenzielle Mitglieder, die gerne irgendwo Sport treiben wollen. Das trifft sich hier gut und kann entsprechend genutzt werden.

Ein niedriges Interesse bei hoher Macht haben Stakeholder, die man zufrieden halten muss, ohne sie besonders einzubinden (Zelle C). Hier wären zum Beispiel die Kreditgeber für die neuen Sportanlagen zu nennen, also die Banken. Sie interessieren sich nicht für das Wachstum des Vereins, haben aber als Geldgeber große Macht. Sie sind zufrieden, wenn die Raten bezahlt werden.

Gruppen, die über starke Macht gekoppelt mit hohem Interesse gekennzeichnet sind, bilden die wichtigsten Gruppen, die sogenannten Schlüsselgruppen (Zelle D). Das ist einmal der Bürgermeister der Stadt, der eigene

Interessen gegenüber dem Wachstum des Vereins hat, weil er Sportvereine als Standortfaktor für die Entwicklung der Lebensqualität der Stadt erkannt hat und auch in seine politische Agenda aufgenommen hat. Gleichzeitig verfügt er über große Macht, was Bebauungspläne und staatliche Förderung angeht. Die Zusammenarbeit mit ihm muss mit großer Aufmerksamkeit verfolgt werden. Die engagierten Mitglieder unterstützen den Verein und verfügen über formale Macht, da ihre Stimmen in der Mitgliederversammlung wichtig sind, zudem verfügen sie über informelle Macht, da sie Stimmung für oder gegen den Ausbau machen können. Man sollte große Anstrengungen unternehmen, sie für den Ausbau zu gewinnen. Dies ist übrigens ein gutes Beispiel für eine mögliche Aufsplittung von scheinbaren homogenen Gruppen wie die Mitglieder. Tatsächlich ist die Unterscheidung in engagiert und nicht engagiert hier extrem wichtig. Um das Potenzial des Instruments deutlich zu machen, wurde zusätzlich als Schlüsselgruppe noch eine Bürgerinitiative aufgenommen. Es handelt sich um eine Gruppe, die den angedachten Baugrund naturbelassen halten will, damit eine seltene Tierart hier überleben kann. Sie ist mächtig, da sie über gute Kontakte zur Presse der Stadt verfügt und zudem über etliche Mitglieder in der Stadtversammlung verfügt, da diese gleichzeitig auch Mitglieder der Grünen sind. Hier zeigt sich ein Gefahrenherd für die Ausbaupläne. Auch dieser potenzielle Blockierer der Pläne bedarf sehr hoher Aufmerksamkeit.

Das Stakeholder Mapping kann vorteilhaft in der Strategieentwicklung eingesetzt werden, da es hilft, die Gruppen zu identifizieren, bei denen es sich lohnt, die knappen Ressourcen (z. B. Zeit, Aufmerksamkeit) einzusetzen. Allerdings beruht das Instrument auf Einschätzungen. So ist unklar, wieviel Macht die Bürgerinitiative tatsächlich besitzt. Auch ist unklar, wie stark sich der Bürgermeister tatsächlich für das Projekt einsetzen wird. Interesse und Macht sind nur schwer, wenn überhaupt, messbar.

Insgesamt kann man sagen, dass die Methoden der Informationsbeschaffung eher eine Heuristik denn eine exakte Wissenschaft darstellen. Sie helfen die Lage einzuschätzen, ohne dass es eine eindeutige und objektive Betrachtung gibt. Die Informationsbeschaffung gibt Grundlagen für Interpretationen der Lage. Aus der Situationsanalyse und den Potenzialen des Markes bzw. Umfeldes lassen sich dann verschiedene strategische Optionen ableiten. Einige Beispiele für die verschiedenen Sektoren finden sich im Anschluss dieses Abschnitts.

Hat man verschiedene strategische Optionen, so muss man eine auswählen. Die Strategie sollte eine Vision erhalten und in Ziele heruntergebrochen werden (siehe Kapitel 3.1). Diese kann in Pläne inklusive von Kontrollen umgesetzt werden (siehe Kapitel 3.7). Bedeutet die Strategie eine größere Neuerung, so wird es ratsam auf die Methoden des Changemanagements (siehe Kapitel 3.11) zurückzugreifen, da die meisten Strategien in der Umsetzung scheitern.

3.10.1 Erwerbswirtschaftliche Betriebe

Die Anwendung von Strategien in erwerbswirtschaftlichen Betrieben ist heute nichts Ungewöhnliches mehr. Schließlich ist dies das Feld, aus dem strategisches Management herkommt.

Der Sportartikler Adidas ist heute eine Aktiengesellschaft und damit verpflichtet, für seine Aktionäre transparent zu sein. Daher findet man auch die Strategie des Unternehmens im Internet veröffentlicht. Dort zeigt sich (siehe Fallbeispiel) die starke Orientierung an den Stakeholdern. Sie werden auf der Seite auch ausdrücklich benannt: *„Sportler, Fashionista, Kollege oder Aktionär“* (adidas 2015). Die angegebene Konstellation ist natürlich nicht konfliktfrei. Gibt man eher den (Spitzen-)Sportlern oder den Aktionären die Priorität? Sind die mit Adidas-Produkten erfolgreichen Spitzensportler die entscheidenden Stakeholder oder doch nur Mittel, um hohe Umsätze zu erzielen, die hohe Profite ermöglichen? Sind es die Mitarbeiter, die man sehr gut bezahlen könnte, oder wird nicht doch in der Dritten Welt für geringen Lohn produziert? Tatsächlich findet sich auf der Seite eine sehr eindeutige Stellungnahme des Vorstandsvorsitzenden der Adidas-Gruppe Herbert Hainer:

> „Für uns nimmt Shareholder Value durch das Erzielen eines starken Cashflows Gestalt an. Dieser wird durch hohe Gewinne sowie einen effizienten Kapitaleinsatz greifbar“ (Adidas 2015).

Man muss auch sehen, dass Internetseiten einer Organisation gern für Public Relation und für Marketingziele allgemein eingesetzt werden. Wenn eine AG zur Transparenz verpflichtet wird, so kann man dies auch für Reklamezwecke in eigener Sache verwenden.

Fallbeispiel | Die Strategie von Adidas

„Unser Ziel ist es, der weltweit führende Anbieter der Sportartikelindustrie sein. Wir möchten Sportler dabei unterstützen, persönliche Bestleistungen zu erringen. Und wir möchten die begehrenswertesten Marken und die zufriedensten Konsumenten haben. Dafür entwickeln wir Premiumprodukte und bieten unseren Kunden einen bedarfsgerechten Service an. Nur so können wir erstklassige Resultate erzielen und eine führende Position innerhalb unserer Branche einnehmen. Wir wissen sehr genau, dass diese erstklassigen Ergebnisse letzten Endes an die Wertzuwächse gebunden sind, die wir für unsere Aktionäre zu schaffen bestrebt sind." (Quelle: www.adidas-group.com/de/unternehmen/ strategie-im-ueberblick/#/)

3.10.2 Sportverwaltung

In der Sportverwaltung war die Einführung von strategischem Management bemerkenswerterweise kein Teil der Reform der Sportverwaltung. Dies mag auch daran liegen, dass Sportverwaltungen ihre Hauptziele durch die Politik vorgelegt bekommen und diese nicht selbst ohne politischen Auftrag suchen dürfen. Man kann allerdings die Verwaltungsreform auch als Art Bündel von Strategien, die dem Ziel der Kostensenkung und Effizienzsteigerung dienen, betrachten. So setzt die Reform auf weniger Aufgaben, auf Privatisierung (Outsourcing), auf Auslagerung von Aufgaben (Public Private Partnership) und auf die betonte Nutzung von Managementmethoden der erwerbswirtschaftlichen Betriebe (Horch/Schütte 2003).

3.10.3 Vereine und Verbände

Vereine und Verbände im Sport gelten oft als Management-Entwicklungsland. Eine häufige Kritik ist, dass es gerade am Strategischen fehlen würde (Freyer 2011).

Im Rahmen einer Sekundäranalyse der Berufsfeldanalyse bezahlter Sportmanager (Horch/Niessen/Schütte 2003) ging Schütte der Frage nach, ob Strategien ein Erfolgskonzept für Sportvereine und -verbände sind. Dabei zeigte sich, dass drei Erfolgskriterien bei diesen Organisationen vorherrschen. Es ist der sportliche Erfolg, die Mitgliederzufriedenheit bzw. die Entwicklung der Mitgliederzahl und die wirtschaftliche Stabilität. Es konnten eine Reihe von Strategien ausfindig gemacht werden:

- *Breitensportstrategie*: Um die wirtschaftliche Stabilität zu gewährleisten, verzichtet man auf den finanziell risikoreichen Leistungssport. Sportvereine sind in ihrer Existenz vor allem durch zwei Probleme aktuell gefährdet: Sehr kleine Vereine überleben einen Mitgliederschwund in der Regel nicht. Dies gilt z. B. für Fußballclubs, die nur eine Mannschaft unterhalten. Ein anderes Problem ist der mit finanziellen Risiken behaftete Leistungssport. Wenn Mannschaften in höhere Ligen aufsteigen, sind sie gezwungen, mehr Geld auszugeben als vorher, da u. a. die Wege zum Gegner länger werden. Dies war auch lange Zeit der Grund, warum es keine Fußballbundesliga in Deutschland gab (Havemann 2013, 53 ff). Es ist extrem teuer, eine Mannschaft von mehr als elf Spielern samt Trainer und anderen Betreuern in der gesamten Bundesrepublik reisen zu lassen. Bei längeren Fahrten kommen sogar noch zwangsläufig Übernachtungen hinzu, damit die Mannschaft ausgeruht antreten kann. Es gibt Vereine, die deswegen auf Aufstiege verzichten und sich auf den Breitensport konzentrieren.
- *Innovationsstrategie:* Eine andere, häufig zu findende Strategie besteht darin, ein Mitgliederwachstum und eine Mitgliederzufriedenheit zu generieren, indem man neue Angebote macht, die meist auch auf neue Trends aufsatteln. Dies kann von Aquagymnastik bis Zumba reichen. Viele dieser Vereine konnten in den letzten 20 Jahren ein Mitgliederwachstum generieren.
- *Klinsmann-Löw-Strategie:* Der Vorgänger von Klinsmann und Löw, Rudi Völler, hat immer versucht, die aktuell besten elf Spieler aufzubieten. Klinsmann und Löw haben nicht an den Moment gedacht, sondern überlegt, welche Spieler in vier Jahren die besten sein könnten und haben diese eingeladen, um möglichst früh eine eingespielte Mannschaft zu entwickeln und Talente frühzeitig zu fördern. Dies ist ein gutes Beispiel für ein vorausschauendes strategisches Management. Sie haben nicht so trainiert wie all die Jahre vorher, sondern haben sich mit anderen Nationen und Mannschaften sowie anderen Sportarten verglichen – also ein Benchmarking durchgeführt. Sie stellten fest, dass der Fußball anderen Sportarten hinterherhinkt. Ihr Erfolg beruhte auf der Orientierung an neuesten Erkenntnissen der Sportwissenschaft (Trainings- und Bewegungslehre, andere Sportarten), strategischem

Mannschaftsaufbau, systematischer und professionalisierter Jugendförderung durch Jugendnachwuchszentren bei den Fußballbundesligisten, die als Lizenzierungsauflage durchgesetzt werden konnten, und insgesamt auf dem Arbeiten nach einem Gesamtkonzept anstatt traditionell so weiterzuarbeiten wie die Vorgänger (Metzger 2015).

- *Ausbildungsstrategie:* Im Bereich des professionellen Sportsmüssen die Sportler bezahlt und ggf. auch Ablösen gezahlt werden. Finanzschwache Vereine können sich dies in der Regel nicht leisten. Hier hat sich eine Strategie entwickelt, die inzwischen relativ häufig zu finden ist. Wenn das Umfeld auch bei sportlichem Erfolg so gestaltet ist, dass es mit vielen halbwegs dauerhaften Ressourcen einsteigen kann, so kann man doch in diesem Bereich bleiben, wenn man seine Spieler selber ausbildet und weitgehend auf teure Spielerkäufe verzichtet. Allerdings wird bei erfolgreicher Ausbildung die finanzstarke Konkurrenz die Spieler wegkaufen. Die Einnahmen aus diesen Verkäufen sind dabei eine unverzichtbare Geldquelle, um auf dem hohen Level weiter mitzuspielen. Diese Strategie kann eine Zeit lang aufgehen. Dies zeigen z. B. die Geschichte von Borussia Mönchengladbach in den 1970er-Jahren oder aktuell Vereine wie der FC Freiburg. Beide Beispiele zeigen aber auch die Schattenseiten dieser Strategie: Der Aderlass an sehr guten Spielern kann auf Dauer nicht kompensiert werden und sportliche Krisen folgen.
- *Massive Attack:* Das Gegenstück zur Ausbildungsstrategie ist die Massive-Attack-Strategie. Sie setzt extrem viele Ressourcen etwa durch einen Mäzen voraus. Man versucht, den sportlichen Erfolg durch massive Einkäufe zu erzwingen. Ein Vorzug dieser Methode ist auch das Wegkaufen von Leistungsträgern der Konkurrenten.

3.10.4 Grenzen des Ansatzes

Das strategische Management ist kein Garant für Erfolg. Es kann nur beanspruchen, eher zum Erfolg zu führen als einfache Managementformen, wie einem unhinterfragten Durchwursteln (muddling through) oder einem einfachen spontanen Machen. Dies liegt daran, dass der Ansatz auch an Grenzen stößt:

- *Umsetzung:* Die meisten Strategien scheitern daran, dass sie nicht umgesetzt werden. Dies kann sowohl an dem Mangel an Disziplin der Führung liegen als auch an dem Widerstand der Mitarbeiter (Resistance to Change – siehe hierzu Kapitel 3.11).
- *Auswahl:* Eine Strategie zu haben bedeutet nicht, auch die richtige zu haben. Die richtige Auswahl ist von sehr vielen Faktoren abhängig. Problematisch ist unter anderem, dass für die Auswahl ein Wissen vorausgesetzt werden muss, das nicht vorhanden sein kann: Strategische Entscheidungen hängen massiv von Annahmen über die Zukunft ab.
- *Konkurrenz:* Die Performance einer Organisation hängt nicht nur an der eigenen Leistung, sondern auch daran, was die Konkurrenz unternimmt. Die Vorteile einer Strategie können verpuffen, wenn die Konkurrenz die gleiche Strategie anwendet.
- *Zielkonflikte:* Manchmal beinhalten Strategien Ziele, die mit anderen nicht kompatibel sind. Die Strategie der Risikominimierung z. B. verhindert den Erfolg anderer Strategien.
- *Organisatorische Umsetzung:* Wenn man gleichzeitig unterschiedlichen Gruppen oder Zielen dienen will, etwa dem Leistungsund dem Breitensport in einem Verein, ist es ratsam, sie organisatorisch zu trennen. Wenn dies nicht geschieht, sind die Bereiche so nahe beieinander, dass die Konflikte sehr viel leichter ausbrechen können.
- *Unerwartetes:* Eine Strategie zu haben bedeutet nicht, auch gegen alles gewappnet zu sein. Auch wenn die Vorhersagen eintreffen, die für die Strategie zugrunde lagen, kann es durch unerwartete Ereignisse dennoch anders kommen. So kann ein Spitzensportverband im Management der Olympiamannschaft alles richtig machen, aber ein politisches Ereignis führt zu einem Boykott der Spiele des eigenen Landes (Schütte 2003, 138 f).

Weiterführende Literatur

Daumann, Frank/Römmelt, Benedikt, 2015: Marketing und Strategie im Sport. Konstanz/München: UTB

Schütte, N., 2003: Sind Strategien ein Erfolgskonzept für Non-Profit-Organisationen? Eine empirisch gestützte Analyse anhand von Sportvereinen und -verbänden. In: Arbeitskreis Nonprofitorganisationen (Hrsg.): Mission Impossible? – Strategien im Dritten Sektor. Frankfurt am Main: Eigenverlag des Deutschen Vereins, S. 123-141.

Repetitorium

1. Warum kann man das strategische Management als die Königsdisziplin des Managements bezeichnen?
2. Warum scheitern Strategien?

3.11 Organisation und Wandel: Das Implementierungsproblem und sein Management

Wie schon im letzten Kapitel angemerkt, scheitert ein großer Anteil aller Strategien daran, dass sie nicht umgesetzt werden:

> „Konsequente Implementierung der erarbeiteten Strategiekonzepte stellt in der Wirtschaftspraxis regelmäßig den größten Engpaß dar und entscheidet über Erfolg oder Mißerfolg des Strategieprozesses." (Hoffmann/Klien/Unger 1996, 310)

Veränderungen in Organisationen können sowohl gesteuert als auch ungesteuert sein. Organisationen entwickeln sich, verändern sich oft kaum merklich über lange Zeiträume. Veränderungsmaßnahmen ziehen nicht intendierte Folgen nach sich. Es lohnt sich, dieses Thema in einem eigenen Kapitel nach der Strategie, die oft Wandel verursacht – insbesondere beim Strategiewechsel – näher zu beobachten. Zunächst sollen dafür allgemeine Organisationstheorien zu Wort kommen. Denn sie geben zum Thema Wandel immer ein Statement ab, da sie erklären, warum Organisationen so sind, wie sie sind. Zudem gibt es Ansätze des Implementierungsmanagements, die angeben, wie der Erfolg des intendierten Wandels gesteigert werden kann. Weiter wird der Ansatz der Organisationsentwicklung beschrieben, um schließlich das Konzept der Lernenden Organisation aufzugreifen.

3.11.1 Wandel und die kontingenztheoretische Schule

Jede Organisationstheorie reflektiert zumindest indirekt den Wandel. Dabei werden unterschiedliche Aspekte je nach Theorie ein-bzw. ausgeblendet.

Im Kapitel 3.4 haben wir schon die *kontingenztheoretische Schule* näher erläutert. Sie ist ein gutes Beispiel dafür, wie man ein Statement zum

Wandel von Organisationen machen kann, ohne dass ein Manager dabei vorkommt. In der Kontingenztheorie entsteht der Wandel der Organisation durch Wandel der externen bzw. internen Umwelt der Organisation. Die Organisation muss sich anpassen, um effektiv und effizient zu bleiben. Ansonsten ist sie mit dem Existenzproblem konfrontiert.

Man kann mit ihr argumentieren, dass der Wandel der Organisation abhängig ist von der jeweiligen Situation. Radikaler Wandel brauch dabei besonderer Situationsmerkmale. Denn dieser bedarf einer grundlegenden Krise, wie schon Milton Friedman (1962, ix) anmerkte. Die künstliche Erzeugung von Krisen, um ein gewünschtes Wandlungsziel zu erreichen, wird von Naomi Klein in Schockstrategie (2007) als unmoralisch angegriffen.

Insgesamt zeigt die Kontingenztheorie gut, warum sich Organisationen wandeln sollten, aber nicht wie sie sich wandeln. Management und der Wandlungsprozess werden einfach ausgeblendet.

Weiterführende Literatur

Donaldson, L., 2001: The Contigency Theory of Organizations. Thousand Oaks/London/New Dehli: SAGE Publications.

Repetitorium

1. Warum müssen sich aus Sicht der Kontingenztheorie Organisationen wandeln?
2. Was sind die wichtigsten Kritikpunkte an dieser Wandlungstheorie?

3.11.2 Organisationsökologie

Ein anderer Ansatz widmet sich ausgiebig der Auslese von Organisationen und nutzt dafür biologische Vorbilder, genauer die *Evolutionstheorie* nach Darwin (2005, zuerst 1859). Konsequenterweise nennt sich die Theorie *Organisationsökologie* und wurde von Hannan und Freeman (1977, 1989) Mitte der 1970er-Jahre vorgestellt. Sie wenden sich gegen die Anpassungsperspektive als Forschungsstrategie, wie sie vor allem von der Kontingenztheorie vertreten wird. Sie fordern die Betrachtung von Populationen von Organisationen statt einzelner. So könne man die Bedingungen für das Überleben von Organisationen systematisch untersuchen, anstatt blind Variablen vorzuschlagen und zu testen. Durch die Betrachtung von Populationen von Organisationen würden Konkurrenz und Selektion als wichtige Prozesse sichtbar. Auch hier wird wieder das Management nur indirekt angesprochen.

Weiterführende Literatur

Hannan, M.T./Freeman J., 1989: Organizational ecology. Cambridge (Mas.): Harvard University Press.

Repetitorium

1. Welches berühmte Vorbild hat diese Theorie?
2. Auf welche Phänomene soll sich nach diesem Ansatz die Organisationstheorie konzentrieren?

3.11.3 Der neue Institutionalismus in der Organisationstheorie

Ein anderer Ansatz ist für Fragen des Managements interessanter. Der *neue Institutionalismus in der Organisationstheorie* begann mit einer Arbeit von Meyer und Rowan (1978). Sie versuchten, kontingenztheoretisch den Technikeinsatz (z. B. PCs) in Lehranstalten zu erklären. Sie fanden, dass die Technik nur sehr geringen Einfluss auf Lehranstalten in den USA hatte. Die Technik wurde nur implementiert, um die Legitimität der Organisation zu erhalten bzw. zu steigern. Man schaffte Computer an, aber nutzte sie nicht für den Unterricht, sondern für die Werbung für die Lehranstalt. Denn Organisationen ohne Computer erschienen als unmodern, und so wurde ein normativer Druck erzeugt, diese einzuführen, egal, ob es rational nötig ist oder nicht. Ihre Untersuchung ist ein weiterer Beleg dafür, dass es nicht automatisch zu effektiven und effizienten Strukturen kommt!

Die Arbeit von Meyer und Rowan verwies auf die Legitimität (im Sinne von Rechtfertigung) von formalen Strukturen und führte so zur Wiederentdeckung dieser Frage. Sie wurde zur Ausgangsbasis für den sogenannten *neuen Institutionalismus in der Organisationstheorie.* Der Begriff *Institution* kann sehr unterschiedliche Bedeutungen, insbesondere in der Soziologie, haben. In der Verwendung von Berger und Luckmann (1982) beschreibt Institutionalisierung, wie aus offenen Handlungen (Interaktionen) verfestigte Interaktionen werden, die schließlich zu nicht mehr hinterfragten Automatismen werden („*haben wir immer schon so gemacht*"). So entwickeln sich unhinterfragte und nicht geplante Handlungsmuster. Diese Muster sind auch eine Erklärung dafür, dass es zu einer Resistance to Change kommt, also dem Widerstand gegen Veränderungen. Zudem verweist es auf die Tatsache, dass es schwerer ist, etwas zu verlernen, als etwas neu zu erlernen.

In diesem Kontext fragten sich DiMaggio und Powell (1983), warum sich Organisationen immer mehr ähneln, wenn sie im gleichen Feld agieren. Diese Ähnlichkeit nennen sie *Isomorphie.* Sie benennen drei Mechanismen, die Organisationen im gleichen Feld isomorph werden lassen:

1. *Coerzive Anpassungsprozesse:* Das Adjektiv coerziv ist im Deutschen kein geläufiges Wort und man wird es in vielen Wörterbüchern umsonst suchen. Es ist eine Art Verlegenheitsübersetzung aus dem Englischen. Dort bedeutet der Begriff so viel wie „gewaltsam" bzw. „durch Zwang verursacht". Allerdings hat sich dieses Adjektiv bei der Beschreibung der Theorie im Deutschen so durchgesetzt, dass es auch hier Verwendung findet. Organisationen in ähnlichen Branchen haben oft gleiche Strukturen, weil sie durch das Gesetzt dazu gezwungen sind. Sehr augenfällig ist dies bei Sportvereinen, die immer einen Vorsitzenden/Präsidenten haben müssen. Eine Doppelspitze zweier Gleichberechtigter ist nicht erlaubt. Hierunter fallen auch Beeinflussungen durch Geldzahlungen/Subventionen etc. Der Staat übt starken Einfluss durch Zahlungen an die Sportverbände aus: So bewirkte die Einführung von Personalsubventionen für die Spitzensportverbände vor den Olympischen Spielen 1972 eine Professionalisierung der Verbände (Winkler/Karhausen 1985, 119 ff). Darin ist auch der Grund zu suchen, warum der selbstverwaltete Sport angelehnt an den öffentlichen Tarif zahlt – also eine Strukturform des Staates übernimmt.
2. *Mimetische Anpassungsprozesse:* Der Begriff Mimetik bedeutet Nachahmung. Ähnlichkeiten bei Organisationen können auch durch Prozesse Nachahmung entstehen. Vor allem in Zeiten von Unsicherheit über Ziele und Techniken orientiert man sich gerne an erfolgreichen anderen. Wo Unsicherheit herrscht, sucht man Vorbilder. Manager sind in der Regel Rechenschaft gegenüber den Besitzern der Organisation schuldig. Wenn der richtige Weg unklar ist, so hilft es enorm, wenn der Manager gegenüber den Stakeholdern sagen kann, dass andere auch diesen Weg gehen. Es legitimiert sein Handeln. Das ist übrigens das in Kapitel 3.6.2 beschriebene Verfahren des Benchmarkings. Im Kern besagt es: Orientiere dich am besten! So kommt es auch nicht von ungefähr, dass Felix Magath, als er in Wolfsburg sowohl Manager als

auch Cheftrainer war, diese Machtfülle als legitim darstellte, da so erfolgreiche Vereine wie Manchester United ebenso aufgestellt sind. Aber auch bei der Verwaltungsreform der Sportämter in Deutschland gab es Nachahmungsprozesse: Vorbild waren hier Wirtschaftsunternehmen. Sportverwaltungen sollten sich Wirtschaftsunternehmen stärker angleichen. Dabei ist unerheblich, ob es sinnvoll ist oder auch nicht.

3. *Normative Anpassungsprozesse:* Auch die dritte Bezeichnung für einen Anpassungsprozess ist im Deutschen wenig glücklich. „Normativität" bezieht sich hier nur sehr entfernt auf den soziologischen Begriff der Norm, der eine Verhaltenserwartung bedeutet, die durch Sanktionen eine gewisse Durchsetzungskraft hat. Dabei geht es eben nicht darum, dass von außen durch die Gesellschaft Verhaltenserwartungen an die Organisation gestellt werden. Die Wirkung ist hier eine indirekte und sie kommt von innen. Personen, die in die Organisation eingestellt werden, bringen ihre eigenen Normen mit in die Organisation hinein. Wenn diese Personen als Manager die Organisation gestalten, so orientieren sie sich dabei an ihren Normen. Dies gilt insbesondere für Personen, die bestimmten Berufen und Professionen angehören. So ähneln sich Personalabteilungen umso mehr, wenn sie von Angehörigen gleicher Ausbildung geleitet werden. Juristen agieren anders als Pädagogen, weil sie auch andere Berufsnormen haben. Ein sehr bekanntes Phänomen gerade auch im selbstverwalteten Sport ist, dass nur nach Stallgeruch rekrutiert wird. Nur wer dazugehört, hat eine Chance, eingestellt zu werden. So konnte Jürgen Klinsmann seinerzeit beim DFB enorm vieles durchsetzen, aber die Einstellung des Hockeynationaltrainers Peters als Sportdirektor beim DFB scheiterte eben auch am fehlenden Stallgeruch (Metzger 2015, 18).

Der Neue Institutionalismus ist eine weitere Theorie, die Grenzen des Mythos vom rationalen Management aufzeigt. Dennoch kann ein Teil der Strukturen und Isomorphien von Organisationen auch durch rationale wirtschaftliche Gründe begründet werden. Eine Grenze des Ansatzes ist, dass er zwar erklärt, warum eine bestehende Organisation wie strukturiert ist, aber nicht, wie sie strukturiert sein sollte. Weiter kann man den zentralen Begriff der *Isomorphie* nur sehr schwer operationalisieren. Denn auf die Fragen, wie stark eine Organisation einer anderen gleichen muss, damit man sie isomorph nennen kann, lässt sich nicht sauber herleiten und bleibt willkürlich. Zudem zeigt sich, dass Isomorphien oft auch ausbleiben. So finden sich für die Profifußballabteilungen bzw. Auslagerungen der Fußballbundesligisten eine Vielzahl an unterschiedlichen rechtlichen Formen. Sie reichen von der Abteilung eines Vereins über GmbH Lösungen bis hin zur Kommanditgesellschaft auf Aktienbasis. Man kann dies übrigens als einen Hinweis nehmen, dass es, um Strukturen von Organisationen zu erklären, oft nicht ausreicht, nur mit einem theoretischen Ansatz zu arbeiten, sondern dass ein multiparadigmatisches Design – viele Ansätze statt einem – zu besseren Erklärungen führt.

Weiterführende Literatur

DiMaggio, P.J./Powell, W.W., 1983: The Iron Cage Revisited: Institutional Isomorphism and Collective Rationality in Organization Fields. In: American Sociological Review 48, S. 147-160.

Repetitorium

1. Wie schätzen die Autoren dieses Ansatzes die Rationalität beim Wandel von Organisationen ein?
2. Nennen Sie die drei Anpassungsprozesse, die für diesen Ansatz fundamental sind.

3.11.4 Hage und Aiken - ein Phasenmodell

Wenn man spezielle Theorien des organisationalen Wandels betrachtet, so findet man meist Phasenmodelle, wie sie auch Hage und Aiken (1974; auch Hage 1980) vorstellen. Sie betonen den Prozesscharakter von Innovationen in Organisationen. Dabei bestimmen sie vier Phasen:

1. *Evaluationsphase:* Es ist die Zeit der ersten Überlegungen und Planungen.
2. *Initiationsphase:* Es ist die Zeit der konkreten Planungen und Ressourcen-Beschaffung. Sie wird durch hohe Ideale und Visionen geprägt.
3. *Implementationphase:* Es ist die Zeit der Umsetzung der Pläne. Sie wird begleitet von Dirty Politics, offenen Konflikten und Reduzierung der Ansprüche und Erwartungen.
4. *Routinisierungsphase:* Es ist die Zeit, in der der Wandel langsam zur Normalität wird.

Hage und Aiken betonen, dass der Wandel in der Regel von Konflikten begleitet wird und zu Resistenzverhalten (*Resistance to Change)* führt. Sie benennen dabei eine Reihe von Variablen, die das Ausmaß der Konflikte bestimmen. Dabei greifen sie auch auf das Konzept der etablierten Interessen (*vested Interests)* von Veblen (1919) zurück. Werden sie berührt, so wird der Widerstand der Organisation gegen den Wandel besonders groß sein. Wenn durch den Wandel alle dazugewinnen oder zumindest nichts verlieren, so wird das Konfliktausmaß relativ klein bleiben. Müssen aber einige Gruppen Abstriche machen, so werden etablierte Interessen berührt und das Konfliktausmaß wird entsprechend steigen. Zudem betonen sie, dass zu viel Wandel die Menschen in den Organisationen auch überfordern kann, und verweisen namentlich auch auf Alvin Tofflers Theorie des *Future Shock* (Toffler 1970), der gesamtgesellschaftlich betont, dass es eine auf die begrenzte Bewältigungskapazität für Wandel bei Menschen gibt (Hage 1980, 231).

Weiterführende Literatur

Hage, J., 1980: Theorie of Organizations. New York u. a.: John Wiley.

Hage, J./Aiken, M., 1974: Social change in complex organiza-tions. New York: Random House.

Repetitorium

1. Nennen Sie die vier Phasen des Wandelns nach Hage und Aiken.
2. Was sind etablierte Interessen (*vested interests*) nach Veblen?

3.11.5 Rogers - Diffusion of Innovation

Rogers Theorie ist ebenfalls ein phasenbasierter Ansatz. Allerdings stammt er eigentlich aus der Konsumsoziologie und wurde von Rogers selbst in seinem Buch *Diffusion of Innovation* auf Organisationen übertragen. Rogers beginnt damit, dass er Invention und Innovation unterscheidet. Die Invention ist die Erfindung einer Neuerung und die Innovation ihre Einführung und Verbreitung. Rogers spricht hierbei von *Diffusion*. Unter ihr versteht er:

> „Diffusion ist der Prozess, durch den eine Innovation durch bestimmte Kanäle über einen Zeitraum an die Mitglieder eines sozialen Systems durch Kommunikation weitergegeben wird.“ (Rogers 2003, 5, Übersetzung Schütte)

Damit ist die Diffusion eine Form der Kommunikation. Ihr Ziel ist die Erklärung des Diffusionsprozesses. Wovon hängt sie ab? Sein Ansatz wird in der Konsumforschung, der Techniksoziologie und der Organisationstheorie gleichermaßen verwandt. Sein Phasenmodell enthält drei Phasen:

Die erste Phase dreht sich um die Frage, wie Innovationen entstehen. In der zweiten Phase geht es um den eigentlichen Diffusions- bzw. Akzeptanzprozess. Hierbei beschreibt er insbesondere den Entscheidungsprozess, der zur Übernahme (Adoption) von Innovationen führt. Wichtig sind ihm dabei auch die Akteure, die eine Rolle bei der Adoption spielen: Hier sind die *Adoptoren* – also die, die eine Technik übernehmen oder einen Wandel in der Organisation mitmachen – zu nennen. Dabei unterteilt Rogers die Adoptoren in zeitlich getrennte Gruppen, die verschiedene Eigenschaften aufweisen. So sind die ersten Adoptoren (*early adopters*) als Vorbild für andere potenziell nachfolgende von entscheidender Bedeutung für die breite Diffusion. Wenn die early adopters Meinungsführer sind, wird es zahlreiche Nachahmer geben und die Innovation findet eine starke Diffusion. Handelt es sich bei ihnen aber um Außenseiter, so wird es kaum zu einer Verbreitung der Innovation kommen.

Er betont auch die Rolle der *change agents*, den Promotoren der Diffusion. Ihre Qualität und ihr Handeln können ebenfalls die Diffusion verbessern. Die dritte und letzte Phase bei Rogers beginnt nach der Adoption. Hier geht er insbesondere auf die Folgen von Adoptionen ein (Rogers 2003).

Weiterführende Literatur

Rogers, E.M., 2003: Diffusion of innovations. New York: Free Press.

Repetitorium

1. Was versteht Rogers unter *Diffusion?*
2. Welche Rolle beim Wandel spielen die *early adopters* laut diesem Ansatz?

3.11.6 Rezeptive vs. nicht-rezeptive Kontexte

Auch wenn sich der Ansatz von Pettigrew u.a. (1992) auf Phasen einteilen lässt, so liegt doch die Betonung auf der Besonderheit der inneren Struktur, genauer der Kultur der Organisation. Ihr Ansatz ist der Versuch zu erklären, wann der Wandel einer Organisation erfolgreich ist und wann er scheitert. Dabei ist der Ansatz eher der Soziologie als der Managementlehre zuzuordnen, auch wenn sie eine Grundlage für ein Implementationsmanagement legen. Sie unterscheiden zwischen rezeptiven und nicht-rezeptiven Kontexten. Der erste ist für Neues aufnahmebereit und vorwärtsgerichtet, während der zweite vor allem auf das Bewahren des Status quo ausgerichtet ist und Innovationen eher blockiert. Acht Faktoren entscheiden über die Beschaffenheit des Kontextes:

- *Die Qualität und Kohärenz der Politik:* Ein Problem, an dem Wandel scheitern kann, ist, dass Ziele und Umsetzungspläne sich ständig wandeln, unklar und in sich widersprüchlich sind. Dann können sie einfach keine Überzeugungskraft entwickeln.
- *Verfügbarkeit von Schlüsselpersonen:* Nur, wenn alle wichtigen Gruppen mit ihren Führungskräften beteiligt werden, wird der Kontext offen für Veränderungen. Es liegt auf der Hand, dass sich Opposition leichter organisiert, wenn wichtige und betroffene Personen nicht zum Wandlungsteam gehören.
- *Langfristiger Druck aus der Umwelt:* Dies ist das schon vorher erwähnte Phänomen, dass eine Krise den nötigen Druck zur Veränderung schaffen muss.
- *Unterstützende Organisationskultur:* Die Organisationskultur muss offen für Neues sein und nicht fixiert auf die Tradition.
- *Qualität der Beziehung zwischen Management- und Ausführungsebene:* Nur, wenn vertrauensvolle Beziehungen vorherrschen, gibt es auch Vertrauen in den Wandlungsprozess.
- *Kooperative innerorganisatorische Beziehungen:* Wenn die Beziehungen in der Organisation eher auf Wettbewerb denn auf Zusammenarbeit ausgerichtet sind, so wird es schwerer, konfliktfreie Wandlungsprozesse zu initiieren. Denn in wettbewerbsorientierten Beziehungen gibt es immer das Misstrauen, von den anderen ausgestochen zu werden.
- *Simplizität und Klarheit der Ziele und Prioritäten:* Die Struktur der Wandlungsziele ist von erheblicher Bedeutung. Klare Ziele schaffen

Vertrauen, unklare schaffen Angst und Abwehrverhalten. Je simpler die Ziele, umso verständlicher sind sie, umso eher werden sie akzeptiert.

- *Kompatibilität zwischen lokalen und übergeordneten Wandlungsplänen:* Das Vertrauen in den Wandel wird in größeren und lokal verteilten Organisationen oft dadurch erschüttert, dass Teile der Organisation in unterschiedliche Richtungen agieren. Fallen die Wandlungsbemühungen dabei stark unterschiedlich oder sogar widersprüchlich aus, sinkt die Rezeptionsfähigkeit für den Wandel im Kontext erheblich.

Aus diesem im Kern soziologischen Ansatz lassen sich leicht Ratschläge für den erfolgreichen Wandel von Organisationen gewinnen.

Weiterführende Literatur

Pettigrews, A. M. u. a., 1992: Shaping Strategic Change, London: Sage.

Repetitorium

1. Welche acht Faktoren entscheiden laut diesem Ansatz über den Erfolg der Implementierung?
2. Welcher dieser acht Faktoren wird von diesem Ansatz als der wichtigste angesehen?

3.11.7 Implementierungsmanagement nach Kotter

Ein bekannter und verbreiteter Ansatz für den Wandel von Organisationen ist das *präskriptive Modell* von John Kotter (1997). Kotters Ausgangspunkt unterscheidet sich nicht von Pettigrew u. a. Auch er geht von der Frage aus, warum Wandlungsversuche in Organisationen häufig scheitern. Kotter gibt acht Ursachen an, die gleichzeitig zu unterschiedlichen Zeitpunkten von Relevanz sind und stellt damit implizit wieder ein Phasenmodell vor:

1. *Ein Gefühl der Dringlichkeit erzeugen:* Ohne Akzeptanz der Dringlichkeit der Maßnahmen wird keine Unterstützung mobilisiert und der Wandel scheitert. Dieser Aspekt ähnelt der Idee der Krise als Wandlungsgarant, wie er schon bei Pettigrew u. a. genannt wird.
2. *Die Bildung der Führungskoalition:* Eine One-Man-Show ist nicht genug. Es müssen viele und vor allem Schlüsselpersonen in das Transformationsteam mit aufgenommen werden. So können unter anderem die

Autorität und Kompetenz des Teams sichergestellt werden. Zudem werden verschiedene Interessen so eher berücksichtigt und keiner fühlt sich übergangen.

3. *Eine Vision und eine Strategie entwickeln:* Das ist dringend erforderlich, um die verschiedenen Transformationen zu koordinieren. Die Vision kann die nötige Energie für den Wandel freisetzen.
4. *Die Kommunikation der Vision des Wandels:* Eine Vision kann nur ihre Kraft entfalten, wenn sie auch kommuniziert wird. Dabei muss das Verhalten der Führungskräfte immer kompatibel zur Vision sein, da sie sonst zu einer kraftlosen unglaubwürdigen Vision wird.
5. *Das Empowerment der Mitarbeiter:* Empowerment bedeutet, einer Position mehr Kompetenzen zur Verfügung stellen. Tatsächlich ist der Fit zwischen der Tätigkeit und der zugestandenen Kompetenz in Organisationen oft nicht im Gleichgewicht. In Zeiten des Wandels werden oft mehr Kompetenzen gebraucht. Fehlen diese, fühlen sich die Mitarbeiter nicht für den Wandel verantwortlich.
6. *Die Sicherstellung kurzfristiger Erfolge:* Tiefgehende Transformationen brauchen Zeit. Dennoch sind kurzfristige Erfolgserlebnisse bedeutend, da sie entscheidend für eine Rechtfertigung der Transformation sind. Zur Motivation der Beteiligten sollten kurzfristige Erfolge gezielt geplant und durch Feiern auch kommuniziert werden.
7. *Erfolge weiter konsolidieren:* Häufig wird zu früh geglaubt, dass der Wandel erfolgreich durchgeführt ist. Tatsächlich sollte beharrlich weiter an der Konsolidierung der erreichten Erfolge gearbeitet und für weitere Erfolge gesorgt werden.
8. *Der Wandel muss in die Organisationskultur aufgenommen werden:* Wenn der Wandel nicht Teil der Organisationskultur wird, besteht immer die Gefahr, dass in alte Strukturen zurückgefallen wird, insbesondere dann, wenn die Promotoren des Wandels aus der Organisation ausscheiden.

Die Veränderung von eingefahrenen Strukturen ist ein schwieriges Unterfangen. Der Ansatz von Kotter verweist dabei auf wichtige Aspekte, insbesondere drängt er darauf, sich nicht zu früh als Sieger zu fühlen und die Arbeit am Wandel einzustellen, sondern weiter den Wandel zu begleiten, bis er wirklich verankert ist. Dies ist oft erst der Fall, wenn nur noch Personal in der Organisation ist, das den Zustand vor dem Wandel nicht kennt.

Weiterführende Literatur

Kotter, J.P., 1997: Chaos – Wandel – Führung. Düsseldorf: econ.

Repetitorium

1. Zählen Sie bitte die Phasen des Implementierungsmanagements nach Kotter auf!
2. Warum scheitert voraussichtlich der Wandel, wenn er nicht in die Organisationskultur implementiert wird?

3.11.8 Organisationsentwicklung

Kurt Lewin (1890–1947) war nicht nur ein wichtiger Pionier der modernen Psychologie, er begründete auch eine Methode, die für den Wandel von Organisationen großen Einfluss gewinnen konnte, die Organisationsentwicklung. Ihre Geschichte beginnt mit einem Auftragsprojekt: Lewin sollte in den Kriegszeiten Hausfrauen davon überzeugen, auch die sonst für den menschlichen Verzehr eher verpönten Innereien auf die Speisekarte zu setzen. Er bildete zwei Gruppen. Die eine erhielt einen eindringlichen Vortrag, die andere diskutierte in der Gruppe. Der Wandel der Ernährungsgewohnheiten gelang in der Diskussionsgruppe deutlich besser als in der Vortragsgruppe. Die aktive Teilnahme führte zu größerer Motivation und das Handheben in der Endabstimmung zu einem Versprechen, etwas zu ändern, das viel stärker war als das bloße Zuhören (Nerdinger 2011, 150 ff, Schreyögg 2000, 489 ff).

Beim Vortrag kam es nicht zu einer Gruppenbildung. Jede Frau blieb für sich und entschied für sich allein. Dagegen fühlten sich die Frauen bei der Diskussion als Teil einer Gruppe. Zwar entschieden die Frauen weiter für sich allein, aber die Gruppe wirkte wie eine soziale Kontrolle. Es fällt deutlich schwerer anders zu entscheiden als die Gruppe.

Die Studie nahm die späteren goldenen Regeln für den Organisationswandel vorweg:

- aktive Teilnahme, Partizipation und volle Information,
- Gruppe als wichtiges Wandlungsmedium,
- Wandlungsprozess in Gruppen macht weniger Angst und wird im Schnitt schneller vollzogen,

- Kooperation fördert Wandlungsbereitschaft (siehe auch Risky-Shift in Gruppen, Schneider 1975, 227).

Aus anderen Experimenten zog Lewin noch den Schluss, dass Wandlungsprozesse sich zyklisch verhalten. Nach dem Wandel brauchen die Beteiligten eine ruhige Stabilisierungsphase, bevor weiter gewandelt werden kann (Schreyögg 2000, 489 ff).

Die Erkenntnisse Lewins fielen auf fruchtbaren Boden. In den USA kam es nach dem Zweiten Weltkrieg zu einer schnellen Verbreitung. Es setzte sich der Begriff *Organzational Development* (Organisationsentwicklung) durch. Man kann diesen Begriff in der frühen Zeit als schillernd und überaus positiv besetzt ansehen. In Deutschland setzte sich die Organisationsentwicklung erst in den 1970er-Jahren stärker durch, in einer Zeit, in der demokratische Partizipation hoch im Kurs stand. Denn dies ist der Kern der Organisationsentwicklung: Alle Teilnehmer können mitbestimmen und sich einbringen. Ziel ist, durch Kooperation die Organisation gemeinsam voranzubringen. Damit dies effektiver und auch effizienter geschieht, wird ein Experte als Moderator eingesetzt, der als *Change Agent* bezeichnet wird. Die Arbeit setzt eine Ausbildung voraus. Der Change Agent kann ein Interner oder Externer sein. Für den Internen spricht, dass er die Strukturen und Probleme der Organisation gut kennt. Der Externe hat den Vorteil, dass er nicht befangen ist, einen frischen unverbrauchten Blick hat, der mehr erkennen kann als jemand, für den alles in der Organisation so gewohnt ist, dass es zu unhinterfragter Normalität wird. Bei großen Projekten besteht die Chance, beide in einer Gruppe zu mischen (French/Bell 1994, 174 f).

Heute herrscht eher Ernüchterung über die Wirksamkeit der Organisationsentwicklung, denn die Zusammenarbeit von Menschen ist sehr voraussetzungsvoll und konfliktanfällig. Zudem stellten sich die Erfolge nicht so einfach ein wie erhofft.

Weiterführende Literatur

French, W.L./Bell, C.H. Jr., 1990: Organisationsentwicklung. Bern/Stuttgart/Wien: UTB.

Repetitorium

1. Zählen Sie die goldenen Regeln der Organisationsentwicklung auf.
2. Warum spielt die Gruppe in diesem Ansatz eine so überragende Rolle?

3.11.9 Lernende Organisation

Viele Ansätze betonen die Schwierigkeit für eine Organisation, sich zu wandeln. Die partizipative Organisationsentwicklung hat eine sehr freie selbstbestimmte Form des Wandels propagiert, die den Eignern einer Organisation nur teilweise recht sein kann. Denn der Wandel kann zwar zu mehr Effektivität und Effizienz, zu mehr Profit und zu mehr Qualität führen, aber die selbstbestimmten Teams können auch zu anderen, mehr sich selber nützlichen Wandlungen tendieren. Gleichzeitig werden bei der turbulenten technischen und sozialen Entwicklung flexible, also zum Wandel besonders befähigte Organisationen benötigt. Als Lösung wird in der Literatur die sogenannte *Lernende Organisation* (Argyris/Schön 1999) angeboten. Man darf sich gerne fragen, ob Organisationen wirklich lernen können. Tatsächlich ist der Begriff Lernende Organisation irreführend. Nicht Organisationen, sondern nur Menschen können lernen. Die Organisation wird durch eine solche Formulierung vermenschlicht. Eine Abstraktion (die Organisation) verselbstständigt sich, wird eine eigene Form von sozialer Realität und wird wie ein denkendes Wesen behandelt. Argyris und Schön geht es eigentlich um die Lernfähigkeit der Mitarbeiter. Ihr Ansatz war der Startschuss für viele Publikationen. Senge (1990) entwickelte den Ansatz weiter zur *fünften Disziplin* – so der Titel seines Management-Bestsellers. Im Kern folgt er einem konstruktivistischen Ansatz. Demnach ist die soziale Realität eine gesellschaftlich konstruierte Realität. Im Thomas-Theorem heißt es: „If men define situations as real, they are real in their consequences.“ (Thomas/Thomas 1928, 572)

Eine lernende Organisation ist ein Ort, an dem Menschen kontinuierlich entdecken, dass sie ihre Realität selbst erschaffen und damit auch die Möglichkeit haben, diese zu verändern. Senge nennt sieben Hindernisse, weswegen Organisationen nicht lernen, um zu einer lernenden Organisation zu kommen:

Weiterführende Literatur

Senge, P.M., 2011: Die fünfte Disziplin: Kunst und Praxis der lernenden Organisation. Stuttgart: Klett-Cotta.

Repetitorium

1. Können Organisationen lernen?
2. Nennen Sie die fünf Disziplinen, die Senge für die Entwicklung einer lernenden Organisation für nötig erachtet.

3.12 Krisenmanagement

Eine Krise ist eine Schieflage einer Organisation etwa in Form einer ernsten Verfehlung des Organisationszieles (*Effektifitätsversagen*) oder der Gefährdung des Organisationsbestandes. Krisen gelten als Ausnahmen und reguläres Management befasst sich mit Normalzuständen (Boin/'t Hart/Kuipers 2018, 24). Das Thema Krise und Krisenmanagement ist in der Managementliteratur eher ein Randthema. Allerdings hat durch die ökonomischen und sozialen Verwerfungen durch das Covid-19-Virus das Thema eine außerordentliche Relevanz erfahren. Das gilt nicht nur für die allgemeine Wirtschaft, sondern genauso für den Sport.

Krisen können verschiedene Ursachen haben und unterschiedliche Formen annehmen. Eine sehr wichtige Unterscheidung ist die zwischen vorhersehbaren und nicht vorhersehbaren Krisen.

3.12.1 Krisentypen

„Prognosen sind schwierig insbesondere, wenn sie die Zukunft betreffen" (u. a. Nils Bohr, Mark Twain und Karl Valentin zugesprochen). Niemand kennt die Zukunft und auch nicht, welche Krisen tatsächlich kommen werden. Dennoch kann man Entwicklungen ablesen und so die Chancen von Krisen vorhersagen. Die Idee des strategischen Managements ist gerade, Krisen vorherzusehen und sie durch geeignete Maßnahmen zu vermeiden (Burmann/Freiling/Hülsmann 2005, 9). So ist das Instrument des Produktlebenszyklus ein Indikator, wann die Organisation auf neue Produkte umstellen muss, weil die bisherigen Produkte an ihr Ende kommen. Diversifizierung ist eine strategische Methode, sich auf Krisen vorzubereiten. Wenn ich divers aufgestellt bin, kann ich die Krise in einem Feld durch die Erfolge in einem anderen Feld aufwiegen.

Andere Krisen sind nicht vorhersehbar und kommen aus dem Nichts schockartig über die Organisation. Man nennt sie auch Ad-hoc-Krisen (Burmann/Freiling/Hülsmann 2005, 5 ff). Die Covid-19-Krise war nicht für den März 2020 vorhersehbar. Von heute auf Morgen galten nicht mehr die Regeln von gestern. Sicher geglaubte Einnahmenquellen aus Sportveranstaltungen brachen weg. Auch die letzte Marge für die Übertragungsrechte an der Fußballbundesliga war in akuter Gefahr, da ohne Spiele keine Übertragungen möglich waren und deswegen nicht gezahlt worden wäre. In Sportstudios und Sportvereinen konnte nicht mehr trainiert werden, auch verhinderte der Lockdown internationale Treffen zur Koordination des Sports. Selbst die Olympischen Spiele in Tokyo waren betroffen und mussten verschoben werden.

Nach der Schweinegrippe und SARS oder auch der Spanischen Grippe war die potenzielle Gefahr einer Pandemie durchaus bekannt. Dennoch war die Vorbereitung auf eine Pandemie vergleichsweise schlecht, wenn überhaupt vorhanden. Dies hat damit zu tun, dass die Erfahrungen aus der Spanischen Grippe von 1918 bis 1920 zu lange her war, um aktuell noch wirksam zu sein. Zudem haben die Warnungen vor dem Ausmaß und der Gefährlichkeit der Schweinegrippe und von SARS so sehr neben dem tatsächlichen Geschehen gelegen, dass die Erfahrung mit einer Pandemie eher auf eine Unterschätzung drängte. Es ist zunächst sinnvoll zwischen drei Typen zu unterscheiden:

1. Der erste Typ ist die vorhersehbare und höchst wahrscheinliche Krise. Sie führt zu Präventionsmaßnahmen und kann oft abgewendet werden. Hierzu liefert das reguläre Management eine Fülle von Analysetechniken und bietet alternative Handlungsmöglichkeiten an (siehe Kapitel 3.10 Strategie).
2. Der zweite Typ ist die vorhersehbare, aber als unwahrscheinlich angesehene Krise. Sie wird nicht ernst genommen. Sie gilt als so unwahrscheinlich, dass eine Prävention als Verschwendung gilt.
3. Die tatsächlich nicht vorhersehbare Krise bildet die letzte Krisenform. Sie entzieht sich jeder gezielten Prävention.

Die Typen 2 und 3 brauchen eine Art von Notfallmanagement („akutes Krisenmanagement"), dass im nächsten Abschnitt dargestellt wird. Typ

1 wird durch strategisches Management begegnet, das entsprechende Präventionsmaßnahmen (präventives Krisenmanagement) einleitet (siehe auch Kapitel 3. 10).

3.12.2 Akutes Krisenmanagement

Das akute Krisenmanagement ist nichts anderes als normales Management in einer akuten Krise! Es gelten die gleichen Regeln und es kommen die gleichen Methoden zum Einsatz. Allerdings weist die Krisensituation Besonderheiten auf, auf die das Management eingehen muss. Das heißt konkret:

Auch Krisenmanagement beginnt auf keinen Fall mit improvisierten spontanen Handlungen, einem „auf Sicht fahren" oder Durchwursteln (muddling through), sondern immer mit einer rationalen Analyse der Situation. Die Agenda lautet hier:

- *Inhalt der Krise:* Worin besteht die Krise? Was genau bedroht die Existenz der Organisation bzw. bringt sie in Gefahr? Dies klingt einfach und objektiv. Tatsächlich gilt: „*Crises are in the eye of the beholder*" (Boin/'t Hart/Kuipers 2018, 35). Die Situation kann von unterschiedlichen Beobachtern unterschiedlich wahrgenommen werden. So sehen viele Journalisten und Fußballfans die FIFA immer noch in einer Krise, während der FIFA-Präsident Infantino die Korruptionskrise rund um Blatter für überwunden hält (Becker 2018). Dies gilt umso mehr als viele Krisen langsam auf einen zukommen. Die Organisation ist zunächst durch eine Krise bedroht, aber es bleibt eine Einschätzung, ob die wahrgenommene Bedrohung tatsächlich auch eintrifft. So war es zunächst auch bei Covid-19 unklar, ob die Epidemie China verlassen würde oder doch schon vor Ort eingedämmt werden könnte. Wir haben es mit dem Manko eines jeden Managements zu tun, dass man auf der Basis unvollständigen und unsicheren Wissens handeln muss (siehe hierzu insb. Kapitel 3. 8. 2). Übrigens gilt hier auch das Thomas-Theorem (siehe Kapitel 3. 11. 9): Wenn Menschen eine Situation (etwa eine Krise) wahrnehmen, führt dies zu realen Folgen. Es spielt keine Rolle, ob das Haus tatsächlich brennt, wenn jemand Feuer schreit, rennen die Menschen aus dem Haus.
- *Optionen:* Was muss sich ändern und welche Optionen gibt es, um dies zu erreichen? Hier geht es noch nicht um die Bewertungen von

Lösungen, sondern um die Exploration des Möglichkeitsraum. Auch utopische Ideen sollten zunächst aufgeschrieben werden. Hierzu wird nötig sein, eine Reihe von Aspekten zu klären:

- *Aktuelle Fähigkeiten:* Welche Ressourcen stehen aktuell und potenziell zur Verfügung? Probleme mit Hilfe von Geld aus der Welt zu schaffen, ist eine häufig gewählte Option. Sportliche Krisen („drohender Abstieg") werden oft durch teure Trainerwechsel oder Einkauf von „Rettungsspielern" begegnet. Dabei wird in der Regel nicht auf tatsächlich vorhandene Mittel, sondern auf Kredite zurückgegriffen. Die Methode kann Rettung bringen, aber auch langfristig den Ruin durch Überschuldung, insbesondere wenn man tatsächlich absteigt und damit von der Chance zur Refinanzierung abgeschnitten wird. Neben den finanziellen Mitteln hat die Organisation aber auch noch andere Ressourcen: Die Fähigkeiten der vorhandenen Mitarbeiter sind dabei insbesondere von großem Potenzial. So kann man den teuren Trainerwechsel auch kostenneutral durch den vorhandenen Co-Trainer vollziehen.
- *Stakeholder:* Die Überlegung, welche Personengruppen oder Organisationen für die eigene wichtig sind, ist ein integraler Bestandteil jedes strategischen Managements. Es kommt auch hier wieder zum Einsatz, allerdings mit einer veränderten Ausrichtung: Jetzt geht es darum, zu fragen, wer von ihnen in der Krise helfen kann bzw. wer richtig „gestimmt" werden muss. Bei einer Krise in einem Sportverein wird gern auf Ehrenamtliche zurückgegriffen. So kann man aus dem Ruder gelaufene Baukosten für einen Sportplatz möglicherweise dadurch begegnen, dass in der Mitgliedschaft auch Bauhandwerker sind, die man zu ehrenamtlicher Arbeit überreden kann. Im professionellen Zuschauersport sind die Fans in Krisenzeiten oft eine Option an zusätzliche Mittel zu kommen, etwa in Form von Fananleihen (Bezold/Lurk 2016, Fox/Weimar 2014). Wenn die Bank kein Geld mehr gib – die Fans tun es. Aber nicht nur die Gutwilligen sind zu beachten, auch die, die wichtig sind, und die durch die Krise verstimmt werden können. Banken leihen gern Geld, wenn es gut läuft. In Krisenzeiten muss man sie besänftigen.
- *Auswahl und Entscheidung:* Welche Lösung ist geeignet und welche von denen bringt die größten Vorteile? Wichtig ist hierbei vor allem, dass die Generierung der Optionen von der Auswahl getrennt wird, damit nicht vorschnell eine „verrückte" Lösung ausscheidet

(Gordon 1979). In Krisenzeiten finden sich oft wenige bis gar keine angenehmen oder einfachen Lösungen, sondern nur schmerzhafte und schwierige. Es müssen Entscheidungen zwischen Pest und Cholera getroffen werden. Es fehlt die Passung zur bisherigen Strategie und viel schlimmer zur Organisationskultur. Ruinöse Geschäftsfelder müssen amputiert werden, obwohl sie zum Herz der Organisation gehören. Es kommt zu Verletzungen der Gefühle der Mitarbeiter und zu erbittertem Widerstand (Boin/'t Hart/Kuipers 2018, 31 f).

  - *Schriftliche Planung:* Alle Optionen werden zunächst als grobe Pläne formuliert (siehe Kapitel 3. 1) und erst dann wird entschieden. Es kann auch sein, dass zunächst in einer Runde die groben Optionen geprüft und auf wenige reduziert werden, um dann für die Entscheidung ggf. noch vertieft zu werden.

- *Umsetzung der Pläne:* Hat man sich für eine Option entschieden, muss sie umgesetzt werden. Hierzu wird die gewählte Option endgültig als detaillierter Plan niedergelegt. Nur wer einen Plan hat, kann von ihm abweichen. Gerade bei turbulenten Krisenzeiten, sollte eine gewisse Flexibilität in der Nachplanung einkalkuliert werden, ohne zu sehr ins Improvisieren oder ins muddling through (Durchwursteln) zu kommen. Da Krisenentscheidungen oft mit starken Veränderungen einhergehen, sollte man auf das Wissen und die Methoden des Implementierungsmanagements (siehe Kapitel 3. 11) zurückgreifen. Darüber hinaus muss das Leadership auf die besonderen psychischen Herausforderungen in Krisenzeiten eingehen (Kirchler/Pitters,/Kastlunger 2020, Seitz 2020). Sowohl die Krise selbst als auch ihre Abwehrmaßnahmen machen den Menschen oft Angst. In der Coronakrise gibt es die Angst vor der Krankheit wie vor der Impfung! Daher ist die Kommunikation der genauen Lage der Organisation in der Krise genauso wichtig wie die verständliche Erläuterung der Maßnahmen gegen die Krise. Dabei geht es nicht nur um Rationalität, sondern vor allem um Emotionen. Denn Angst ist eine Emotion. Es ist der Zeitpunkt für „Blut, Schweiß und Tränen"-Reden. Sie beschönigen nichts, aber vergessen auch nicht, Hoffnung auf die Lösung der Probleme zu geben.
- *Kontrolle:* Am Ende eines jeden Managementzirkels steht immer die Frage, ob bzw. inwieweit die anvisierten Ziele erreicht werden konnten. Dazu wurde bereits in der Planung so gearbeitet, dass klar ist, wie der Erfolg zu messen ist (Siehe Kapitel 3. 7).

3.12.3 Krisenanfälligkeit und Krisenresistenz des Sports

Man kann folgende These aufstellen:

> „Der Sportsektor ist mit seinen unterschiedlichen Organisationen insgesamt relativ krisenfest, wenn nicht sogar krisenresistent." (Schütte 2021b)

Die These besagt nicht, dass es keine Krisen und keine Insolvenzen im Sport gibt. Im Gegenteil, die Geschichte und die Gegenwart kennt unzählige Krisen des Sports. Der Sportsektor ist durchaus krisenanfällig, aber im Gegensatz zu vielen anderen Sektoren weist er Besonderheiten auf, die ihn als vergleichsweise krisenfesten Sektor ausweisen. Er übersteht Krisen aus verschiedenen Gründen besser als andere Sektoren. Die These macht eine Aussage über das Feld insgesamt. Das schließt Spezialfälle von Krisen, die von Sportorganisationen nicht überstanden wurden, nicht aus. So gab und gibt es Insolvenzen von Sportstudios, Sportartikelherstellern und auch Sportvereinen. Das widerlegt allerdings nicht die Gesamttendenz des Sektors.

Zunächst kann die folgende Aufzählung belegen, dass es sehr wohl Krisen im Sport gibt und in bestimmten Bereichen sogar eine strukturell hohe Anfälligkeit besteht. Die Liste ist weder repräsentativ noch vollständig, aber geeignet, die These zu stützen:

- Ein der wichtigsten und immer wieder vorkommenden Krisen im Hochleistungssport ist das Doping. Doping ist ein schwerer Betrug, der die Werte der Fairness, der Ehrlichkeit und des Wettbewerbs verletzt (Bette/Schimank 1995, 145 ff). Der Sport kennt unzählige entdeckte Dopingfälle und vermutlich noch viel mehr unentdeckte. Wenn man zum Beispiel über die Dopingkrise bei der Tour de France spricht, weiß man gar nicht, welche der vielen Dopingskandale gemeint ist. Nach dem großen Dopingskandal rund um das Festina Team inklusive ihres größten Stars, Richard Virenque, führt dies nicht zu dauerhaften Einbußen bei den Zuschauern und Sponsoren. Tatsächlich schadete es nicht einmal dem Uhrenfabrikanten Festina, der für das Skandalteam namensgebend auftrat (Kernen 2005, 7). Als der skandalumwitterte Virenque nach Absitzen seiner Dopingsperre wieder mitfuhr, wurde er nicht ausgebuht, sondern gefeiert (Spiegel 2004). Auch die Dopingbeichte des übermächtigen Fahrers Lance Armstrong hat die Tour nicht aus der Bahn geworfen. Dopingaffären werden nicht mit dem Sportsystem, sondern mit den dopenden Athleten assoziiert: ein charakterschwacher Athlet konnte der Versuchung nicht widerstehen und dopt. Die Rolle anderer wird nicht gesehen. Genau mit diesem Narrativ verweisen die anderen Beteiligten wie Vereine und Verbände, aber auch Medien, Sponsoren oder die Politik die Schuld allein auf den Athleten (Bette/Schimank 1995, 12 f).

- Beim Bundesligaskandal von 1972 ging es um Spielmanipulation (Matchfixing). Abstiegsbedrohte Mannschaften zahlten Spielern von Mannschaften aus dem gesicherten Mittelfeld der Liga, für die es um nichts mehr in der Saison ging, Geld, damit sie absichtlich gegen sie verlieren (Rauball 2011). Tatsächlich führte der Skandal zu Zuschauerrückgängen für zwei Jahre, um dann wieder auf den stetigen Wachstumspfad zurückzukehren (Havemann 2013, 226, siehe auch Kapitel 3.13).
- Schwerer wog für die Bundesliga seinerzeit die sogenannte Kirchkrise. Namensgebend war der Medienmogul Leo Kirch, der Übertragungsrechte der Fußballbundesliga für seinen Pay-TV-Kanal erworben hatte. 2002 ging sein Imperium in die Insolvenz. Das führte für einige Jahre zu Einbußen von Millionen bei den Vereinen. Aber auch diese Zeit konnten die Vereine gut überstehen, auch weil die staatliche Hilfe für den Bundesligafußball nicht nur schnell gefordert, sondern auch schnell von der Politik in Aussicht gestellt wurde (Spiegel 2002).
- Die Internetplattform Football Leaks begann im September 2015 skandalträchtige Daten aus dem Fußball zu veröffentlichen. Dabei ging es vor allem um Third-Party-Ownership-Geschäfte (TPO-Geschäfte) und damit einhergehende versteckte Klauseln und intransparente Verträge im Profifußball, aber auch um Korruption und weitere illegale Machenschaften (Buschmann/Wulzinger 2018, 8). Trotz des brisanten Inhalts und trotz der erheblichen Veröffentlichung in den Medien blieben ernstzunehmende Folgen für den Sport aus. So zeigte Oberkönig (2020) im Rahmen einer qualitativen Studie, dass es bei den Fans zu keinem Abbröckeln der Loyalität zum Heimatverein trotz der Skandale kam.
- Die Finanzkrise des Staates, die Deutschland mit rund 10 Jahren Verspätung gegenüber anderen EU-Ländern traf, führte zu erheblichen Kürzungen für die kommunalen Sportämter ab den 1990er-Jahren. So spürbar dies für den selbstverwalteten Sport in den betroffenen Regionen war, so wenig war der Sport dadurch tatsächlich gefährdet (Horch/Schütte 2003, 61 ff).

- Im kommerziellen Sportsektor gab und gibt es immer wieder Insolvenzen. Firmen kommen und gehen. Damit gibt es schon Krisen, die einzelne Unternehmen zerstören, aber der Sportsektor selbst bleibt stabil. Dies zeigt sich im Wachstum des Sportsektors, der seit Jahrzehnten kontinuierlich wächst (Preuß/Alfs/Ahlert 2012).
- Im Gegensatz zu kommerziellen Sportbetrieben sind Insolvenzen und Vereinsauflösungen im selbstverwalteten Sport eher die Ausnahme. Sie entstehen nur im Zusammenhang von Überinvestitionen im riskanten Geschäft mit Hochleistungssport oder treffen sehr kleine Vereine, die extrem von Mitgliederfluktuation betroffen sind (Neuhoff 2003, 423f). Solche Vereine haben z.B. im Fußball nur eine Mannschaft und weniger als 20 Mitglieder. Löst sich die Mannschaft auf, so geht auch der Verein verloren oder in einem größeren auf. Große Sportvereine mit über 1000 Mitgliedern stammen oft aus dem letzten Jahrhundert oder sind noch viel älter.
- Die Geschichte der Olympischen Spiele ist weit mehr von fundamentalen Krisen begleitet gewesen, als man es sich bei den großartigen Fernsehbildern vorstellen kann. Und doch setzten die Spiele ihre Erfolgsgeschichte fort. Schon die Olympischen Spiele 1936 waren im Vorfeld durch drohende Boykotte gegen das nationalsozialistische Deutschland gefährdet. Sie gelten noch heute als ein Paradebeispiel für den politischen Missbrauch des Sports durch extremistische Staatsregierungen (Large 2007). Die Spiele von München 1972 wurden durch einen terroristischen Überfall und der Einsicht, dass man offene Spiele nach den olympischen Werten kaum gegen Attentäter schützen kann, berühmt (Oberloskamp 2012). Dies zeigte sich dann ebenfalls bei dem Bombenanschlag 1996 bei den Spielen in Atlanta (Zeyringer 2016, 511 f). Zu nennen wären hier die politischen Krisen durch den Boykott der Spiele zunächst 1976 durch 16 afrikanische Staaten als Protest gegen die Teilnahme von Neuseeland, das den Sportbann gegen Südafrika und seiner damals noch rassendiskriminierenden Apartheitspolitik gebrochen hatte (Espy 1981). Auch die Spiele 1980 in Moskau und 1984 in Los Angeles wurden durch politische Boykotte erst durch die USA und ihren Verbündeten als Protest gegen den Einmarsch sowjetischer Truppen in Afghanistan und anschließend durch den Gegenprotest der Sowjetunion und ihrer Verbündeten schwer beschädigt (Guttmann 1988). Zudem kommt das ungeheure Wachstum der Spiele, der in einem kaum mehr zu finanzierendem Gigantismus endete und gegen den auch

das IOC inzwischen mit der Agenda 2020 vorgeht (Schnitzer/ Haizinger 2019). Weiter verliert die Olympische Bewegung immer mehr den Rückhalt in der Bevölkerung westlicher demokratischer Staaten, so dass sich hier Widerstand in Form der (N)Olympia-Bewegung entwickelt (Könecke/Schubert/Preuß 2016).

Diese Indizien enthalten viele schwere Krisen und doch verweisen alle auf die Überlebensfähigkeit, genauer einer gewissen Krisenfestigkeit des Sports. Aber um die These wirklich zu untermauern, braucht es auch fundierte Argumente, die diese Krisenfestigkeit genauer erklären. Tatsächlich lassen sich hier viele Ansätze finden, ohne dass ein Anspruch auf Vollständigkeit erhoben wird:

- Die Krisenfestigkeit des Sports ist das Spiegelbild seines Erfolges. Der seit Langem anhaltende Sportboom und seine Ursachen wirken auch auf andere Weise: Solange die Faktoren, die den Sportboom auslösen, wirksam sind, bleibt der Sportsektor insgesamt krisenresistent. Es ist leichter in Sektoren erfolgreich zu sein oder Krisen zu überstehen, die im Wachstum begriffen sind. Tatsächlich handelt es sich beim Sportsektor um einen noch sehr jungen und dynamisch wachsenden Wirtschaftssektor. Von einer Freizeitbeschäftigung ausgeübt und getragen von wenigen Amateuren entwickelte sich in den letzten hundert Jahren ein gewaltiger Wirtschaftszweig. Die einschlägigen Studien zur wirtschaftlichen Bedeutung des Sports (Weber et al 1995, Meyer/Ahlert 2000, Preuß/Alfs/Ahlert 2012, Pawlowski/Breuer 2012) belegen dies eindrucksvoll.
- Sport ist eine Antwort auf wichtige funktionale Erfordernisse der Gesellschaft. Die Zuschreibung von gesellschaftlichen Funktionen ist leicht behauptet und kann nur schwer bewiesen werden. Tatsächlich finden sich für den Sport eine unglaubliche Anzahl an behaupteten Funktionen. Heinemann und Horch beklagen die kaum bewiesenen und einseitig positive Funktionalität des Sports, die unter einem klaren Ideologieverdacht stehen (1989, 139). Eine kritische Analyse lieferten Rittner und Breuer 1994. Auch sie kamen zwar zu dem Schluss, dass vieles unbewiesen behauptet wurde und negative Seiten einfach weggelassen würden, konnten aber dennoch einige wissenschaftliche Belege für die Funktionalität des Sports nachweisen. Gerade wenn man sich z.B. die Gesundheitsfunktion des Sports ansieht, so erweist sich der Sport als unbedingt erforderlich in einer modernen Gesellschaft, die durch

Bewegungsarmut gekennzeichnet ist, da insbesondere die körperliche Arbeit durch Maschinenarbeit ersetzt wird.

- Sport trifft sich mit den offiziellen Zielen des Staates und persönlichen Interessen von Politikern. Der Staat braucht den Sport, um bestimmte Ziele zu erreichen. So wurde in Hamburg einem Stadteilsportverein massiv unter die Arme gegriffen, als er in eine Krise geriet, da er seinen Sitz an einem sozialen Brennpunkt hatte. Der Staat macht mit Sportvereinen auch seine Sozialpolitik und sehr viel verbreiteter auch seine Gesundheitspolitik. Darüber hinaus können sich große Fußballvereine fast schon sicher sein, dass ihnen Politiker helfen werden, da sie sich so als „Retter“ darstellen können und hoffen Wählerstimmen zu bekommen.
- Zudem liegt die Krisenresistenz nicht zuletzt auch daran, dass der Sport sehr divers aufgestellt ist. Sport dient nicht nur einem Zweck, sondern vielen. Aus dem strategischen Management kennen wir die Diversifizierung als Mittel zur Risikoabsicherung (Johnson/Scholes1997, 327 ff). Wer auf vielen Beinen steht, fällt nicht so leicht um wie der, der nur auf einem Bein steht. Gerät bei hochspezialisierten Organisationen das Spezialgebiet in die Krise, fällt das Retten schwerer, als wenn noch andere Felder vorhanden sind.
- Der Sport ist zu einem guten Teil Unterhaltung. Er bildet eine uneigentliche Welt: Es mag auf die Stimmung schlagen, wenn der Verein absteigt, aber die eigene Welt geht nicht unter.
- Sportliche Krisen sind systemisch vorprogrammiert: Solange der Wettkampfsport Sieger und Verlierer kennt, was bekanntlich seine Attraktivität ausmacht, wird es Verlierer geben müssen. Dies wird durch das sogenannte Akerlofsche Rattenrennen sogar noch verstärkt (siehe Kapitel 4.2). Dies führt regelmäßig zu Krisen und hat nicht nur zu Gewöhnung, sondern auch zu routinisierten Rettungsaktionen (der Staat hilft, Fananleihen, s.o.) und Präventionsmaßnahmen geführt. Letztere führten zu verschärften Auflagen (z.B. Liquiditätsnachweise) für Vereine, die in höheren Ligen spielen wollen.
- Gleichzeitig springen die Zuschauer und Unterstützer selten in der Krise ab. Auch wenn der alte Vorstand fehlerhaft gehandelt hat, so wird der neue unterstützt, um den Verein zu retten. Er ist eine *Herzensangelegenheit.* Der Sport kennt Fans und diese identifizieren sich mit dem Verein, d.h. der Verein wird ein Teil ihrer eigenen Identität (Becker/Daschmann

2015, 10 ff; Roose/Schäfer/Schmidt-Lux, 2010, 9 ff) und Menschen lassen sich selbst nicht im Stich.
- Nicht zu unterschätzen ist auch, dass im Sport Krisen eher zu Solidarität statt zu Konkurrenz führen. Als zum Beispiel in den 1990er-Jahren im Rahmen der Finanzkrise des Staates es zu erheblichen Kürzungen in der Sportförderung durch die Kommunen kam, protestierten die Sportorganisationen gemeinschaftlich dagegen, während Kulturorganisationen eher individualistisch versuchten, dass das Sparen an ihrer Organisation vorbeiging, aber die anderen doch treffen könne. Dies mag auch darauf zurückzuführen sein, dass man im Wettkampfsport den Gegner braucht. Man konkurriert und kooperiert gleichzeitig mit ihm (siehe Kapitel 4.3).
- Der Sport trägt auch Züge, wie sie typischerweise sogenannten Tendenzbetrieben wie Parteien, Gewerkschaften und Kirchen nachgesagt werden: Es geht nicht um Profit, sondern um höhere Ziele (Koberski 2014, 1827 ff). Das immunisiert den Sport gegen Kritik. Skandale werden nicht dem Sport und seinen Organisationen angekreidet, sondern charakterlich schwachen Individuen.
- Der vielleicht wichtigste Punkt dürfte aber sein, dass der moderne Sport längst ein Tiefenbestandteil der Kultur geworden ist. Fällt er weg wie in der Coronakrise, so ist die Sehnsucht nach ihm groß und nach dem Shutdown drängt es die Menschen ihn wiederauszuüben. Menschen sind „Gewohnheitstiere“ und wenn Sport erstmal eine tiefe Gewohnheit geworden ist, so kann dies nur mit großem Aufwand geändert werden (siehe hierzu auch Kapitel 3.11).

Die erstaunliche Krisenresistenz lässt sich empirisch nachweisen, darf aber nicht so missverstanden werden, als dass sie in allen Einzelfällen und auf Dauer vorhanden sein wird. Sportorganisationen können auch ihren Kredit verspielen, wie man z. B. an dem Ruf der FIFA sehen kann (Schütte 2021b).

Weiterführende Literatur

Burmann, Chr./Freiling, J./Hülsmann, M. Hrsg., 2005: Management von ad-hoc-Krisen, Wiesbaden: Gabler.

Boin, A./‘t Hart, P./Kuipers, S., 2018: The Crisis Approach. In: Rodríguez, H./Donner, W./Trainor, J.E. (Hrsg.): Handbook of Disaster Research. Cham (Switzerland): Springer Nature, S. 23-38.

Schütte, N., 2021b: Krisen und der Sport – Anmerkungen zur Krisenfestigkeit des Sportsektors. Workingpaper.

Repetitorium

1. Sind Krisen immer vermeidbar?
2. Wie unterscheidet sich Krisenmanagement von „normalen Management"?
3. Warum erweist sich der Sport bislang als relativ krisenfest?

3.13 Wirtschaftsethik

Die *Ethik* befasst sich mit der Frage, wie wir handeln sollen – setzt also Normen und Werte – und die Moral betrifft das real vorfindbare Handeln in Bezug auf ihre inhärenten Normen und Werte (Schumann 2011, 8). Wirtschaftsethik befasst sich folglich mit dem richtigen Verhalten im Wirtschaftskontext. Folgt man Noll, so beginnt die Geschichte der Wirtschaftsethik mit einem der ersten bekannten Philosophen, nämlich Thales von Milet (Noll 2010, 9). Dennoch spielten Fragen der Wirtschaftsethik in der Geschichte der Philosophie und der Ethik lange nur eine sehr kleine Rolle. Erst in den 1970er-Jahren begann eine breite Diskussion in den USA, als Konsumenten und Investoren das ethische Verhalten von Unternehmen für ihre Kaufentscheidungen oder ihr Investment abhängig machten. In den 1980er-Jahren fand es immer mehr Bedeutung in Europa und insbesondere auch in Deutschland (Hengsbach 1991, 16ff). Auch wenn sich im Bereich Sportmanagement dieses Themas nur verzögert angenommen wurde, ist es inzwischen zu einer gewissen Bedeutung gekommen. So liegt inzwischen eine amerikanische Monographie zum Thema vor (DeSensi/Rosenberg 2010). Dies dürfte auch daran liegen, dass der Sport und sein Management aufgrund seiner Öffentlichkeit und der stark zunehmenden wirtschaftlichen Bedeutung für unmoralisches Verhalten ein bedeutsames Ziel werden. Tatsächlich gab es immer wieder Skandale, an denen auch Sportmanager beteiligt waren:

- 2015 steht das deutsche Organisationskomitee der Fußballweltmeisterschaft 2006 im Verdacht, Stimmen für die Vergabe der WM gekauft zu haben. DFB-Präsident Niersbach trat zurück (Teevs 2015).
- Ein herausragendes Beispiel für einen bewiesenen *Korruptionsskandal* ist die Vergabe der Olympischen Winterspiele in Salt Lake City 2002. Die Vergabe von Olympischen Spielen an eine Stadt wird über ein

sogenanntes Bidding-System vergeben. Der Erhalt der Spiele ist so begehrt, dass Entscheidungsträger bestochen wurden (Maennig 2005).

- Das Problem des *Dopings im Hochleistungssport* erscheint auf den ersten Blick wenig mit Managern zu tun zu haben. Nach dem oft vorgetragenen *Schwarze-Schaf-Theorem* ist es die individuelle Verfehlung eines Sportlers, und zwar allein von ihm (Bette/Schimank 1995, 270 ff). Dem stellen Bette und Schimank (1995, 52 ff) entgegen, dass eine ganze Reihe von Faktoren und Gruppen das Doping mitverursacht. Durch Zuschauerinteresse wächst die Bedeutung des Sports. Dies weckt das Interesse der Medien. Die Berichterstattung regt das Zuschauerinteresse noch weiter an und Siege lassen das Interesse immer weiter steigen. Die starke öffentliche Beachtung bringt zwei weitere Gruppen ins Spiel: Die Wirtschaft, die den Sport als Werbeträger entdeckt hat, und die Politik. Auch die Politik nutzt den Sport für Werbezwecke für das Land; bzw. Politiker den erfolgreichen Sport als Werbung für die eigene Person. Sie sind bereit, Gelder zu geben, allerdings meist verknüpft mit der Bedingung, erfolgreich zu sein. So werden Sponsoringverträge in Abhängigkeit vom sportlichen Erfolg geschlossen und staatliche Spitzensportförderung bevorzugt die Erfolgreichen. Dabei ist das Wichtigste im Hochleistungssport das Siegen. Bette und Schimank bringen es auf den Punkt, wenn sie den Zweitplatzierten schon als den ersten Verlierer titulieren. Niemand, außer dem betrogenen sauberen Sportler, hat einen Vorteil darin, einen Dopingsünder zu überführen, aber alle partizipieren an den Siegen. Hier können Manager auch zu Tätern werden, wenn sie z. B. im Radsport das Dopen in der Mannschaft tolerieren oder sogar anordnen, oder wenn sie auf der Verbandsseite nur so kontrollieren, dass das Doping kaum Chancen hat, aufgedeckt zu werden. Das Management hängt mit all seinen Interessen an den Siegen mit in der Dopingkonstellation.
- Ein großes Problem, das für viele Skandale gesorgt hat, ist das *Matchfixing*, also die Manipulation des Ausgangs eines sportlichen Wettkampfes. Hintergrund können starke wirtschaftliche Interessen sein. So ist der Bundesligaskandal von 1970/71 dadurch entstanden, dass Manager der abstiegsbedrohten Clubs erfolgreich versucht haben, Spieler von anderen Mannschaften zu bestechen, damit sie absichtlich verlieren. Dabei ging es um Mannschaften, für die die Tabellensituation durch einen Sieg oder eine Niederlage nahezu ohne Konsequenz blieb. Sie hatten weder mit der Meisterschaft noch mit dem Abstieg zu tun

(Rauball 1972). Das Matchfixing gewinnt heute durch die Dynamik am Sportwettenmarkt international immer größere Bedeutung (Forrest/McHale/McAuley 2008).

Diese Beispiele belegen die dringliche Notwendigkeit, auch über die ethische Seite des Managementhandelns im Sport nachzudenken. Die Brisanz und Relevanz des Themas liegen dabei nicht allein im Bereich der Frage, was das richtige Verhalten ist. Es geht auch um handfeste Interessen, die in Euro gemessen werden können. Dies zeigt insbesondere der VW-Skandal um Schummel Software, die bessere Abgaswerte bei Dieselfahrzeugen vorschwindelt. Dieser Fall ist nicht nur ein eklatantes ethisches Fehlverhalten, es gefährdet auch den künftigen Absatz von Fahrzeugen, bringt die finanzielle Substanz des Konzerns durch Schadensersatzklagen in den USA in Gefahr und ließ den Kurs der VW-Aktie in die Tiefe fallen (Gerhard/Breitinger 2015). Solche Konsequenzen sind auch für den Sport denkbar. Matchfixing kann das Zuschauerinteresse für eine Sportart zum Erlöschen bringen, Doping-Betrug zum Rückzug von Sponsoren führen. Diese Gefahren sind zwar nicht von der Hand zu weisen, allerdings erwies sich der Sport bislang als erstaunlich robust gegenüber seinen Skandalen. Der Bundesligaskandal von 1970/71 hat nur vorübergehend für einen – wenn auch empfindlichen – Zuschauerrückgang gesorgt und sich schon in der Saison 1973/74 wieder erholt (Havemann 2013, 226). Die Dopingskandale rund um die Tour de France führten nicht zu einem Einbruch bei der Veranstaltung, sondern allenfalls zu einem Austausch von Sponsoren. Die Korruptionsgerüchte rund um die Vergabe der Fußballweltmeisterschaft und der Olympischen Spiele in Rio haben immerhin zu einer großen Demonstrationswelle in Brasilien geführt, die ein Jahr vor der WM bei dem Confed-Cup startete und immer wieder aufflammt (Schütte 2014a).

Man kann festhalten, dass das Thema von großer Relevanz ist und bislang noch viel zu wenig Beachtung gefunden hat, auch wenn es in der Governance-Diskussion (siehe Abschnitt 3.9.10) und im Rahmen des Institutionenökonomischen Ansatzes (siehe Abschnitt 3.9.9) inzwischen stärker reflektiert wird. Ein Forschungsproblem ist dabei auch, dass für die Erfassung von abweichendem Verhalten, hier insbesondere von kriminellem Verhalten wie Korruption, nur schwer ein Zugang gefunden werden kann. Auch für Wissenschaftler gilt der Grundsatz, dass sie ohne empirische Beweise nicht anklagen dürfen, sondern nur vermuten können.

Man muss auch beachten, dass in anderen Bereichen der Sportwissenschaft schon viel geleistet wurde, was noch systematisch in die Diskussion im Sportmanagement einzubringen ist. So sind Fragen der Ethik im Sport ein traditionsreiches Thema, um das sich Sportphilosophen und -pädagogen verdient gemacht haben. Auch die Sportsoziologie hat im Rahmen von abweichendem Verhalten wichtige Beiträge geleistet, an die es anzuknüpfen gilt. Die Sporthistorik liefert ebenso Material, das weiter auszuwerten ist. Dabei sollte eine große Offenheit für neue Themen herrschen, denn es entwickeln sich auch neue Felder, etwa im Rahmen des Konfliktfeldes Sport und Umwelt.

Fallbeispiel | Sporttourismus auf dem Gipfel des Mount Everest

Die Geschäftsidee von Adventure Consultants von Rob Hall ist es, bezahlende Kunden auf die höchsten Berge der Welt zu bringen. Unter anderem wurde auch die Besteigung des höchsten Berges der Erde, des 8848 Meter hohen Mount Everest, angeboten. Das Angebot richtete sich nicht nur an Extrembergsteiger, sondern auch an andere Interessierte, die über eine hinreichende Konstitution und gewisse bergsteigerische Fähigkeiten verfügen.

Auch wenn der Berg durch Fixseile, Leitersysteme und Helfer vereinfacht zu besteigen ist, bleibt die Tatsache, dass von vier Bergsteigern nur drei zurückkehren, denn die Gefahren am Berg sind überwältigend: So beginnt ab ca. 7000 Metern die sogenannte Todeszone, in der sich ein menschlicher Organismus nicht mehr regenerieren kann. Man verlässt gewissermaßen die Biosphäre des Planeten, und die meisten Menschen sind auf das Nutzen von Sauerstoffflaschen angewiesen. Die Gefahr, an Höhenkrankheiten wie z. B. einem Hirn- oder Lungenödem zu erkranken, ist hoch und trifft auch trainierte und gut akklimatisierte Bergsteiger. Die Höhenkrankheit beeinträchtigt das Denkvermögen und hat schon oft zu unerklärlichem Fehlverhalten geführt. Physisch werden die Bergsteiger u. a. durch Schneelawinen, herabfallendes Gestein, Gletscherspalten und Abgründe bedroht. Hinzu kommt, dass das Wetter oft instabil ist, große Kälte herrschen kann und gerade der Mount Everest so hoch ist, dass er zum Teil in den Jetstream hineinragt und es daher Orkane mit hohen Windgeschwindigkeiten gibt. Die Rettungsmöglichkeiten sind in den großen Höhen sehr eingeschränkt und voraussetzungsvoll. Hubschrauber können aufgrund der dünnen

Luft nicht eingesetzt werden. Zudem ist die Rettung nur unter dem Einsatz anderer Menschenleben überhaupt möglich.
Anders als bei Gruppen von Extrembergsteigern, die ihre Expedition selber organisieren, haben kommerzielle Gruppen eine andere Struktur. Der Bergführer hat den Druck, möglichst alle Kunden auf den Gipfel zu bringen, damit er weitere Kunden gewinnen kann. Er muss als Anbieter zeigen, dass er Kunden auf den Gipfel bringen kann und hier eine hohe Quote aufweisen. Daher wird er sich im Zweifel eher für die gefährlichere Variante entscheiden.
1996 kam es am Berg zu einer Katastrophe, als insgesamt zwölf Menschen starben, als ein Unwetter den Berg heimsuchte und auch von den Bergsteigern viele Fehler gemacht wurden (Krakauer 2015).
Auch Rob Hall starb bei diesem Unglück. Seine Firma existiert weiter und bietet die Besteigung des Mount Everest weiter an.
Ist diese Geschäftsidee ethisch vertretbar?

Bislang wurde nur auf das Thema nicht ethischer Handlungen eingegangen. Man kann sich daher fragen, was denn besonders ethisches Verhalten im Sportmanagement sein könnte. Wenn eine Organisation prosperiert, so hat sie Mittel und Möglichkeiten, die Gesellschaft daran zu beteiligen. Schon früh gab es Reiche, die z. B. als Kunstmäzen auftraten oder sich und ihr Geld für soziale Zwecke zur Verfügung stellten, etwa indem sie Stiftungen gründeten. Heute firmieren solche Tätigkeiten unter dem Anglizismus *Corporate Social Responsibility,* kurz „CSR“. Dabei ist allerdings zu beachten, dass es eine standardisierte Definition von CSR nicht gibt und dass häufig auch das Einhalten von ethischen Standards unter dem Begriff subsumiert wird. Das Thema ist nicht nur für reiche Fußballbundesligisten, die inzwischen eigene Stiftungen oder Abteilungen für CSR-Management unterhalten (z. B. Werder Bremen, Lange/Nigbur 2014), von Bedeutung, auch kleine, oft unterfinanzierte Organisationen im selbstverwalteten Sport setzen sich seit jeher sozial ein, allerdings meist ohne es CSR zu nennen. Ob es sich bei den gern kommunizierten guten Taten immer um Altruismus oder um ein kalkuliertes wirtschaftliches Interesse handelt, bleibt eine offene und auch kaum zu beantwortende Frage. Man kennt diese Diskussion aus der seit Langem diskutierten Frage, ob ehrenamtliche Tätigkeit wirklich altruistisch ist oder doch nur auf einem rationalen Kalkül beruht (Moschner 2002).

Weiterführende Literatur

Aßländer, M.S. (Hrsg.), 2011: Handbuch Wirtschaftsethik, Stuttgart: J.B.Metzeler.

DeSensi, J.T./Rosenberg, D., 2010: Ethics and Morality in Sport Management. Morgantown (USA): FIT.

Hildebrandt, A. (Hrsg.), 2014: CSR und Sportmanagement. Wiesbaden: Springer Gabler.

Repetitorium

1. Welche Relevanz hat der Wirtschaftsethikansatz für den praktizierenden Sportmanager?
2. Geben Sie bitte verschiedene unethische Praktiken von Sportmanagern an.
3. Welche Eigenschaften von Sportarten oder Sportveranstaltungen machen das Auftauchen von unethischen Verhalten besonders wahrscheinlich?

4 Besonderheiten des Sportmanagements

Die Idee, dass es eine eigene Subdisziplin Sportmanagement gebe, verlangt nach einer Legitimierung, die nur durch die Besonderheiten des Feldes geliefert werden kann. Wissenschaftlich ist es eine offene Frage, ob es diese tatsächlich gibt. Auf dem ersten Kölner Sportökonomiekongress 1997 vertrat Trevor Slack, ein kanadischer Professor für Sportmanagement, die Auffassung, dass es nur Management, aber kein Sportmanagement gebe. Denn es gebe nur Management von Sport. Er konnte keine Gründe erkennen, warum es sich um eine eigene Disziplin handeln könne, da er in der Literatur nur Anwendungen, jedoch keine Innovationen fand (Slack 1999). Sowohl auf dem Kongress als auch schon vorher vertrat Heinz-Dieter Horch die Gegenthese: Sportmanagement sei eine eigene Subdisziplin, da der Sport und sein Management über viele Besonderheiten verfügen, die – ähnlich der Umweltökonomie oder dem Dienstleistungsmanagement – eine eigene Subdisziplin erfordern (Horch 1999). Unter Besonderheiten des Sportmanagements versteht er alles, „*[...] was in allgemeinen einführenden Lehrbüchern der Volks- und Betriebswirtschaft nicht bzw. unzureichend behandelt wird, aber wichtig für den Sport ist.*" (Horch/Schubert/Walzel 2014, 63) Dabei betonen Horch, Schubert und Walzel, dass diese Besonderheiten nicht exklusiv auf den Sport begrenzt sein müssen und auch nur zum Teil für bestimmte Bereiche im Sport gültig sein können. Aber sie sehen sie als so bedeutsam an, dass sie ihnen ein komplettes Buch gewidmet haben (Horch/Schubert/Walzel 2014).

4.1 Besondere Bedeutung der NPO im Sport

Non-Profit-Organisationen spielen im deutschen Sport nach wie vor eine herausragende Rolle. Das deutsche Sportsystem ist anders als z. B. das der USA auf Vereine und Verbände aufgebaut. Dies gilt übrigens nicht nur für Spitzensport, sondern auch für alle anderen Sportarten. Wie ungewöhnlich dies eigentlich ist, wird deutlich, wenn man sich auf ein Gedankenexperiment einlässt: Würden im Automobilsektor die gleichen Verhältnisse wie im Sport vorherrschen, die überwiegende Anzahl an Fahrzeugen würde in Vereinen gebaut werden! Die Verkehrsgerichtsbarkeit würde überwiegend bei dem Automobilverband ADAC liegen und der Staat würde kaum regulieren, sondern hauptsächlich subventionieren.

Die Besonderheit der besonderen Bedeutung von NPO gilt – wenn auch abgeschwächt – auch für die USA. Zwar kennt das amerikanische Sportsystem kaum Vereine und setzt stattdessen auf ein Schul-, College- und Universitätssystem, das durch einen starken For-Profit-Sektor im Sportbetrieb ergänzt wird, aber dennoch spielen wie überall in der Welt NPOs als Verbände eine ungeheure Bedeutung. So ist das Olympische Komitee der USA wie in jedem Land eine NPO.

Weiterführende Literatur

Breuer, C./Feiler, S., 2019: Sportvereine in Deutschland: Organisationen und Personen. Sportentwicklungsbericht für Deutschland 2017/2018 – Teil 1. Bonn: Bundesinstitut für Sportwissenschaft.

Digel, H./Burk, V./Fahrner, M., 2007: Die Organisation des Hochleistungssports – ein internationaler Vergleich. Schorndorf: Verlag Karl Hofmann.

4.2 Nutzen- vor Profitmaximierung in Europa

Im europäischen Raum gibt es eine Sportmanagementbesonderheit, die so nicht in Nordamerika zu finden ist. Diese Besonderheit bezieht sich auf den Wettkampfsport bzw. Berufssport. In den USA und in Kanada kann es lukrativ sein, ein professionelles Sportteam zu betreiben. Dies liegt nicht nur daran, dass diese als For-Profit-Organisationen organisiert sind. Denn auch in Europa gibt es z. B. im Fußball Ligen (z. B. England, Italien) die aus For-Profit-Organisationen bestehen. Warum ist der Fußball in Europa trotz der ungeheuren Popularität und all der damit einhergehenden Einnahmen dennoch nicht profitabel, sondern oft hoch verschuldet?

Die Antwort findet sich im Zielsystem der Organisationen. In Nordamerika wird der Profit maximiert und in Europa der Nutzen, also der sportliche Erfolg. Es ist nicht so, dass in den USA Meisterschaften nicht von Wert wären, aber das Profitziel thront über allem. Sportorganisationen sind dort Geldanlagen. In Europa dagegen ist das wichtigste Ziel der sportliche Erfolg, und Profite stehen darunter. (Benner 1992, 89 ff)

Wenn alle versuchen, mit aller Macht den sportlichen Erfolg zu erreichen, entsteht eine Struktur, die in der Ökonomie als *Rattenrennen* bezeichnet wird. Der Begriff geht auf Akerlof (1976) zurück und beschreibt eine Situation, in der es nur einen Gewinner geben kann, der alles bekommt. Gleichzeitig gibt es aber viele Bewerber, die leer ausgehen müssen. Er vergleicht dies mit einer Gruppe von Ratten, die in einer Ecke des Raumes sitzen und in der anderen taucht ein Käse auf. Alle Ratten rennen los und die erste ergattert allein den Käse und frisst ihn auf. Die anderen gehen leer aus. In der nächsten Runde kommt es zum gleichen Spiel: Der Käse erscheint, die Ratten rennen los, nur diesmal noch schneller, und wieder gibt es nur eine satte Ratte und alle anderen bleiben hungrig, obwohl sie sich diesmal mehr angestrengt haben als zuvor. In jeder weiteren Runde nehmen die Anstrengungen zu, aber das Ergebnis bleibt stets gleich: Nur eine Ratte gewinnt den Käse. Es entsteht also eine Art Aufrüstungsspirale bei gleichem Gewinn. Ständig wird mehr investiert, aber der Gewinn bleibt der gleiche. Rattenrennen sind also eine furchtbare Ressourcenverschwendung. Das Gleiche finden wir im Sport wieder: Es kann nur einen Meister geben. Alle investieren, was sie können und darüber hinaus in Form von Verschuldung, aber alle bis auf einen verlieren. Die Investitionssummen werden bei konstantem Gewinn immer höher. Dies geht teilweise soweit, dass es mehr Mannschaften gibt, die auf die Refinanzierungsmöglichkeiten der Spitzenplätze angewiesen sind, als es Plätze gibt. Der Spitzenfußball ist hier nur ein sehr gutes Beispiel, die Theorie kann die Überinvestition im Sport insgesamt erklären.

Fallbeispiel | Die BVB-Aktie

Ende der 1990er-Jahre brach das Aktienfieber unter den europäischen Fußballclubs aus. Man glaubte, mit einem Schlag große Geldmengen einnehmen zu können, die dann zu ungeahnten sportlichen Höhenflügen ausgegeben werden könnten. Dabei wurde oft übersehen, dass man nur knapp die Hälfte der Aktien verkaufen darf, damit man die Kontrolle über den Club nicht verliert. Der DFB führte damals extra die 50+1-Regel ein, die besagt, dass aus dem Verein ausgegliederte Profiabteilungen nur soweit verkauft werden dürfen, dass die Stimmverteilung bei knapp über 50 % beim Verein liegt. Zudem geht mit dem Konstrukt Aktiengesellschaft immer auch Transparenz einher. Das heißt, dass alle wichtigen wirtschaftlichen Daten regelmäßig veröffentlicht werden müssen. Hier interessiert aber auch die andere Seite, die Käufer von Aktien.

Lohnt sich der Kauf einer Fußballaktie? Seit der Gründung der Aktiengesellschaft stürzte der Kurs von 10,30 € auf unter 2,00 €. Die Aktie reagiert auf sportlichen Erfolg. So stieg sie um 2 %, als der BVB Bayern München am 11. 4. 2012 schlug. Aber der Kursanstieg war nicht von Dauer.
Das Beispiel der BVB-Aktie zeigt deutlich, dass sie keine seriöse Geldanlage ist. Sie ist eine der wenigen Aktien, die man noch in Papierform erwerben kann. Dies weist auch darauf hin, dass es sich mehr um eine Art Fanartikel handelt. (Quelle: http://aktie.bvb.de/)

4.3 Kooperenz

Beim Auswärtsspiel in Köln singen die HSV-Anhänger *„Ohne den HSV wäre heute hier nichts los!“* Tatsächlich verweist dieses Zitat auf eine weitere Besonderheit im Sport, genauer im Wettkampfsport: Um Sport zu produzieren, muss ich mit dem Gegner kooperieren. Um gewinnen zu können, brauche ich einen Gegner.

Typischerweise versuchen im For-Profit-Bereich alle etwas zu produzieren, das niemand anderes bieten kann, um so im Mittelpunkt der Kaufdiskussion zu stehen. Man sucht ein Alleinstellungsmerkmal, auch *unique selling proposition* genannt (Bruhn 2014, 124). Wo keine Konkurrenz ist, kann der Produzent weitaus höhere Gewinne machen als in Bereichen, wo ein Konkurrent sie unterbieten kann. In der Sachgüterindustrie gibt es nichts Profitableres als eine Monopolstellung. Dies gilt auch für Produzenten von Sportartikeln, aber eben nicht im Wettkampfsport. Diese Gleichzeitigkeit von Kooperation und Konkurrenz wird als Kooperenz bezeichnet (Woratschek 2004, 9 ff).

4.4 Regulierung der Liga

Die aktive Gestaltung von Ligen mit dem Ziel einer Ausgeglichenheit kann als wichtige Besonderheit im Sportmanagement gelten. Schon die ersten Aufsätze, etwa Rottenberg (1956), griffen dieses Thema auf. Eigentlich widersprechen solche Eingriffe in den Sport der Idee, dass der Beste gewinnen soll. Die Regulierung hin zu einer ausgeglichenen Liga stammt aus Nordamerika und dahinter steht die Frage, wie man durch Regulierung zu einer profitablen Liga kommen kann. Der Profit der Ligen hängt von den Zuschauern ab; ohne Publikum keine großen Einnahmen. Auch wenn oft argumentiert wird, dass Medien einen Hype um eine Sportart entfachen können, so ist es doch meist genau andersherum: Die Medien folgen mittelfristig dem Publikum. Daher muss zunächst das Publikum gewonnen werden; damit entsteht das Medieninteresse. Die Übertragung kann das schon bestehende Interesse weiter ausbauen. Zuschauer kommen, weil Sport für sie Unterhaltung ist. Dabei sind bestimmte Sportarten unterhaltsamer als andere. So ist z.B. der Fußball eine Sportart, die das Potenzial hat, perfekte Unterhaltung zu bieten. Im Fußball entscheiden wenige Aktionen das Spiel, während es z.B. im Handball sehr viele tun. Im Handball fallen viele Tore, während im Fußball vergleichsweise wenige Tore fallen. So „ungerechte" Ergebnisse wie im Fußball oder sogenannte *Fußballwunder*, ein Underdog gewinnt gegen den Topdog, obwohl er absolut überlegen spielt, aber das Tor einfach nicht trifft, kommen im Handball nicht vor. Fußball produziert Dramen, und selbst bei einem ausweglosen 0:3 kann man immer noch hoffen. Zudem lassen sich die wenigen Ereignisse, die ein Spiel entscheiden, gut erzählen, während dies beim Handball mit der Vielzahl an Ereignissen nicht so gut möglich ist. Andere Sportarten sind sehr beliebt – etwa Wandern – und machen dem Sportler großen Spaß, sie sind aber für ein Publikum wenig unterhaltsam. Die Aufbereitung für das Fernsehen ist zwar bedeutsam, aber ohne Spannungselement findet die Sendung kein Publikum. Unterhaltsam ist der Sport, wenn er spannend ist, also Siege nur knapp errungen werden. Überlegene Siege sind durchaus einmal interessant, aber nicht dauerhaft. Nur eine ausgeglichene Liga bietet Spannung und findet dauerhaft großen Zuschauerzuspruch. Allerdings ist dies nur eine plausible wenn auch traditionsreiche These des Sportmanagements und der Sportökonomie. Versuche, diese These empirisch zu erhärten, scheiterten jüngst am Beispiel der NFL (Tainsky/Xu/Zhou 2014) oder der Fußballbundesliga (Pawlowski/Coates/Nalbantis 2015). Andreff (2015) sieht hier sogar einen neues Forschungsfeld: Es gehe um die Erforschung von Ungleichgewichten in der Ökonomie (*disequilibrium sports economics)* statt wie bisher um die Gleichgewichte.

4.4.1 Keine Tendenz zur Ausgeglichenheit

Zunächst ist festzustellen, dass Ligen nicht von alleine zu einer Ausgeglichenheit tendieren. So finden sich in vielen Sportarten überlegene Teams, die den Sport seit Langem dominieren. Dies legt schon der Begriff des *Rekordmeisters* nahe. In einigen Ligen dominieren bestimmte Teams. So wurde z. B. die Fußballmeisterschaft in der Türkei lange zwischen den *büyük üç* ausgetragen, den drei großen Vereinen Istanbuls (Schächter 2008, 95 ff). Man könnte hier noch viele andere Beispiele aus vielen Sportarten nennen. Wenn es eine Tendenz zur Unausgeglichenheit gibt, dann stellt sich die Frage, woran das liegt und ob faire Gründe dafür vorliegen. Überlegenheit aufgrund von sportlichen Ursachen, wie Jahrhundert-Talente oder ein überragender Trainer sowie eine sehr gute Ausbildungsarbeit, insbesondere in der Jugend, gilt allgemein als fair erworbener Vorteil. Wenn der Vorteil aber darauf beruht, dass man aufgrund nicht selbsterwirtschafteter Gelder den Erfolg kauft, indem man erfolgreiche Spieler, Trainer und inzwischen sogar Manager mit besser dotierten Verträgen und hohen Handgeldern (einmalige Geldzahlung für das Unterschreiben des Vertrages) lockt, wird dies oft als unfair empfunden. Das Abwerben der besten Sportler ist mit Sicherheit eine sehr alte Praktik, die aktuell durch das Engagement von Superreichen insbesondere in der Premier League Englands für Furore sorgt. Das millionenschwere Engagement von Mäzenen wie Abramowitsch beim FC Chelsea oder von Scheich Mansur bei Manchester City hat beide Mannschaften nicht nur zu einer Weltauswahl der besten Spieler werden lassen, sondern hat auch Früchte in Form von Titeln getragen. Es stellt sich damit die Frage, ob Erfolg im Sport einfach käuflich ist. Zwar hat Otto Rehagel den Spruch *„Geld schießt keine Tore"* geprägt, aber er meinte dabei nur, dass man lieber einen Spieler – im damaligen Fall Ciriaco Sforza – halten sollte, als ohne Grund zu verkaufen, da Geld auf der Bank keine Tore schieße (Welt 1995). Der Ausspruch *„Geld schießt keine Tore"* machte sich anschließend selbständig und wurde zu einem Synonym für „man könne den Erfolg nicht kaufen". Tatsächlich gibt es auch hinreichend Beispiele dafür, dass extrem teure Mannschaften extrem schlecht abschnitten. Es gibt keine Zwangsläufigkeit von Erfolg durch viel Geld. Ein Beispiel: In der Saison 2015/16 hat der FC Chelsea als einer der reichsten Clubs mit einer der wertvollsten Mannschaften im weltweiten Fußball so schlecht gespielt, dass er nach 16 Spieltagen kurz vor dem Abstieg stand und seinen Startrainer Mourinho entließ.

So schreibt der englische Journalist und Autor Mihir Bose:

> „Yet what this misses is the age-old truth that money does not buy sporting success. Spending money can keep the fans happy and raise their expectations for the season, but is no guarantee of silverware at the end of the season" (Bose 2011).

Allerdings ist auch nicht zu übersehen, dass langfristig die reichen Clubs sich gegen die ärmeren gnadenlos durchsetzen. Es gibt eine hohe Korrelation zwischen Budget und Platzierung, etwa im Fußball. Wo Mäzene mit Geld einsteigen, steigt meist der sportliche Erfolg. Der Mechanismus hierfür ist offensichtlich. Mit Geld können die besten Spieler, Trainer, Pferde oder das beste Material eingekauft werden. Dies wurde genauso in vielen Studien nachgewiesen (Ziebs 2004, Szymanski 2003, Wilkesmann 2014). Dennoch wird der Erfolg nicht allein durch das Geld bestimmt. So wurde wiederholt auf die besondere Bedeutung des Managements hingewiesen (etwa Wilkesmann 2014). Denn es ist auch evident, dass man viel Geld für einen Altstar aufbringen kann, der dann doch viel schlechter ist als ein aufstrebendes Talent, das leistungsstark, aber finanziell noch unterbewertet ist.

Ungleichgewichte in der Liga gelten im profitorientierten Ligasystem der USA als Gefahr für das Geschäftsmodell. Daher wurden schon früh Gegenmittel ersonnen und umgesetzt. Hier sollen nur das Salary Cap und das Draft-System näher erläutert werden. Anschließend folgt noch die Darstellung des Financial Fairplays, einem Regulierungsversuch der UEFA.

4.4.2 Salary Cap

Als *Salary Cap* wird eine Obergrenze für die Gehaltszahlungen für die Spieler bezeichnet. Man kann für jeden einzelnen Spieler eine Obergrenze einführen oder für die Gesamtzahlungen an eine Mannschaft. In letzterem Fall kann man einem Starspieler eine hohe Summe bieten, aber keiner Mannschaft der Galaktischen, wie das Star-Ensemble von Real Madrid genannt wird, das nur aus internationalen Stars bestand. Insgesamt sorgt diese Regel dafür, dass alle Mannschaften die gleichen Personalkosten haben und dass diese sich nicht durch das gegenseitige Abwerben von Starspielern immer höher schaukeln. Dies ist ein Grund dafür, dass in Nordamerika mit den Ligen Geld zu verdienen ist.

Zu Beginn des offiziellen Profifußballs in Deutschland gab es auch eine Art Salary Cap. Der Verdienst der Spieler in der Fußballbundesliga war 1963 mit der Höchstgrenze von 500 DM festgesetzt, die durch Prämien auf maximal 1.200 DM ausgeweitet werden durften (Frick 2008). Dies führte – wenig überraschend – zur Umgehung der Regel durch Schwarzgeldzahlungen oder wurde ein Fall für die kreative Buchführung, denn als Gehalt durften die Schwarzzahlungen nicht in den Büchern geführt werden (Havemann 2013, 64 ff).

In Nordamerika sind die Ligen das Eigentum eines Besitzers. Er vergibt Lizenzen an Personen, die sich an der Liga mit ihrem For-Profit-Betrieb beteiligen, sofern sie den Lizenzbestimmungen folgen. Andernfalls kann die Liga die Lizenz zurücknehmen. Es ist gewissermaßen ein Franchise-Modell. Hier ist das Modell empirisch nachweislich geeignet, die Liga ausgeglichener zu gestalten (z. B. Késenne 2000).

In Europa liegt aber die Macht nicht bei den Verbänden, sondern bei den Vereinen, denn die Verbände werden von den Mitgliedern des Clubs besessen. Das Modell des Salary Caps wäre aktuell auch nicht mit europäischem Recht zu vereinen, das ein freies Aushandeln von Gehältern (ggf. jenseits eines Mindestlohns) vorsieht. Das Salary Cap wäre in Europa ein Fall für das Kartellamt (Heermann 2004).

Weiterführende Literatur

Szymanski, S., 2010: The Comparative Economics of Sport. London et al: Palgrve MacMillan

4.4.3 Draft System

Ein weiteres Element aus Nordamerika, das Ligen zu größerer Ausgeglichenheit führt, ist das *Draft-System* (Rekrutierungssystem). Aktuell gibt es in Europa Vertragsfreiheit für Spieler und Vereine. Im Prinzip kann ein Verein den anderen Vereinen die besten Spieler wegkaufen, ohne dass diese etwas dagegen tun können. Nur wenn Spieler vertraglich gebunden sind, können sie nicht einfach wechseln, wie sie wollen. Es kommt zum Vertragspoker zwischen den Vereinen. So schaukeln sich die Angebote der Vereine so lange auf, bis die Vereine an ihre finanzielle Grenze kommen oder zum Teil auch darüber hinaus. Sie verschulden sich, um bestimmte Spieler zu bekommen, die als Garanten dafür gelten, wieder an Geld zu kommen. Um solchen fatalen Prozessen zu entgehen, wurde in Nordamerika schon früh die Rekrutierung von Spielern durch Draft-Systeme reguliert. Auch wenn es unterschiedliche Varianten sowohl zeitlich als auch nach Sportart gibt, so ist der Mechanismus immer der gleiche. Er ähnelt der Methode, wie auf dem Schulhof Fußballmannschaften für das Pausenspiel aufgestellt werden. Die Vereine dürfen aus einem Pool von verfügbaren Spielern nacheinander wählen. Die schwächste Mannschaft der letzten Saison bekommt so den stärksten Spieler im Pool. Dann folgt die zweitschwächste bis hin zum Meister, der als Letztes dran ist. So verteilen sich die besten Spieler auf die schwächeren Mannschaften (Maxcy 2012).

Weiterführende Literatur

Maxcy, J.G., 2012: Economics of the NFL Player Entry Draft System. In: Quinn, K.G. (Hrsg.): Economics of the National Football League: The State of the Art Sports Economics. New York: Springer, S. 173-176

4.4.4 Financial Fairplay

Auch in Europa gab und gibt es Versuche, die Ligen vor Unausgeglichenheit und Überschuldung zu schützen. Aktuell dürfte hierfür das beste Beispiel aus dem Spitzenfußball kommen. Im September 2009 genehmigte das UEFA-Exekutivkomitee einstimmig das sogenannte *Financial Fairplay* (FFP). Im Kern geht es darum, dass die Vereine künftig mittelfristig nicht mehr ausgeben als sie einnehmen. Damit wird der Break-Even-Point – also der Punkt, an dem genauso viel eingenommen wie ausgegeben wird – zum zentralen Kriterium. Was zunächst einfach klingt, wird zu einer komplexen bürokratischen Regulierung. Zunächst gilt sie nur für die Clubs, die sich an Wettbewerben der UEFA beteiligen. Diese müssen seit 2011 nachweisen, dass sie ihre Rechnungen (z.B. Löhne, Sozialabgaben etc.) bezahlt haben. Nach einer Übergangsfrist, die mit der Saison 2013/14 endete, müssen die Clubs nunmehr nachweisen, dass sie kostendeckend wirtschaften. Ab der Saison 2014/15 werden die konsolidierten Zahlen der drei vorangegangenen Jahre berücksichtigt, denn die letzten drei Jahre müssen die Einnahmen die Ausgaben mindestens ausgleichen. Wenn das nicht der Fall ist, wird auch das davorliegende Jahr betrachtet, um zu beurteilen, ob zumindest eine positive Entwicklung zu erkennen ist. Wenn dennoch Verluste auftreten, darf die Differenz durch private Geldgeber ausgeglichen werden, allerdings mit nicht mehr als 45 Millionen Euro. Diese erlaubten Ausgleichzahlungen werden kontinuierlich abgesenkt: 30 Millionen Euro für die Spielzeiten 2015/16, 2016/17 und 2017/18. 2018 soll neu verhandelt werden mit dem Ziel, den Betrag der Ausgleiche ganz abzuschaffen. Bei den Ausgaben wird zusätzlich unterschieden, ob sie für Gehälter und andere Ausgaben für die Kader ausgegeben werden, oder ob es sich um langfristige Investitionen handelt. Denn die UEFA will nicht verhindern, dass die Vereine sich zeitweise verschulden, um ein neues Stadion oder ähnliche Investitionen zu tätigen (UEFA 2004).

Regeln sind schön, aber ohne Sanktionen bleiben sie zahnlos. Die UEFA wartet mit einem ganzen Arsenal an gestaffelten Sanktionen auf: Sie reichen von der Ermahnung über den Verweis bis hin zu Geldstrafen und Punktabzug sowie Einbehaltung von Einnahmen aus einem UEFA-Wettbewerb oder sogar dem Verbot der Meldung neuer Spieler für UEFA-Wettbewerbe. Last but not least kann auch die gesamte Mannschaft für die prestigereiche und profitable Teilnahme an UEFA-Wettbewerben gesperrt werden. Dies kann sogar nachträglich geschehen, so dass Titel wieder aberkannt werden (UEFA 2014). Damit sind die Sanktionsmöglichkeiten alles andere als zahnlos. Besonders abschreckend wirken Sanktionen, wenn es Beispiele für ihre Umsetzung gibt. Auch dies ist bereits vielfach geschehen. So gab es schon Sanktionen gegen Roter Stern Belgrad und Manchester United.

Allerdings hängt die Wirksamkeit von Sanktionen auch davon ab, wie verlockend das Vergehen ist. Sportlicher Erfolg war und ist für Sportorganisationen das Höchste, was es zu erreichen gibt. Daher ist zu vermuten, dass diese Regulierung ähnlich wie schon bei der Gehaltsgrenze zu Beginn der Bundesliga zu schwarzen Kassen, Gemauschel etc. führen wird. Ein ähnliches Fazit ziehen auch Preuß, Haugen und Schubert auf der Basis von spieltheoretischen Überlegungen (2014). Wie schwer die Umsetzung von Regularien sein kann, zeigt das Beispiel von Paris St. Germain (PSG). PSG erzielte Einnahmen durch einen Sponsoring-Vertrag, der sich auf marktunübliche 200 Millionen Euro dotierte. Der Sponsor war übrigens eine Firma, die dem Mäzen von PSG gehört. Der Verdacht, dass es sich eigentlich um eine nicht erlaubte Zuzahlung handelt, liegt so nah, wie er schwer zu beweisen ist (Fritsch 2014).

PSG ist auch bei einer der kreativsten Umgehungen der Regel anzusprechen. Bei dem Transfer des brasilianischen Ausnahmespielers Neymar vom FC Barcelona zu PSG zahlte nicht PSG die auf 222 Millionen Euro festgesetzte Ablöse, sondern Neymar selbst. Das nötige Kleingeld hierfür stammt von dem Sponsor von PSG (Spiegel 2017). Eine direkte Zahlung des Sponsors würde gegen die Auflagen des Financial Fairplay verstoßen aber der Umweg über den Spieler in Form eines Werbevertrages kann nicht beanstandet werden. Man kann hier klar von einem Scheitern des Financial Fairplay sprechen. Noch eklatanter ist aber der Fall von Machester City. Aufgrund der Veröffentlichungen der Internetplattform *Football Leaks* wurde bekannt, dass Manchester City direkte Zahlungen ihres Besitzers als Sponsoringeinnahmen getarnt hat. Der Verstoß wurde mit 2 Jahren Ausschluss aus der Champions League und einem Bußgeld von 30 Millionen Euro belegt. Manchester legte Berufung beim obersten Sportgerichtshof CAS ein und gewann. Die Sperre wurde aufgehoben und das Bußgeld auf 10 Millionen reduziert (Welt 2020). Mit dem Urteil ist das Financial Fairplay endgültig gescheitert, auch wenn es nach wie vor gültig ist. Wie man es leicht umgeht, haben PSG und Manchester City demonstriert.

Weiterführende Literatur

Preuss, H./Haugen, K. K./Schubert, M., 2014: UEFA financial fair play – the curse of regulation. In: European Journal of Sport Studies 2(1), S. 33-51.

UEFA 2014: Finanzielles Fairplay kurz erklärt, http://de.uefa.com/community/news/newsid=2065553.html

4.5 Produktbesonderheiten

Jedes Produkt hat seine Besonderheiten. Der Sport kann für sich beanspruchen, dass er jenseits des instrumentellen Gesundheitssports dazu tendiert, ein hochemotionales Produkt zu sein. Es ist kein sachlich funktionales Produkt wie eine Spax-Schraube. Sport ist verbunden mit Erinnerungen, Jubel, Freude, Trauer. Das Sporttreiben kann ungeheure Freude auslösen, insbesondere, wenn man unerwartete Erfolge feiert, wenn man als Underdog den Topdog schlägt. Der Sport produziert besondere Momente für Zuschauer, wie der Gewinn der Fußballweltmeisterschaft.

Der Sport wird auch Teil der eigenen Identität. Soziologen und Psychologen verstehen unter Identität die Antwort auf die Frage, wer man ist. Sie spielt für die Psyche und im sozialen Leben eine sehr wichtige Rolle, denn ohne Identität kann mein kein Selbstvertrauen aufbauen. Sie gibt jeder

Person einen Platz in der Gesellschaft. Sport schafft Identität z. B. als „ich bin Handballerin“ oder „ich bin 1860er (Fan)“ (Keupp et al 2008).

Sport schafft auch *Prestige*. Es ist eng verbunden mit dem *Status*, den man in einer Gesellschaft hat. Linton (1973, 311) definiert Status:

> „Den Platz, den ein Individuum zu einer bestimmten Zeit in einem bestimmten System einnimmt, wollen wir im Folgenden als sein Status in diesem System bezeichnen.“

Dieser Platz kann als höher und niedriger klassifiziert werden. Je höher, desto höher auch das Sozialprestige. Sport schafft durch den Wettbewerb ganze Statussysteme innerhalb der Sportwelt. Aber auch nach außen kann sportlicher Erfolg zu mehr Sozialprestige führen, etwa als Goldmedaillengewinner bei Olympischen Spielen.

Der Sport mit seiner Emotionalität, seinem Prestige und seiner Fähigkeit, Identität zu stiften, kann ein großes Publikum erreichen, das so von der Werbewirtschaft allein durch Plakate, Anzeigen oder TV-Spots nicht mehr gefunden wird. Werbung wird heutzutage vom Verbraucher ignoriert. Die Strahlkraft der Publikumssportarten führt zu einer weiteren Besonderheit. Mit ihr kann man andere Produkte verkaufen oder bewerben, denn ein Teil des Sports wird extrem wahrgenommen. Sein positives Image kann dabei auf andere Produkte abstrahlen. Es kann ein Imagetransfer stattfinden. Es gibt die Besonderheit des Sponsorings. Wie schon im Kapitel 3.5 dargestellt, kann Sport helfen, für andere Produkte, ja sogar für Politiker zu werben. Dies ist eine ziemlich ungewöhnliche Eigenschaft. So erscheint es absurd, mit Seife Reklame für einen Energiedrink oder für einen Mobilfunkanbieter zu machen.

Der Sport ist ein Kulturgut und damit ein besonderes Produkt (Güldenpfennig 2004). Er folgt seinen eigenen Traditionen und Werten. Er ist nicht beliebig form- und gestaltbar, da die Profitabilität weniger wichtig als die Tradition ist. So kann man sich z. B. fragen, warum beim Fußball elf Spieler eine Mannschaft bilden. Neun Spieler wären deutlich billiger. Weniger Spieler sind zwar zunächst eine profitable, aber keine umsetzbare Idee. Man kann dies gut verfolgen, wenn andere Sportarten versuchen, ihre grundlegenden Kulturelemente zu verändern, um so für Fernsehübertragungen attraktiver zu werden. Dies führt in der Regel zu starken Konflikten und Gegenbewegungen. Diese kann man sehr gut bei Sportarten beobachten, die aufgrund besserer Vermarktung ihre Regeln ändern: Die Kleiderordnung im Beachvolleyball kann hier als extremes Beispiel dienen. Beachvolleyball ist eine für Zuschauer und für Fernsehübertragung sehr attraktive Sportart, schließlich werden Strand und eine dynamische Ballsportart kombiniert. Wenig verwunderlich wurde sie dann 1996 olympisch. Zu einer größeren Kontroverse kam es, als der internationale Volleyballverband, die FIVB, die Attraktivität zu erhöhen versuchte, indem er eine Kleiderordnung erließ, der für Frauen Bikinihöschen vorschrieb, die einen Seitenbund von maximal sieben Zentimeter Breite erlaubten (fivb 2004). Die Idee hinter dieser Kleiderordnung dürfte „*Sex sells*" gewesen sein, zumal die Männer in der gleichen Kleiderordnung Hemden und Shorts tragen müssen. Aufgrund der starken Kritik wurde die Kleiderordnung inzwischen wieder liberalisiert. Aber auch andere Sportarten wie die Nordischen Kombinierer versuchen, sich für das Fernsehen attraktiver zu machen (Zeilmann 2008).

Die starke Kultur und Identität sind auch der Grund dafür, warum die Methode des Produktlebenszyklus nicht einfach auf Sportarten angewandt werden können. Der Produktlebenszyklus wurde von Vernon 1966 entwickelt. Er beschreibt, wie ein Produkt erfunden und in den Markt eingeführt wird, wie er es aufnimmt, wie es seinen Höhepunkt am Markt erlebt und schließlich wieder aus dem Markt ausscheidet. Dieses Marketinganalyseinstrument dient der effektiven Begleitung eines Produkts. So macht es anfangs Sinn, für das Produkt Werbung zu machen, während es zum Schluss zwar bekannt ist, aber nicht nachgefragt wird, weil ein neues und oft auch besseres, manchmal nur modischeres Produkt auf den Markt gekommen ist. Dann macht mehr Werbung für das Produkt keinen Sinn, sondern man sollte seine Ressourcen in ein anders Produkt stecken. So hat die Compact Disk (CD) die Schallplatte abgelöst. Diese Logik ist für erwerbswirtschaftliche Betriebe sinnvoll; für einen Sportverein oder -verband passt sie jedoch nicht. Als Beispiel kann uns der Faustball dienen.

Faustball war einst eine stark verbreitete Sportart in Deutschland und eine Art Vorläufer von Volleyball. Seit 1893 wird es in Deutschland organisiert gespielt (Meiners 2014, 2). 1922 waren ca. 7.400 Mannschaften aktiv. In seiner besten Phase waren es 1939 ca. 20.000 Mannschaften. Heute sind es etwas mehr als 1922, nämlich ca. 7.500 Mannschaften (Meiners 2014, 2). In der Abb. 8 kann man dies auch graphisch verfolgen. Dabei ist die Kurve etwas geschönt, da es hier vor allem um das Argument der Besonderheit der fehlenden Produktvariabilität im selbstverwalteten Sport geht und nicht um eine exakte historische Aufarbeitung des Faustballs. Dann hätte die Kurve durch den Zweiten Weltkrieg einen scharfen Einschnitt gehabt.

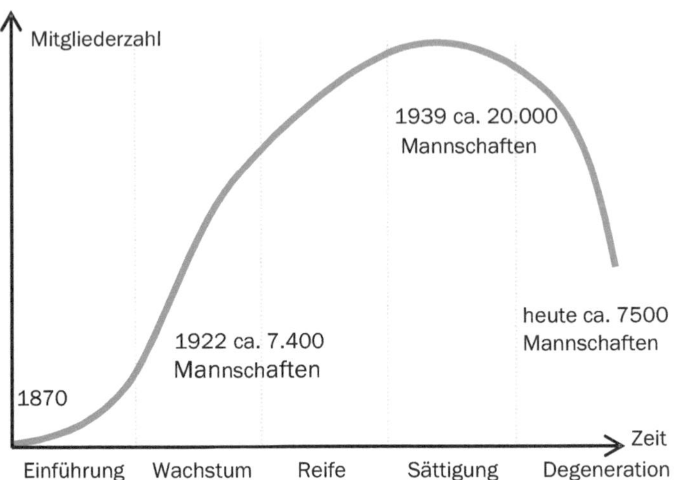

Abb. 9: Produktlebenszyklus des Faustballs in Deutschland

Statt auf neue profitable Sportarten zu gehen, bleibt ein Faustball-Verein ein Faustball-Verein und schrumpft und konvertiert nicht gezielt zu einem Volleyballverein.

4.6 Vorherrschaft der Dienstleistung

Fayol, Taylor und auch die Hawthorne-Experimente haben wie ein großer Teil der Managementliteratur eines gemeinsam: Sie thematisieren Firmen aus der Sachgüterproduktion. Besonderheiten der Dienstleistung, insbesondere der personenbezogenen Dienstleitungen, rückten sehr viel später ins Blickfeld. Im Sportmanagement dagegen spielen personenbezogene Dienstleistungen eine überragende Rolle. Es wird anhand aktueller Studien zur wirtschaftlichen Bedeutung des Sports (Pawlowski/Breuer 2012, Preuß/Alfs/Alert 2012) belegt, dass zwei Drittel der Ausgaben in Haushalten für personenbezogene Dienstleistungen und nur ein Drittel für Sportartikel ausgegeben wird (Horch/Schubert/Walzel 2015, 208). Was ist das Besondere an personenbezogenen Sportdienstleistungen? Wie der Name schon nahelegt, sind es Dienstleistungen, die an oder mit Personen vollzogen werden. Hierunter fallen Leistungen z. B. von Lehrern, Ärzten oder Friseuren sowie im Sport von Personal Trainern in Sportstudios, von Sportaktivitäten im

Verein oder im Zuschauersport. Ohne den Kunden kann keine Leistung erbracht werden. Dienstleistungen sind besondere Produkte:

- Sie sind immateriell. Sie können daher nicht gelagert werden. Man kann nicht im Voraus produzieren.
- Es gilt das Uno-actu-Prinzip. Konsum und Produktion stellen einen einzigen Akt dar und fallen nicht wie bei der Sportschuhproduktion auseinander.
- Der Produktionsablauf ist von dem Konsumenten mitabhängig. So wie der Friseur nur so gut sein kann, wie es Gesicht und Haare des Kunden zulassen, so ist auch der Unterhaltungswert eines Fußballspiels von den Zuschauern abhängig. Denen ist es inzwischen bewusst, wie wichtig sie sind. Sie können z. B. dem Verein in Konfliktsituationen durch Zuschauerreaktionen (Plakate, Rufe oder nur den Rücken zeigen) durchaus ihre Macht demonstrieren. Genauso ist die Trainerleistung im Sportstudio vom Trainierten abhängig. Damit kann eine standardisierte Leistung nicht garantiert werden. Autokunden wären über Schwankungen in der Qualität, wie sie bei professionellen Fußballspielen üblich sind, entsetzt. Schließlich gibt es Spiele, die aus 90 Minuten torloser Langeweile bestehen, und andere, die unglaublichen und unvergesslichen Spiele. Nicht in jedem Spiel fällt ein Fallrückziehertor in der 92. Minute. Die Attraktivität des Zuschauens ist sogar davon abhängig, dass man nicht weiß, was passieren wird, und dass man gerade im Fußball immer hoffen darf, dass ein Wunder geschieht und das Spiel sich noch dreht. Selbst beim instrumentellen Gesundheitssport spielt dieser Effekt eine Rolle: Auch Rückengymnastik ist von der Laune des Produzenten wie des Konsumenten abhängig!

Weiterführende Literatur

Horch, H. D./Schubert, M./Walzel, St., 2014: Besonderheiten der Sportbetriebslehre. Berlin/Heidelberg: Springer.

4.7 Besonderheit der Gütertypen

Es ist ein Allgemeinplatz der Wirtschaftswissenschaft, dass man nicht mit allem Geld machen kann. Nicht alles ist verkäuflich. Güter, die man handeln kann, sind wirtschaftliche Güter. Güter werden zu einem wirtschaftlichen Gut, sobald man andere vom Konsum ausschließen kann. Ein gutes Beispiel hierfür sind Sportveranstaltungen – nur, wenn man den Zugang zur Veranstaltung unter Kontrolle hat, kann man Eintrittsgelder verlangen; ansonsten würden die Leute nicht zahlen, aber schauen, wie dies z.B. für Straßenradrennen typisch ist. Erst durch Sichtblenden und Zäune wird hier der Sport vermarktungsfähig und das Zuschauen ein wirtschaftliches Gut. Eine weitere Eigenschaft ist neben der Ausschließbarkeit noch wichtig, um Gütertypen zu bestimmen: Man nennt sie *Rivalität im Konsum*. Gemeint ist damit, dass die Nutzung durch einen Verbraucher einem anderen die Nutzung verwirkt. So kann auf einem Abschlagplatz beim Golfen nur einer abschlagen. Kombiniert man beide, so erhält man eine Vierfeldertafel (siehe Abb. 9). Keine Rivalität im Konsum und keine Ausschließbarkeit kennzeichnen *öffentliche Güter* (Samuelson 1954). Das Standardbeispiel sind Leuchttürme. Jeder kann sie sehen, ohne dass der Konsum, also die Sicht auf ihn, gestört wird. Sie sind so sichtbar, dass man bei der Nutzung auch keinen ausschließen kann. Im Sport kann hier die Freude über den Gewinn einer Weltmeisterschaft genannt werden. Jeder kann sich freuen, ohne dass der Nachbar sich weniger freuen kann und man kann niemanden ausschließen. Dies führt dazu, dass die Produktion öffentlicher Güter für Private nicht lohnt, da niemand dafür zahlen würde. Wenn viele für öffentliche Güter zahlen und einige sich drücken, nennt man diese *Free Rider* oder auf Deutsch *Trittbrettfahrer*. So sind viele Verbandsaktivitäten öffentliche Güter, etwa die Interessenvertretung gegenüber der Politik. So ist z.B. die Sonderregelung beim Lärmschutz für Sportveranstaltungen ein Erfolg, der auch Nichtmitgliedern nützt. Mancur Olsen (1968) sieht darin ein wichtiges Problem, das Verbände aber mit sogenannten selektiven Anreizen umgehen können. Sie bieten attraktive Angebote für Mitglieder an, die dem Ausschlussprinzip gegenüber Dritten gerecht werden, etwa besonders günstige Versicherungen oder Beratungen, so dass es für den Free Rider ökonomisch sinnvoll erscheint, Mitglied zu werden. In der Realität werben Verbände oder Vereine in der Regel nicht mit ihren selektiven Anreizen, was ein klares Indiz dafür ist, dass Olsen hier nicht Recht hat. Tatsächlich scheiterte der Versuch Olsens, die so plausibel klingende Theorie empirisch nachzuweisen (Horch 1992, 60f) Olsen unterschätzt die Kraft von Werten und Solidarität erheblich. Letztlich bleibt aber festzuhalten, dass öffentliche Güter nicht verkauft werden können. Deswegen ist ihre Finanzierung heikel und wird bei Notwendigkeiten wie Leuchttürmen in der Regel durch den Staat finanziert.

Wenn ich niemanden ausschließen kann, es aber eine Rivalität im Konsum gibt, haben wir es mit Almende-Gütern zu tun. Ein Beispiel kann ein öffentliches Trimm-Dich-Gerät im Wald sein. Diese Geräte sind zwar für alle zugänglich, aber es kann sie immer nur einer benutzen. Auch sie müssen über öffentliche Gelder bzw. durch Mäzene finanziert werden. Profite kann man nicht erzielen.

Clubgüter sind dagegen durch fehlende Rivalität, aber durch Ausschließlichkeit im Konsum definiert (Buchanan 1965). So kann ein Verein den Zugang zur vereinseigenen Laufbahn keinem Mitglied verwehren. Es ist im Club sozusagen ein (club-) öffentliches Gut, aber nach außen besteht eine Abschottung. Zudem können viele die Laufbahn nutzen – Rivalität im Konsum entsteht erst, wenn es zu einem Überfüllungsproblem käme.

Private Güter sind als letzte Kategorie zu nennen. Hier greift die Ausschließbarkeit und es gibt Rivalität im Konsum. Sportschuhe können hier gut als Beispiel dienen. Nur einer hat zu ihnen Zugang und nur einer kann sie zu einem Zeitpunkt tragen.

Rivalität der Nutzung / Ausschließbarkeit	nicht gegeben	gegeben
nicht gegeben	**Öffentliches Gut** *(nationales Prestige, lokale Identität)*	**Almende-Gut** *(öffentlicher Bolzplatz)*
gegeben	**Clubgut** *(Sportanlagen eines Vereins)*	**Privates Gut** *(eigene Sportgeräte)*

Abb. 10: Gütertypen mit Beispielen aus dem Sport (eigene Darstellung nach Daumann 2019, 32)

Neben diesen vier Gütertypen spielt noch ein weiterer Typ eine wichtige Rolle: Es sind die *meritorischen Güter* (Musgrave 1969). Dies sind Güter, die weniger nachgefragt werden, als es für die Wohlfahrt des Konsumenten gut ist. So ist die Arbeitswelt in modernen Staaten wie in Deutschland sehr bewegungsarm geworden. Insgesamt bewegen sich viele Menschen zu wenig. Daher müssten sie eigentlich zum Ausgleich sehr viel Sport treiben. Der Staat versucht dem Abhilfe zu schaffen, indem er Sport subventioniert. Dies tut er allerdings nur im ideellen Bereich und hilft den Vereinen und Verbänden mit Subventionen. Meritorik ist neben der Repräsentation der Grund dafür, warum der Staat auf Länder-, Kreis- und Gemeindeebene den Sport fördert (Hockenjos 1995, 101 ff).

Weiterführende Literatur

Hockenjos, Chr., 1995: Öffentliche Sportförderung in der Bundesrepublik Deutschland. Frankfurt: Peter Lang.

4.8 Fazit

Die Debatte, ob Sportmanagement eine eigene Disziplin ist, kann auch bei der Aufarbeitung der Literatur nicht abschließend beantwortet werden. Zwar finden sich Besonderheiten wie spezielle Gütertypen verstärkt im Sport, zwar existieren in Sportorganisationen häufiger Nutzen- vor Profitmaximierung, aber dies vor allem in Europa und nicht in Nordamerika. Die besondere Bedeutung von Non-Profit-Organisationen ist zu nennen und auch das Auftreten des Kooperenzphänomens. Man kann das noch weiterfortführen und eine ganze Liste an Indizien aufstellen. Aber genauso gibt es eine Gegenliste mit Beispielen, wo sich die Sportwelt gar nicht von der allgemeinen Wirtschaftswelt unterscheidet. Horch macht oft darauf aufmerksam, dass die Besonderheiten weder exklusiv für den Sport sind (auch im Musikmarkt gibt es Sponsoring!) noch, dass sie für alle im Sport gelten. Schlimmer noch, die Besonderheiten sind ein direktes Abbild von der Definition des Sports, die man zugrunde legt. Wenn man Gesundheitssport z. B. miteinbezieht, dann wird aus dem glamourösen Produkt Sport plötzlich eine Heilsversprechung, die über seltsam erscheinende Übungen praktiziert wird, die rein gar nichts mehr mit dem glamourösen Wettkampfsport gemein hat. Wie sehr die Definition des Sports eine Rolle spielt, sieht man gut, wenn man den Aufsatz von Dietl (2011) zu den Besonderheiten mit den Arbeiten von Horch (zuletzt in Horch/Schubert/Walzel 2015) vergleicht. Auch wenn Dietl nur den kommerziellen Spitzensport im Fokus zu haben scheint und Horch eher mit einer weiten Sportdefinition argumentiert, so haben beide Ansätze doch eins gemeinsam: Sie sehen ökonomische Betrachtungen des Sports als eine bedeutsame Subdisziplin der Ökonomie an. Wichtig ist übrigens beiden auch, dass der Sport allein aufgrund seiner inzwischen gewachsenen wirtschaftlichen Bedeutung eine eigene Subdisziplin sei (Dietl 2011, 17 ff; Horch 1999, 7 f).

Weiterführende Literatur

Dietl, H.M., 2011: Besonderheiten des Sports – Was rechtfertigt eine „eigene Ökonomik"? In: Emrich, E./Pierdzioch, Chr./Büch, M.-P. (Hrsg.): Europäische Sportmodelle. Gemeinsamkeiten und Differenzen in international vergleichender Perspektive. Schorndorf: Hofmann, S. 17-36.

Horch, H. D./Schubert, M./Walzel, St., 2014: Besonderheiten der Sportbetriebslehre. Berlin/Heidelberg: Springer.

Repetitorium

1. Welcher Sektor spielt für den Sport eine so herausragende Rolle, dass man ihn als Besonderheit des Sportmanagements ansieht?
2. Welche Konsequenzen hat es, wenn man den Nutzen und nicht den Profit in einer Organisation maximiert?
3. Was bedeutet „Kooperenz"?
4. Wie kann man eine Liga so gestalten, dass sie zur Ausgeglichenheit tendiert?
5. Warum ist Sport ein besonderes Produkt?
6. Was unterscheidet Dienstleistungen von gegenständlichen Produkten?
7. Warum ist es nötig verschiedene Gütertypen zu unterscheiden?
8. Welche Argumente sprechen für eine eigenständige Disziplin Sportmanagement und welche dagegen?

5 Spezielle Ansätze

Neben allgemeinen Ansätzen zum Sportmanagement findet sich eine Reihe von speziellen Ansätzen, die sich in Form von sogenanntem *Bindestrich-Management* (z. B. Lean Management) darstellen. Versprochen wird, dass ein Faktor der Schlüssel zum Erfolg ist. Typisch ist dabei, dass zunächst die sogenannte Beraterliteratur vorherrscht. Anders als wissenschaftliche Ansätze verkauft die Beraterliteratur einfache Erfolgskonzepte. Mithilfe der Maßnahme X wird der Erfolg versprochen. Wissenschaftliche Literatur geht sehr viel vorsichtiger vor und versucht mithilfe empirischer Forschung zu Aussagesystemen zu kommen, die viele Faktoren berücksichtigen. Wie Kieser (1997) betont, greifen die Berater oft tatsächlich einen wichtigen Faktor auf. Dessen überhöhte Wirksamkeit wird dann oft von Wissenschaftlern aufgegriffen, um sie zunächst zu kritisieren, um dann langsam in ihre Forschung und Publikationen vorzudringen.

5.1 Organisationskultur-Management

Das Paradebeispiel für einen Bindestrich-Management-Ansatz stellt Peters und Watermans Buch „*In search of exellence*" von 1982 dar. Die Autoren waren Unternehmensberater bei McKinsey und schrieben einen Klassiker der Beraterliteratur. Dabei fragten sie, wer die erfolgreichen Organisationen dieser Welt sind und welche ihre Gemeinsamkeiten sind. Sie beschäftigten sich mit den damals 50 erfolgreichsten Unternehmen, wie sie als *fortunate 50* vom Forbes-Magazin veröffentlicht wurden und immer noch werden. Als Gemeinsamkeit identifizierten sie, dass all diese Unternehmen eine starke Organisationskultur hätten.

Dabei handelt es sich um die Übertragung des Kulturbegriffes, wie er für Nationen oder auf Bevölkerungsgruppen angewandt wird, auf Organisationen. Es finden sich in Unternehmen spezielle Normen, Werte oder Verhaltensstandards, und es werden eigene Symbole verwendet. Dabei ist eine Kultur umso stärker,

- je tiefer diese bei den Mitgliedern verwurzelt sind (Verankerungsgrad),
- je verbreiteter diese sind – also keine starken Subkulturen entwickelt werden (Verbreitungsgrad) und
- je stärker die Prägnanz und der Umfang ausgebildet sind (Schreyögg 2000, 451 ff).

Peters und Waterman vertreten die These, dass starke Kulturen zu erfolgreicheren Organisationen führen. Dies lässt sich mit der einheitlichen Handlungsorientierung der Organisationsmitglieder begründen, die aufgrund der starken Kultur reibungsloser kommunizieren und überhaupt ein komplexes und leistungsfähiges Kommunikationsnetz aufbauen. Dabei verbreiten sich wichtige Informationen ohne Rücksicht auf Titel oder Positionen. Die Informationen werden zuverlässiger interpretiert und weniger verzerrt weitergegeben als bei schwachen Kulturen. Starke Kulturen versprechen schnelle und wirkungsvolle Handlungskorrekturen, eine rasche Entscheidungsfindung und Implementierung. Der Kontrollaufwand ist durch die verinnerlichten Orientierungsmuster gering. All dies führt zu hoher Motivation und Teamgeist.

Konkret bedeutet dieser Ansatz für Manager, dass sie auf die Kultur der Organisation achten müssen und die Kultur stärken, wenn nicht sogar gestalten müssen. Dies kann durch eine explizite Firmenphilosophie geschehen, die durch kurze Slogans oder Visionen auf den Punkt gebracht und so leichter verbreitet werden kann.

Es ist offensichtlich, dass dieser Ansatz ganz erheblich davon abhängig ist, inwieweit die Organisationskultur beeinflusst, ja programmiert werden kann. Sicher ist es einfach, Symbole und Slogans für eine Organisation zu gestalten und einzuführen. Dies ist gerade auch im Sport weitverbreitet: Vereine haben ihre Vereinsfarben, Wappen oder auch Vereinslieder. Auch Normen und Werte können und werden immer wieder proklamiert oder in Satzungen verabschiedet. Eine gewisse Gestaltbarkeit scheint also gegeben zu sein. Typisch für viele Organisationen dürfte aber die nicht intendierte Setzung der Kultur durch ihre Gründerfiguren sein. Bei Peters und Waterman finden sich da viele Beispiele, wie sich Haltungen von den Gründern als Kultur auch in der Organisation festsetzten. Die Verankerung ging dann oft über das gute vorgelebte Beispiel. Allerdings gibt es auch genug Beispiele, wie Kulturen auch wieder verfallen können, weil die führende Schicht den Werten und Normen nicht mehr selber folgt, die sie predigt. Zudem sind Kulturen nicht statisch und wandeln sich.

In Search of excellence ist kein wissenschaftliches Buch und die Methoden von Peters und Watermann halten einem wissenschaftlichen Anspruch nicht einmal ansatzweise stand. Schlimmer noch, nach nur wenigen Jahren zeigte sich, dass viele der exzellenten Unternehmen Probleme bekamen. Offensichtlich bedeutet eine starke Organisationkultur nicht unbedingt langfristigen Erfolg. Dies verweist darauf, dass der Unternehmenserfolg von vielen Faktoren und nicht nur von einem abhängig ist. Zudem wird bei der Analyse der Unternehmen auch schnell deutlich, dass eine starke Unternehmenskultur auch Nachteile hat. Ein gutes Beispiel bietet hier IBM. In der Zeit vor dem Siegeszug des Personal Computers war IBM eines der stärksten Unternehmen weltweit. Der Betrieb hat dank einer charismatischen Führungsfigur den Weg von einem Büromaschinenherstellers zu einem Hightech-Unternehmen der ersten Stunde geschafft. IBM vertrieb Großrechner an große Firmen. Aufgrund der starken Firmenkultur verpasste IBM den Trend zum PC. Man war sehr stolz auf die Großrechner und empfand den PC zunächst nur als Spielzeug. Daher kam man auch nicht auf die Idee, das Betriebssystem für PCs selber zu schreiben oder zumindest von anderen zu erwerben. So nahmen sie von einer kleinen Firma nur Lizenzen, und diese Firma fasste so nicht nur Fuß in dem Markt, sondern wuchs zu einer der erfolgreichsten größten Firmen der Welt. Diese Firma ist Microsoft. IBM verpasste nicht nur einen neuen großen Markt, sondern geriet zusammen mit seinen Großrechnern in eine starke Krise (Brückner/Przyklenk 2013, 90 ff). Das Beispiel zeigt gut, welche Schattenseiten starke Kulturen aufweisen. Sie können sich nur schnell wandeln, wenn es die Identität der Organisation nicht berührt. Die Stabilität, die eine starke Kultur mit sich bringt, bedeutet aber auch mangelnde Wandelungsfähigkeit und Traditionalismus. Oft geht damit auch eine Tendenz zur Abgeschlossenheit einher (Schreyögg 2000, 464).

Auch wenn Peters und Waterman mit ihrem Buch keine wissenschaftlich fundierbaren Erkenntnisse vorlegen konnten, so ist doch ihr Verdienst, dass sie auf einen wichtigen Faktor aufmerksam gemacht haben.

Schaut man auf die drei Sektoren, so finden sich typischerweise unterschiedlich starke und different ausgeprägte Kulturen. So zeigt sich bei staatlichen Organisationen, dass es eine starke bürokratische Kultur gibt, die für die Empfänglichkeit für Verwaltungsreformen von sehr großem Einfluss ist (Horch/Schütte 2003, 98 ff).

Bei erwerbswirtschaftlichen Betrieben zeigt sich kein einheitliches Bild. Vereine und Verbände gelten seit jeher als Organisationen mit starker Kultur.

Studien interpretieren die erratische Professionalisierung des Managements durch differente Kulturen (siehe Kapitel 3. 4. 3).

Weiterführende Literatur

Peters, T.J./Waterman, R.H., 1982: In search of excellence – Lessons from Americas Best-Run Companies. New York u. a.: Harper & Row.
Schreyögg, G., 2000: Organisation. Wiesbaden: Gabler.

5.2 Qualitätsmanagement

Auch wenn *Qualitätsmanagement* ohne Bindestrich geschrieben wird, so ist es doch ein typischer Ansatz des Bindestrich-Managements. Erfolg wird durch einen Faktor, die Qualität, verursacht. Effizienz und Effektivität werden dabei vornehmlich durch Qualitätssicherung angestrebt. Tatsächlich sind Ausschuss, kaputte Waren oder schlechte Dienstleistung Probleme, die zu ineffizienten oder ineffektiven Organisationen führen können. Es ist ein alter Hut, dass die Folgen dieser Probleme hohe Kosten und die Verärgerung der Kunden sind. Wie Albert O. Hirschman (1974) betont, gibt es zwei Wege, mit Unzufriedenheit umzugehen: *Abwanderung* (Exit) und *Widerspruch* (Voice). Kunden neigen eher zur Abwanderung. Wenn man bedenkt, wie teuer und schwierig Kunden in gesättigten Märkten zu gewinnen sind, so versteht man, wie wichtig Qualität sein kann.

Die Bedeutung von Qualität war zwar lange schon bekannt, aber eine neue Dimension erhielt die Idee erst durch den japanischen Wirtschaftserfolg in den 1980er-Jahren. Dieser basierte unter anderem auf der Fähigkeit der japanischen Industrie, eine Massenfertigung von Qualitätsprodukten zu etablieren. Dies galt insbesondere für Fotoapparate (Minolta, Canon, Nikon etc.) und Elektronik (Sony, Technics etc.). Dabei war Japan jahrhundertelang eine abgeschottete Inselgruppe, die keine wirtschaftlichen Beziehungen zur Außenwelt wollte. Erst durch die Kanonenboote von Admiral Perry (1854) wurde Japan zwangsweise international geöffnet. Die Japaner waren von der Technik des Westens so beeindruckt, dass sie beschlossen, sich zu reformieren und alles über die Technologie des Westens zu erfahren. Es begann die Meiji-Reform (1868–1912). Japan industrialisierte sich. Allerdings ging es den Weg in den Faschismus und Imperialismus, der schließlich an der Seite Deutschlands und Italiens in den Zweiten Weltkrieg führte und mit der bedingungslosen Kapitulation endete. Nach dem Zweiten Weltkrieg begann ein Wiederaufbau. Ähnlich wie Made in Germany eine Erfindung der Engländer war, um deutsche Waren zu diskreditieren, und sich dann doch als Qualitätssiegel durchsetzte, begann auch das *Made in Japan* als Malus und wurde erst in den 1970er-Jahren zum Gütesiegel. Lange galt die Strategie „*Lernen vom Westen*" und dies wurde nicht nur durch offene Industriespionage erreicht. Man fand in Deming und Juran zwei US-amerikanische Wissenschaftler, die ein Qualitätsmanagement propagierten und in ihrer Heimat USA wenig Resonanz fanden, aber mit einem Konzept aufwarteten, das sehr gut zur japanischen Mentalität passte. Qualitätsmanagement war eines der Managementkonzepte, das für die Wirtschaftserfolge der Japaner in den 1980er-Jahren verantwortlich war. Dies führte im Westen, insbesondere in der Automobilindustrie, zu Reaktionen, nun von den Japanern zu lernen. *Japanisches Management* wurde wichtig. Dies führte letztlich dazu, dass das Qualitätsmanagement wiederentdeckt wurde. Dies ging so weit, dass man Qualitätsmanagement bei der Internationalen Standard Organisation (ISO) unter der Nummer ISO 9000 ff schriftlich fixierte und zur Zertifizierung ausschrieb. Nun konnten sich Betriebe, die sich dieser Norm unterwarfen, dies bestätigen lassen und es den Kunden als Qualitätszeichen verkaufen.

Einen Versuch, das Qualitätsmanagement noch zu steigern, stellt das sogenannte *Total Quality Management* (TQM) dar (Schildknecht 1992). Insbesondere wird das Qualitätsmanagement dabei mit Methoden ergänzt, wie sie der sogenannte *Managerism-Ansatz* propagiert. Im Grunde handelt es sich dabei um eine Reihe von Maßnahmen und Ansätzen, die in immer wieder unterschiedlichen Zusammenstellungen vorgestellt werden. Managerism beinhaltet z. B. Empowerment des Personals, Kundenorientierung, das Prinzip, dass die Führung und nicht der Mitarbeiter in der Verantwortung steht.

Qualitätsmanagement war kein Bestandteil der Reform der kommunalen Sportverwaltung. Im Bereich der Sportartikler dürfte es eine gewisse Rolle spielen. Der dritte Sektor im Sport hat das Konzept ebenfalls aufgegriffen. So gab der Freiburger Kreis – die Interessenvertretung der großen Sportvereine – ein eigenes Qualitätshandbuch heraus, und der Deutsche Turnerbund vergibt ein Qualitätssiegel für Gesundheitssportangebote (DTB o. J.).

Weiterführende Literatur

Horch, H.-D., 2014: Besonderheiten des Qualitätsmanagements im Sport. In: Horch, H. D./Schubert, M./Walzel, St.: Besonderheiten der Sportbetriebslehre. Berlin/Heidelberg: Springer.

Schildknecht, R., 1992: Total Quality Management. Konzeption und State of the Art. Frankfurt am Main/New York: Campus.

5.3 Lean Management

Das *Lean Management* kann als gutes Beispiel dafür dienen, dass nicht jede Managementmethode (oder Mode?) für das Sportmanagement sinnvoll erscheint. Auch das Lean Management übernimmt viele nicht genuine Methoden des Managerism. Auch hier ist von der Optimierung von Geschäftsprozessen, von ständiger Verbesserung der Qualität (auch als kontinuierlicher Verbesserungsprozess bekannt), von einer internen Kundenorientierung als Leitprinzip, Empowerment und kundenorientierten Strukturen die Rede.

Die Kernidee und am bekanntesten ist allerdings folgendes Konzept: Man kennt es unter dem Begriff *Abflachung der Pyramiden.* Das mittlere Management befindet sich zwischen dem Topmanagement der Führungsetage und den Industriemeistern oder anderen unteren Führungsschichten eines Betriebes. Das mittlere Management gilt als Tonschicht, die verhindert, dass Informationen zwischen Führung und Ausführenden frei fließen. Aus der Sicht des Lean Managements sind sie ein Kostenfaktor ohne viel Gegenwert und zusätzlich als Informationsbremse ein Problem. Ergo, es entsteht mehr Erfolg durch Entfernung der Tonschichten. Das Konzept beinhaltet also eine starke Begründung für den Abbau von Arbeitsplätzen.

Man kann dabei nicht ohne Weiteres sagen, dass dieses Konzept richtig oder falsch ist. Einer der führenden Vertreter des aktuellen kontingenztheoretischen Ansatzes, Lex Donaldson, rekurriert in seiner Kritik am Ansatz auf die jeweilige Situation. Er geht zunächst der Frage nach, welche Funktionalität das mittlere Management für die Organisation aufweist. Er betont, dass der Hauptkritikpunkt des Lean Managements am mittleren Management, die Informationsfilterung, auch sehr funktional sein kann. Sie entlastet das Topmanagement von irrelevanter Informationsflut und lässt nur die wichtigsten Informationen durch. Er geht davon aus, dass es so etwas wie einen *one best fit* gibt, eine optimale Größe der Tonschicht.

Der Ursprung der Methode war die Automobilindustrie. Lean Management spielt vor allem für das produzierende Gewerbe, aber auch für große Dienstleister eine wichtige Rolle (Womack/Jones 1996).

Im Rahmen der Verwaltungsreform waren Konzepte des Lean Managements ein wichtiges Thema und insofern auch für große Sportämter ein Thema (Struwe 1995).

Für Sportvereine und -verbände ist dieses Management einfach deswegen kein Thema, weil sie in der Regel schon schlanke Organisationen sind. Sie sind zu klein, um überhaupt ein mittleres Management zu haben, und wenn sie größer sind, so ist die finanzielle Ausstattung meist so unzureichend, dass keine Fettschichten angesetzt werden.

Lean Management ist ein Bindestrich-Mangement, das gut zeigt, dass nicht jedes Konzept die verschiedenen Sportorganisationen gleichermaßen anspricht.

Weiterführende Literatur

Womack, J.P./Jones, D.T., 1996: Lean Thinking. New York: Simon & Schuster.

5.4 Controlling

Die Verwechslung von *Controlling* mit Kontrolle ist ein oft anzutreffender Fehler. Kontrolle bedeutet einfach, dass überprüft wird, ob Vereinbarungen eingehalten oder Ziele erreicht wurden. Controlling dagegen ist eine Methode, Organisationen zu steuern. Der Ansatz stammt aus den USA. Hierbei versucht man, Organisationen mithilfe von Kenngrößen zu steuern. Ziel ist es dabei, wirtschaftliche und finanzielle Transparenz zu schaffen, sich an Kosten zu orientieren und die besten Informationen für die Unternehmenssteuerung zu erhalten (Dörnemann 2002, 112).

Dabei findet auch eine Kontrolle statt, was durchaus auch intendiert ist. Aber der Controlling-Ansatz beinhaltet sehr viel mehr. Kontrollen sind so alt wie das Management, und die Versuche, die Geschäfte mithilfe von Zahlen zu überblicken, finden sich schon in den ältesten Schriften der Menschheit. In Mesopotamien wurden schon 3500 vor der Zeitrechnung Abrechnungen über Brot und Bier von den Assyrern angefertigt und auf Tontafeln verewigt (Weszeli 2005). Das Controlling fällt insofern unter die speziellen Ansätze, da es auch ohne Controlling geht, eine Organisation zu steuern. Es ist wie bei den vorausgegangenen Ansätzen: Controlling ist der Versuch, das Management durch die konsequente Konzentration auf einen Aspekt zu verbessern.

Zunächst wird auf den klassischen Ansatz im Controlling eingegangen, das einfach auf Kennzahlen beruht. Zudem wird mit der *Balanced Scorecard* ein für Sportorganisationen besonders geeignetes Controlling-Instrument vorgestellt.

5.4.1 Klassisches Controlling

Die Grundidee des Controllings ist es, wenige für den Erfolg der Organisation entscheidende Kenngrößen zu identifizieren und mit ihrer Hilfe die Organisation zu steuern. Ein gutes Beispiel ist die Kenngröße *Return of Invest* (ROI). Sie besagt, wieviel von der investierten Summe in die Organisation zurückfließt. Ein negativer ROI verweist auf Verluste, die nur kurzfristig zu tolerieren sind. Je höher der ROI, umso besser für die Organisation. Abweichungen von dem geplanten ROI gelten als Anlass, umzusteuern. Dies kann z. B. in Form von Sparmaßnahmen oder durch Rückzug aus einem nun nicht mehr profitablen Geschäftsfeld geschehen.

Klassisches Controlling setzt auf Zahlen, auf Quantitäten. Die Kunst besteht darin, die richtigen Indikatoren zu finden, anhand derer die Organisation zu steuern ist. Dies hängt natürlich von der Beschaffenheit und der externen und internen Situation der Organisation ab. So ist für Mitgliederorganisationen die Anzahl der Mitglieder besonders wichtig – etwa bei einem großen Breitensportverein – und für einen Leistungssportverein Indikatoren des sportlichen Erfolgs (Medaillen, Platz in der Tabelle etc.). Für beide sind gleichermaßen auch Indikatoren für die wirtschaftliche Stabilität bedeutsam: Verschuldungsquoten, garantierte Einnahmen vs. potenzielle Einnahmen, wenn z. B. die nächste Runde im Pokal erreicht wird.

Die nicht intendierten Folgen von Handlungen und von Anreizsystemen sind dabei auch zu beachten. So führte die Einführung von Controlling-Maßnahmen bei Ford etwa dazu, dass die Produktionsabteilung schnell verstand, dass man bei wenig Ausschuss (fehlerhafte Produkte) besser dastand. So wurden dann einfach fehlerhafte Fahrgestelle nicht mehr auf dem Hof gelagert und wieder eingeschmolzen, sondern in den Fluss geworfen, wo die Controller sie nicht sehen konnten (Halberstam 1988, 173 f). Solche nicht intendierten Handlungen sind typisch, wenn Belohnungssysteme bzw. Systeme der Abstrafung geschaffen werden.

5.4.2 Balanced Scorecard

Das klassische Controlling mithilfe von Kennzahlen ist eine bewährte Methode. Allerdings hat sie auch Nachteile: Die finanziellen Indikatoren sind sogenannte Spätindikatoren. Das heißt, dass sie erst zu einem sehr späten Zeitpunkt auf Probleme aufmerksam machen. Zudem werden mögliche Ursachen für ein Absinken z. B. des ROI nicht mit abgebildet (Schneider 2004, 362). Um diesen Nachteilen zu entgehen, entwickelten Kaplan und Norton (1996) die *Balanced Scorecard* (= ausbalanciertes Kennzahlensystem).

Wenn man davon ausgeht, dass der Erfolg einer Organisation von bestimmten Faktoren abhängt bzw. in hohem Maße abhängt, so kann durch das Beobachten und Beeinflussen dieser Größe der Erfolg optimiert werden. Man steuert also wieder die Organisation durch Kennzahlen. So basiert eine typische Balanced Scorecard zur Steuerung des finanziellen Erfolges etwa einer For-Profit-Organisation durch eine Wirkungskette: Die zu steuernden Größen sind dabei die Fähigkeiten und die Motivation der Mitarbeiter. Man geht davon aus, dass je fähiger und je motivierter die Mitarbeiter sind, desto mehr werden sie versuchen, die Geschäftsprozesse (z. B. die Anmeldeprozedur eines Sportstudios) zu verbessern. Je besser die Geschäftsprozesse werden, umso zufriedener die Kunden. Je zufriedener die Kunden, desto weniger Kunden werden verloren und desto mehr Kunden können gewonnen werden. Daher steigt mit der Kundenzufriedenheit auch der finanzielle Erfolg. Damit ist nicht nur ein Wirkungszusammenhang formuliert, sondern auch schon die vier Perspektiven einer Balanced Scorcard sind angesprochen:

- Finanzperspektive: Hier finden sich die schon im klassischen Controlling zu findenden Kennzahlen wie Umsatz, Gewinn, Kostendeckung und Return of Invest (ROI).
- Kunden- und Marktperspektive: Wo steht die Organisation im Markt? Es geht um Marktanteile, Kundenzufriedenheit und Kundenbindung.
- Interne Prozessperspektive: Es geht um Kennzahlen, die die Qualität der Umsetzung durch interne Prozesse abbilden.
- Lern- und Entwicklungsperspektive: Hier geht es um die Mitarbeiter im Speziellen und um die Human Ressources im Allgemeinen. Kennzahlen können hierbei Fluktuationszahlen auf Stellen, Krankheitsstände und Anzahl von Fortbildungen sein.

Man kann noch weitere Perspektiven hinzufügen. Gerade im Sport wird als fünfte Perspektive der sportliche Erfolg vorgeschlagen (Huth/Böse 2015,

58). Allerdings wird von Schneider abgeraten, mehr als fünf Perspektiven einzuführen und auch die Anzahl der Kennzahlen nicht zu überdehnen, da niemand mit Kennzahlen-Friedhöfen wirklich etwas anfängt (Schneider 2004, 364).

Weiterführende Literatur

Graumann, M./Thieme, L. (Hrsg.) 2010: Controlling im Sport. Grundlagen und Best Practice für Vereine, Verbände und Ligen, Berlin: Erich Schmidt Verlag.

Kaplan, R.S./Norton, D.P., 1996: The balanced scorecard, Boston: Harvard Business School Press.

Repetitorium

1. Was unterscheidet Controlling von Kontrolle?
2. Nennen Sie verschiedene Kennzahlen des klassischen Controllings!
3. Warum ist die Balanced Scorecard eingeführt worden?
4. Warum gilt sie für Non-Profit-Organisationen als besonders geeignet?

5.5 Agiles Management

Der Traum von der flexiblen Organisation ist nicht nur alt, sondern auch extrem aktuell. Ein ehemaliger Spitzenmanager des Elektrokonzerns Siemens brachte es so auf den Punkt: *Changing supertankers into speedboats* (Pierer 1998) – vom unbeweglichen und kaum noch steuerbaren Koloss zu einer Gruppe von maximal beweglichen, reaktionsschnellen Schnellbooten. Gerade weil der Wandel der Organisationsumwelten sich immer mehr beschleunigt, wird die flexible Organisation, die sich allem Wandel schnell anpassen kann, immer mehr zu einem Idealbild. Aktuell bildet sich dies insbesondere in der Beliebtheit des sogenannten *agilen Managements* ab. Das Konzept des agilen Managements stammt ursprünglich aus der Softwareentwicklung. Das Entwickeln von Software ist nicht nur ein langwieriges und komplexes Geschäftsfeld, sondern leidet auch extrem unter sich verändernden Wünschen der Kunden im Laufe der Entwicklung. Die alte bürokratische Projektplanung, bei der das Ziel feststand, aber Zeit und Ressourcen flexibel gehalten wurden, war zu inflexibel. Beim agilen

Management wurde das Ziel flexibel, dafür wurden Zeit und Geld aber fixiert (Hofert 2016, 7). Es wurden feste Rhythmen, z.B. zwei Wochen, festgesetzt und in diesen Zeiteinheiten wurden bei festen Budgets dann auf schnelle, aber realistische Arbeitserfolge gesetzt. So können alle zwei Wochen neue Wünsche der Kunden aufgenommen werden. Insofern ist agiles Management flexibel. Allerdings ist es in seinen Rhythmen und Budgets festgelegt. Gearbeitet wird in Teamstrukturen. Die Teams verteilen ihre Aufgaben selbständig und bestimmen den Weg zum Ziel. Innerhalb der Teams wird ein Maximum an Transparenz angestrebt. Jedes Teammitglied ist zu jedem Zeitpunkt über das Ziel und den Weg dorthin bestens informiert. Es kommt zu einer Auflockerung der Hierarchie. Bestimmt wird durch die Gruppe, und man hofft, dass sich die jeweiligen Experten durchsetzen (Komus/Kamlowski 2014, 19). Der Unternehmer Brian Robertson hat diesen Ansatz noch weiter radikalisiert und überträgt die agile Systematik auf die gesamte Organisation. Die konsequente Dezentralisierung der Macht nannte er „*Holakratie*“ (Hofert 2016, 6f).

In der Softwareentwicklung hat sich das agile Management bewährt (Kropp/Meier 2015). Es hat seinen Weg auch in andere Anwendungsbereiche gefunden. So hat auch der DOSB dieses Konzept intern eingeführt. Mittlerweile ist das agile Management regelrecht eine Managementmode geworden. Dabei entwickelten sich viele Varianten. Man kann das Konzept wie Trepper (2012, 65–67) definieren:

> „Agilität ist die Fertigkeit schnell, flexibel und situationsbezogen in chaotischen und dynamischen Situation[en] zu agieren, indem eine Balance zwischen Strukturierung und Flexibilität geschaffen wird, um daraus einen Nutzen für den Kunden und sich selbst zu generieren.“

Allerdings finden sich viele andere Ansätze und der ursprünglich klare Gedanke, was unter agilen Management zu verstehen ist, verwäscht sich zusehends. Etliche Autoren lavieren, wenn sie agiles Management definieren oder auch nur erläutern sollen. Sie machen gewissermaßen auch die Definition agil (flexibel), wenn sie von einem „Mindset“ sprechen anstatt von einem klar definierten Managementansatz (z.B. Hofert 2010. VII). Damit wird eine Haltung, eine Einstellung zum Arbeiten und Zusammenarbeiten zusammengefasst, die man polemisch auch als die Verklärung einer Vision einer flexiblen Organisation zum Managementansatz bezeichnen könnte. Gleichzeitig enthebt man sich der empirischen Kontrolle, wie effektiv bzw.

effizient diese Methode ist. Denn was sich definitorisch nicht fassen lässt, kann auch nicht gemessen werden. Dazu passt übrigens auch, dass viele Firmen sich selber agil nennen, weil der Begriff aktuell in ist, aber nicht wirklich agile Konzepte nutzen.

Auch die Übertragbarkeit jenseits von Entwicklungsprojekten bleibt unklar. Darüber hinaus werden hier die Kundenwünsche in den Mittelpunkt gestellt. Um diese zu erfüllen wird im Grunde die gesamte Flexibilität aufgewendet. Das Konzept kann also nur zum Erfolg werden, wenn die Kunden wissen, was sie brauchen. Wie problematisch diese Annahme ist, konnten wir in Kapitel 3.8 sehen.

Weiter kann man fragen, wie human dieser Ansatz ist. Denn Flexibilität hat auch Schattenseiten. Menschen gelten als „Gewohnheitstiere". Tatsächlich fühlen sich Menschen besser, wenn sie in gewohnten und kalkulierbaren Situationen leben. Menschen in Organisationen leiden, wenn diese „untersteuert" sind. Es gibt zu wenig Regeln, an denen man sich festhalten kann. Emile Durkheim (1983, zuerst 1897), ein französischer Soziologe, hat solche Zustände untersucht und sie als „*Anomie*" bezeichnet. Zwar kann hier die Gruppe Halt geben, dennoch fehlt vielen Menschen in agilen Organisationen der Halt. Wenn man nicht einmal mehr einen festen Arbeitsplatz hat und nur noch einen Rollcontainer, den man von Aufgabe zu Aufgabe in ein anderes Büro oder Besprechungszimmer fährt, führt das nicht zu einer Verwurzelung in der Organisation. Weiter ist die Idee von der sich selbst steuernden Gruppen aus der Humanisierung der Arbeitswelt wohl bekannt. Sie hat immer auch die Schattenseite, dass die Gruppe nicht notwendigerweise freundlich mit ihren Mitgliedern und mit abweichenden Meinungen umgeht.

Der Traum von der flexiblen Organisation ist sehr alt. Schon Weber identifizierte die fehlende Flexibilität der Bürokratie als eines ihrer größten Nachteile (Weber 1922, 834 ff). Dennoch hat sich diese, wie von Weber vorhergesagt, aufgrund ihrer Vorteile weitgehend durchgesetzt. Der Traum von der flexiblen Organisation wurde aber immer wieder in der Managementliteratur beschworen. Ansätze wie die sogenannte Organisationsentwicklung (Lewin 1947, French/Bell 1990) oder auch die lernende Organisation (Argyris/Schön 1999) zeugen davon.

Bemerkenswert bleibt in diesem Zusammenhang aber, dass agiles Management in der Softwareindustrie nur funktioniert, weil es rigide (also das absolute Gegenteil von flexibel) Regeln gibt.

Im Sport ist dieser Ansatz bisher kaum angekommen, zumal viele Sportorganisationen viel zu klein sind, um den Ansatz umzusetzen. Mit einem oder zwei Beschäftigten kann man keine Gruppenarbeit machen. Lediglich über den DOSB ist bekannt, dass dort agiles Management eingezogen ist. Andere Non-Profit-Organisationen im Sport sind in der Regel so klein, dass Inflexibilität kein zentrales Problem darstellt. Sportvereine mit wenig Beschäftigten und wenig Ehrenamtlichen gelten seit jeher eher als untersteuert denn als übersteuert. Im erwerbswirtschaftlichen Sektor wird in größeren Firmen vermutlich dieser Ansatz angenommen und umgesetzt werden. Für Sportämter mit ihrer starken bürokratischen Kultur und dem häufigen Sicherheitsdenken dürfte der Ansatz kaum in Frage kommen.

Weiterführende Literatur

Hofert, Svenja, 2010: Agiler führen. Einfache Maßnahmen für bessere Teamarbeit, mehr Leistung und höhere Kreativität, Wiesbaden: Springer Gabler.

Trepper, Tobias, 2015: Fundierung der Konstruktion agiler Methoden. Anpassung, Instanziierung und Evaluation der Methode PiK-AS, Wiesbaden: Springer Gabler

Repetitorium

1. Was verspricht das agile Management besser zu machen als die üblichen Ansätze?
2. Welche Vorteile haben feste, bürokratische Strukturen gegenüber flexiblen „Mindsets“?

5.6 Fazit

Ein Teil der hier vorgestellten Konzepte wird von ihren Kritikern als Mode abgetan. Mode ist die als zeitgemäß geltende Art, bestimmte Dinge zu tun, Dinge zu benutzen oder anzuschaffen, die aber nur von begrenzter Dauer ist und immer wieder durch eine neue Art abgelöst wird. Dabei neigen Moden zur Übertreibung eines Merkmals. So können sie sich gut gegen andere vorhergehende Moden absetzen. Zudem macht es sie unverkennbar. Dies führt mitunter zur Übernahme von dysfunktionalen Strukturen, Methoden oder Features. Dies gilt für Kleidungsmode wie es auch für Management-Moden gilt. Dabei erlangt jemand oder auch eine Organisation ein hohes Prestige, wenn er/sie vorne auf der Welle surft.

Auch die Rezeption unterliegt bestimmten Zyklen (Kieser 1997).

Meist beginnt es mit einem Buch, das von Unternehmensberatern geschrieben wird und es schafft, eine breite Öffentlichkeit zu erlangen. Dies wird umso eher gelingen, je mehr auf eine Erfolgskarte gesetzt wird. Gewissermaßen sind diese Bücher Rezeptbücher, die den Erfolg dank eines Effektes versprechen. Die breite Rezeption ruft Wissenschaftler auf den Plan, denen es sehr leichtfällt, diese Bücher als unwissenschaftlich zu entlarven. Allerdings sorgen die Versuche, diese Beraterliteratur empirisch zu widerlegen, zu einem Einsickern in die wissenschaftliche Literatur und finden so langsam auch dort eine gewisse Etablierung. Die Moden funktionieren nur mittelfristig, wenn sie tatsächlich einen Faktor identifizieren, der zum Erfolg zumindest beitragen kann.

Eine weitere wichtige Frage, die sich in diesem Zusammenhang stellt, ist, ob Managementmethoden aus anderen Sektoren überhaupt übertragbar sind. Oder: Können der Staat oder eine NPO von der Funktionsweise eines Betriebes lernen? Naheliegend ist, dass die Übertragbarkeit von Konzepten wie Buchhaltung sinnvoll ist. Die Grenzen der Übertragbarkeit werden aus Sicht der Theorie an den Stellen zu erwarten sein, wo die Sektorenlogik im Weg steht. So kann alles, was auf Hierarchie beruht, nicht auf ehrenamtliche Strukturen übertragen werden. Man kann auch die Frage umdrehen und sich fragen, was ein erwerbswirtschaftlicher Betrieb von einer Non-Profit-Organisation lernen kann. Die Idee geht gegen den Zeitgeist. Denn Non-Profit-Organisationen stehen in dem Ruf, schlecht geführt zu werden; einige sehen in ihnen sogar *erfolgreich scheiternde Organisationen* (Seibel 1992). Aber all dies ist eine Behauptung ohne wirklichen Beweis! Zumal erwerbswirtschafltiche Betriebe offensichtlich auch ständig scheitern! Im Non-Profit-Sektor des Sports gibt es hauptsächlich Krisenerscheinungen im teuren Leistungssportbereich, der durch Überinvestitionen oder Unwissen (Sponsoring-Gelder müssen versteuert werden) verursacht wird.

Man kann übrigens dieses Gedankenmodell auf die Spitze treiben: Heinz-Dieter Horch (1997) hat die Eigenschaften von Non-Profit-Organisationen mit modernem japanischem Management verglichen und viele spannende Parallelen gefunden.

Weiterführende Literatur

Horch, H.-D., 1997: Der deutsche Verein und die japanische Firma – Was Forprofit-Organisationen von Nonprofit-Organisationen lernen können. In: Schauer, R. (Hrsg.): Nonprofit-Organisationen zwischen Markt und Staat. Linz: Trauner, S. 213-232.

Kieser, A., 1997: Implementierungsmanagement im Zeichen von Moden und Mythen des Organisierens. In: Nippa, Michael/Scharfenberg, Heinz (Hrsg.): Implementierungsmanagement. Wiesbaden: Gabler, S. 81-102

Repetitorium

1. Warum sind Managementmoden auch eine Chance für die Entwicklung einer Wissenschaft des Managements?
2. Kann man jedes Konzept des For-Profit-Bereichs auf die anderen Sektoren übertragen?

6 Sportmanagement als Beruf

Vor 20 Jahren erzählte im Rahmen eines Forschungsprojektes zur Berufsfeldanalyse von Sportmanagern ein Interviewpartner folgende Geschichte: Er sei auf einer Party gefragt worden, was er denn so mache. Er antwortete, dass er einen Sportverein managen würde. Darauf meinte sein Gegenüber, nein, er wolle wissen, was er beruflich machen würde. Ein solches Gespräch wäre heute eher unwahrscheinlich. In den letzten 20 Jahren hat sich der Beruf des Sportmanagers in Deutschland etabliert und seine Existenz gehört zum Alltagswissen. Nachdem viele Ansätze und Themen im Bereich Sportmanagement besprochen wurden, wird in diesem Kapitel auf den tatsächlichen Beruf des Sportmanagers eingegangen.

> Berufe können nach Max Weber (1972, 80) definiert werden „als jene Spezifizierung, Spezialisierung und Kombination von Leistungen einer Person (...), welcher für sie die Grundlage einer kontinuierlichen Versorgungs- und oder Erwerbschance ist". Die Definition gibt es gewandelt als amtliche Definition seit 1961 in Deutschland: Ein Beruf ist „... die auf Erwerb gerichteten, charakteristischen Kenntnisse und Fertigkeiten sowie Erfahrungen erfordernden und in einer typischen Kombination zusammenfließenden Arbeitsverrichtungen [...]" (StBA 1992, 15)

Damit ist das Ehrenamt kein Beruf, da es keinerlei monetäre Gegenleistung beinhaltet. Darüber hinaus verweisen diese Definitionen darauf, dass es bestimmte Tätigkeitsinhalte geben muss, die bestimmte Qualifikationen erfordern. Mit diesen Themen und auch mit Fragen der Rekrutierung, Entlohnung, der Zufriedenheit, der Arbeitsbedingungen und vielem mehr beschäftigten sich die Berufsfeldanalysen.

Hier wird zunächst das Berufsbild des Managers mit seinem tatsächlichen Alltag verglichen, dann folgt ein Abschnitt zu Tätigkeiten und Qualifikationen von Sportmanagern sowie ein Abschnitt zu ihrer Rekrutierung. Zum Schluss geht es um die Frage, wie der Beruf des Sportmanagers sich bislang professionalisiert hat.

6.1 Berufsbild versus Alltag: Der Beitrag von Henry Mintzberg

Liest man die normale Managementliteratur, so erscheint der Manager als der große Lenker der Organisationen, der mithilfe seines Hauptwerkzeuges, dem Gehirn (Clegg/Kornberger/Pitsis 2012, 26), die richtigen Entscheidungen treffen kann. Er wirkt wie ein tatkräftiger Denker. Der erste, der dieses Bild durchbrochen hat, ist Henry Mintzberg (1968), der den Arbeitsalltag von Managern mithilfe qualitativer Methoden empirisch erforschte. Der Arbeitsalltag eines Managers hat demnach wenig mit dem Bild der großen Strategen zu tun, das in der Managementliteratur gemalt wird. Diese Tätigkeiten finden zwar auch statt, aber gehören nicht zum Alltag. Heute gilt die Empfehlung, für Strategieentwicklung und für wichtige Entscheidungen in Klausur zu gehen, um dem Alltagstrubel zu entgehen. Mintzbergs Verdienst liegt darin, dass er den banalen Alltag des Managers beschreibt und so ganz andere Probleme offenbart als die der großen Entscheidungen.

Der Alltag ist extrem von Zeitdruck und damit auch mit Arbeiten bei extrem hohem Tempo gekennzeichnet. Gleichzeitig finden ständig Unterbrechungen der Arbeit statt, weil Telefone klingeln, dringend etwas zu besprechen ist, weil im Betrieb wieder ein neues Problem aufgetaucht ist usw. Im modernen Zeitmanagement nennt man diese ständigen Unterbrechungen bei der Arbeit Sägezahneffekt, da jede Unterbrechung den Menschen aus der eigentlichen Arbeit herauswirft und er sich dann wieder langsam einarbeiten muss, nur um wieder unterbrochen zu werden (Seiwert 2014).

Die Arbeit entspricht selten dem Sinnieren über strategische Alternativen, sondern ist sehr stark durch verbale Kommunikation geprägt. Der schriftliche Anteil mag heute wieder wachsen, da der kurze Mailverkehr inzwischen in die Büros eingezogen ist – festzuhalten bleibt aber, dass ein großer Teil der Kommunikation konfliktbeladen und außerhalb der normalen Routineprozesse steht. Dabei spielen Netzwerke von Akteuren eine herausgehobene Rolle, wobei die Netzwerke insbesondere auch außerhalb der Organisation liegen (Mintzberg 1968).

Die Erkenntnisse von Mintzberg konnten in verschiedenen Studien repliziert werden (Shapira/Dunbar 1980; Kurke/Aldrich 1983), wobei diese auch für unterschiedliche Managementpositionen gelten können (Paolillo 1987) und auch für unterschiedliche Kulturkreise (Pearson/Chatterjee 2003). Auch die Richtigkeit seiner Erkenntnisse konnten im Rahmen von Berufsfeldanalysen im Sport immer wieder nachgewiesen werden (Horch/Niessen/Schütte 2003, 18, Horch/Schütte 2003, 133 ff, Kaiser 2006, 154 ff).

6.2 Tätigkeiten und Qualifikationen

Untersuchungen zum Thema Tätigkeit und Qualifikation von Sportmanagern sind kein Selbstzweck. Sie sind der Schlüssel für die Gestaltung von Ausbildungsprogrammen. Die ersten wurden in den USA unternommen, was wenig verwunderlich ist, da dort auch die ersten akademischen Ausbildungsgänge im Bereich Sportmanagement entstanden. Typisch für die amerikanische Forschung sind dabei die sogenannten „*Competencybased-approach-to-curriculum-development*"-Ansätze, wie sie etwa von DeSensi et al. (1990) vorliegen. Wie der Name schon nahelegt, lag das Ziel in der (Weiter-)Entwicklung akademischer Ausbildungen auf der Basis von Qualifikationen und Tätigkeiten von aktiven Sportmanagern. Diese Arbeiten sind sehr praxisorientiert und legen vor allem Wert auf die Beschreibung der benötigten Qualifikationen oder ausgeübten Tätigkeiten. Versuche, diese zu erklären oder das Berufsfeld weiter zu erforschen, fanden nicht statt. Typisch sind dabei einfache Abfragen mithilfe einer Fünfpunkt-Likert-Skala, die in großen, zu Batterien zusammengestellten Frageblöcken zur Bedeutsamkeitsabschätzung von Tätigkeiten und Qualifikationen durchgeführt werden. In Deutschland begann die Berufsfeldforschung im größeren Stil erst Mitte der 1990er-Jahre an der Deutschen Sporthochschule. Im Rahmen dieser Forschungen wurden zunächst Sportmanager in Vereinen und Verbänden befragt (Horch/Niessen/ Schütte 2003), dann in der kommunalen Sportverwaltung (Horch/Schütte 2003). Der erwerbswirtschaftliche Sektor wurde vertreten durch Sportagenturen (Hovemann/Kaiser/Schütte 2003) und durch Sportstudios (Kaiser 2006). Darüber hinaus finden sich noch viele studentische Arbeiten (Übersicht bei Schütte 2008, 12). Zuletzt haben Packheiser und Hovemann (2015) Stellenanzeigen für Sportmanager analysiert.

Die Hauptergebnisse dieser Forschungen sind, dass Sportmanager ganz ähnlich zu anderen Managern vor allem Softskills für ihre Tätigkeiten brauchen – auch hier wird im Grunde Mintzberg wieder bestätigt. Techniken des persönlichen Managements wie Zeitmanagement, Umgang mit Stress, aber auch Kommunikationsfähigkeiten und die Tätigkeitsaspekte im Bereich Führen und Organisationsgestaltung sind hier zu nennen. Das Grundwissen über Sportarten gehört zum Grundkanon des Sportmanagers

– ein Trainingsexperte muss er nicht sein. Tieferes sportwissenschaftliches Wissen mag für den Praktiker zwar oft als vernachlässigbar gelten, aber es hilft in vielen Situationen enorm. So fällt es leichter, Übungsleiter, Trainer etc. als Manager zu beurteilen. Zudem ist es vorteilhaft für die Akzeptanz im Umfeld.

Es zeigen sich insbesondere Spezifika, sobald man nach der *Drei-Sektoren-Theorie* vorgeht. So ist Verwaltungswissen nur für staatliche Sportmanager von herausragender Bedeutung. Auch die jeweilige Branche sticht in den Untersuchungen jeweils hervor. So ist, wenig verwunderlich, für Eventmanager Eventmanagement von signifikant größerer Bedeutung als für andere Sportmanager.

Diese Forschungen liegen mittlerweile zwei Jahrzehnte zurück. Die Kernergebnisse werden sich nicht groß verändert haben: Softskills waren und bleiben wichtig. Allerdings findet sich im Feld eine weitere Diversifizierung, so dass künftige Forschung überprüfen müsste, ob die Zeit schon für Spezialausbildungen reif ist oder ob die bisher betriebene eher weite Ausbildung weiterhin ausreicht.

Weiterführende Literatur

Horch, H. D./Niessen, Chr./Schütte, N., 2003: Sportmanager in Verbänden und Vereinen. Köln: SPORT und BUCH Strauß.

Horch, H. D./Schütte, N., 2003: Kommunale Sportverwaltung. Analysen zur Verwaltungsreform und zum Berufsfeld. Köln: ASS.

Hovemann, G./Kaiser, S./Schütte, N., 2003: Sporteventmanager – Ergebnisse einer Berufsfeldanalyse. Münster: IST.

Kaiser, S., 2006: Das Sportstudiomanagement. Anforderungen – Rekrutierung – Professionalisierung. Saarbrücken. VDM.

6.3 Rekrutierung

Die Frage, wie man an gutes Personal, insbesondere an gutes Managementpersonal, kommt, ist eines der wichtigsten Themen. Allerdings steht dem kaum eine Beachtung in der Sportmanagementliteratur entgegen. Überhaupt wird kaum etwas zum Thema Personalwirtschaft im Sportmanagement publiziert. In der deutschsprachigen Literatur findet sich lediglich ein kurzer Überblick, etwa Horch (in Horch/Schubert/Walzel 2014, 319 ff).

In der englischsprachigen Literatur wird das Thema häufiger aufgegriffen (z. B. bei Hoye et al. 2009), aber fast immer nur auf der normativen Ebene.

Die wichtigsten Beiträge zu Fragen der Rekrutierung stammen aus den Berufsfeldanalysen von Sportmanagern. Seitdem sind gut 20 Jahre vergangen und die Zahl der möglichen Ausbildungen im Sportmanagement hat deutlich zugenommen und diese sind in ihrem Segment nun auch hinlänglich bekannt. Es darf davon ausgegangen werden, dass heute weitaus mehr Personen im Sportmanagement arbeiten, die eine akademische Ausbildung in Sportmanagement haben, als es vor gut 20 Jahren der Fall war.

In den wissenschaftlichen Beiträgen stand nicht nur die Deskription, wie rekrutiert wird, im Fokus, sondern auch die Frage, ob sachlich oder unsachlich rekrutiert wird. Man kann anmerken, dass dem gesamten Sport, insbesondere dem selbstverwalteten, gern fehlende Managementkompetenz aufgrund unsachlicher Rekrutierung vorgeworfen wird (Schütte 2008, 122). Gern wird dabei auf die Besetzung wichtiger Posten mit ehemaligen Leistungssportlern verwiesen, die den Posten nicht aufgrund einer durch Ausbildung nachgewiesenen Kompetenz erhielten, sondern weil man sie kennt oder weil es eine Art zusätzliche Entlohnung für die sportliche Leistung für ihren Verein ist. Viele bekannte Manager professioneller Fußballvereine entsprechen diesem Klischee. So hatte selbst Uli Hoeneß keine Ausbildung in Management oder der Betriebswirtschaftslehre vorzuweisen, als er Bayern München als Manager übernahm, sondern nur ein abgebrochenes Anglistik- und Geschichtsstudium. Die Vorwürfe des Dilettantismus an den dritten Sektor gibt es dabei auch aus der Wissenschaft, besonders prominent vorgetragen von Wolfgang Seibel (1992).

Hauptergebnis der damaligen Studien war, dass der Anteil an betriebswirtschaftlich ausgebildeten bezahlten Managern im selbstverwalteten Sport bei nur ca. einem Drittel lag. Dabei ist allerdings zu berücksichtigen, dass auch in For-Profit-Organisationen in Deutschland nicht alle tätigen Manager über eine solche Ausbildung verfügen (Scheuch und Scheuch 1995). Es existieren auch andere Wege zur Kompetenzentwicklung in diesem Bereich als die akademische Ausbildung in Sportmanagement oder in Betriebswirtschaftslehre. So kann auch eine kaufmännische Lehre oder geeignete Fortbildungen, die im selbstverwalteten Sport von großer Bedeutung sind und in Eigenregie angeboten werden, zur Kompetenzentwicklung führen. Auch das Learning by Doing spielt eine wichtige Rolle (Schütte 2008, 123).

Einen Sportbezug hatten fast alle Sportmanager schon vor ihrer Tätigkeit, davon viele auch einen Leistungssportbezug. Viele waren schon vor ihrer Einstellung in der Organisation bekannt. Dies passt zwar einerseits zum Klischee des unsachlichen Rekrutierens von Freunden, von Personen, die dazugehören. Andererseits ist aber nicht zu übersehen, dass vorhandene Bekanntheit der Organisation auch Sicherheit bietet. Man weiß, wen man einstellt. Unsachlich wird es dagegen, wenn man geeignete Personen nicht einstellt oder diese auch nach der Einstellung nicht akzeptiert bis hin zum offenen Mobbing, weil sie *„nicht dazugehören“*, sie keinen *Stallgeruch* haben. Solche Effekte gibt es natürlich auch in erwerbswirtschaftlichen Betrieben (Hartmann 1996, 78).

Staatliche Sportverwaltungen bilden hier eine wichtige Ausnahme, da hier äußerst strenge und formale Verfahren bei der Rekrutierung zur Anwendung kommen und weil auch der Staat über eigene Ausbildungssysteme (Verwaltungshochschulen) verfügt. Zudem wirken bei staatlichen Sportverwaltungen noch ganz eigene Mechanismen. Wenn ein Sportamtsleiter zu sehr mit dem selbstverwalteten Sport seines Bezirks „fremdelt“ und er der Anlass für eine breite und große Unzufriedenheit ist, dann wird der selbstverwaltete Sport versuchen, auf eine Ablösung durch eine genehmere Person zu drängen. Dabei kommt es ihm zugute, dass in der Regel der Bürgermeister oder ein anderer in der Verwaltung Mächtiger auch Mitglied in einem Sportverein ist und da sogar meist mit im Vorstand sitzt. Dort wird dann auf informelle Weise an dem Austausch der unliebsamen Person gearbeitet. Ein anderer Mechanismus liegt darin, dass in manchen Ämtern die Leiter nach dem Rotationsprinzip alle zwei Jahre die Stelle wechseln.

Ein wichtiges Thema in diesem Zusammenhang ist auch, inwieweit geschlechtsneutral rekrutiert wird. Hierzu können wieder die einschlägigen Berufsfeldforschungen herangezogen werden. Diese haben allerdings sämtlich das Problem, keine repräsentativen Daten liefern zu können. Für alle gilt aber die Annahme, das Typische im Feld abbilden zu können. Die Ergebnisse waren folgende:

- Eine starke Unterrepräsentierung von Frauen im selbstverwalteten Sport (Hartmann-Tews/Luetkens 2006) und in noch stärkerem Maße in der Führung von Vereinen ist ein sportsoziologischer Allgemeinplatz (Heinemann/Schubert 1994, 93 ff). In der Studie von Horch, Niessen und Schütte (2003, 102) liegt der Anteil bei nur 13 %. Schlimmer noch, Schütte wies nach, dass die befragten weiblichen Manager signifikant weniger

Kompetenzen hatten, niedriger in der Hierarchie standen und weniger Geld verdienten als die befragten männlichen Manager (Schütte 2008, 80f). Dies ist auch bei den ehrenamtlichen Spitzenpositionen zu beobachten. 1995 waren nur zwei der olympischen Spitzenverbände mit einer Präsidentin besetzt, 2016 nur mit einer im Schwimmsportverband. 2020 sind es vier von nunmehr vierzig Olympischen Spitzensportverbänden in Deutschland. Noch nie hat eine Frau den DSB bzw. DOSB als Präsidentin vorgestanden.

- Noch geringer als im selbstverwalteten Sport war die Quote bei der Untersuchung der Sportagenturen (Hovemann/Kaiser/Schütte 2003): Hier lag sie bei 12%. Die geringe Quote ist insbesondere deswegen interessant, weil hier kaum geschlechtsspezifische Barrieren vorhanden sind, da sehr viele der Manager solcher Unternehmen Gründer des Unternehmens sind. Dies steht Frauen genauso frei wie Männern. Allerdings darf hier vor allzu schnellen Schlüssen gewarnt werden, es bedarf noch einer ausgiebigen Forschung in diesem Bereich.
- Kaiser fand für Sportstudiomanager eine Frauenquote von 33,3% (Kaiser 2006, 95).
- Der niedrigste Wert ist in der kommunalen Sportverwaltung zu finden. Dort liegt er bei 12% (Horch/Schütte 2003, 129). Dies ist verwunderlich, da bei der Rekrutierung im Öffentlichen Dienst ein großer Wert auf eine Politik der geschlechtsneutralen Rekrutierung gelegt wird. Ein Grund, warum der Wert nicht bei 50% liegt, mag sein, dass die geschlechtsneutrale Rekrutierung für alle Ämter gilt und es zu Selektionsprozessen innerhalb der Verwaltung kommt.

Der Sport steht in Bezug auf die geschlechterspezifische Rekrutierung der allgemeinen Wirtschaft in Deutschland keinesfalls nach. Der gleiche Effekt findet sich hier auch und wird gesellschaftspolitisch stark diskutiert. Man denke nur an die Quotenregelung für DAX-Unternehmen. Umstritten sind die Ursachen. Ein Ansatz besagt, dass es unsichtbare Barrieren – sogenannte *Glass Ceilings* – gebe (Wirth 2001). Dahinter steht die Beobachtung, dass Frauen zwar bis in die vorletzte Etage der Firmen noch in beträchtlicher Zahl, wenn auch unterrepräsentiert (Bischoff 2005), aufsteigen, dann aber vor der letzten Etage, dem Sprung an die Spitze, nicht mehr weiterkommen. Dies geschehe, ohne dass deutliche und damit wohl auch einklagbare Hindernisse in den Weg nach ganz oben gestellt würden. Diskriminierung, Stereotype und ideologische Barrieren werden von mehreren Ansätzen für die Unterrepräsentanz verantwortlich gemacht (Müller 1999). Ein anderer Ansatz stammt von Annette von Alemann. Sie identifiziert in einer empirischen Untersuchung eine Art Leistungsideologie der Wirtschaft, der auch Topmanagerinnen unterliegen. Frauen gelten demnach als nicht motiviert, nicht qualifiziert und opferbereit genug (Alemann 2007).

Weiterführende Literatur

Alemann, A. von, 2007: Chancenungleichheit im Management. Begründungsmuster der Unterrepräsentanz von Frauen in Füh-rungspositionen der Wirtschaft. In: Sozialwissenschaften und Berufspraxis, Nr. 1/2007, S. 21-38.

Schütte, N., 2008: Professionalisierungsdruck und -hindernisse des Managements in Sportvereinen und Sportverbänden. Bonn: Free Pen.

6.4 Professionalisierung

Das Sportmanagement hat inzwischen den Sprung vom Tätigkeitsfeld zum Berufsfeld geschafft. Man kann sich nun fragen, ob die Professionalisierung in diesem Feld sich inzwischen noch weiterentwickelt. Dabei kann der Begriff Professionalisierung weiterhelfen. Professionalisierung ist ein problematischer, aber auch nützlicher Begriff u. a. der Berufsforschung. Er ist problematisch, weil er mehrdeutig und multidimensional ist. Er ist mehrdeutig, da er sich auf Berufe, auf Organisationen oder auf Handlungen beziehen kann (Schütte 2008, 29 ff). Hier geht es um die erste Bedeutung, der Entwicklung von Berufen hin zu einer sogenannten *Profession.* Als *Profession* bezeichnet man einen besonderen Typ von Beruf, der durch bestimmte Attribute gekennzeichnet ist. Häufig genannt werden

- eine lange, formalisierte, wissenschaftliche Ausbildung,
- Qualifikations- und Zulassungskontrollen,
- Organisation in einem Berufsverband und
- ein besonderes Berufsethos.

Die Attribute bilden einen Idealtypus. Je mehr die Attribute zutreffen, umso professioneller der Beruf. Professionalisierung bezeichnet damit den Prozess, wie aus einem einfachen Beruf eine Profession wird.

In Kapitel 2.1 wurde schon beschrieben, wie aus der Tätigkeit des Sporttreibens sich der Berufssportler entwickelte. Wenn man z. B. den

Profifußballer nimmt, so kann man sich fragen, ob sich eine Profession bildet. Zwar haben die Profifußballer einen eigenen Verband gegründet, es mag auch Ansätze zu einer eigenen Ethik geben, aber ihr Beruf ist wohl kaum auf dem Weg, eine Profession zu werden, da es keine formalisierte wissenschaftliche Ausbildung zum Profifußballer gibt und wohl kaum geben wird. Es gibt keine Qualifikationskontrollen jenseits des Marktes und auch keine Zulassungskontrollen. Beim Fußballtrainer finden sich dagegen deutliche Ansätze, die zu einer Profession führen können. So findet in der Tat eine Zugangskontrolle für den Arbeitsmarkt statt, da nur ausgebildete Trainer im Profifußball coachen dürfen. Es gibt eine formalisierte Ausbildung, die allerdings vom Sportverband durchgeführt wird und bislang in Deutschland nicht akademisch ist. Eine Art Berufsverband und Ansätze zu einer eigenen Ethik (Meinberg 2001) gibt es.

Wie schon dargestellt, differenzierte sich der bezahlte Sportmanager aus dem Trainer und dem ehrenamtlichen Vorsitzenden heraus. Ein Berufsverband ist in der Entstehung, wissenschaftliche Ausbildungen nehmen zu und eine Berufsethik hat gute Chancen, sich zu entwickeln. Aber Sportmanagement wird deswegen kaum eine Profession werden, da es kaum eine Chance auf eine Zulassungskontrolle gibt.

Fragen der Professionalisierungsforschung waren schon implizit in Max Webers Bürokratietheorie enthalten. In den 1930er-Jahre entstanden die ersten Studien in den USA (vor allem Carr Saunders/Wilson 1933). Die Ansätze wurden letztlich durch Talcott Parson (1954) in den 1950er-Jahren popularisiert. In der Folge versuchten Berufsverbände, die Lage ihrer Klientel durch Professionalisierungsstrategien zu verbessern. Alle wollten werden wie die Paradebeispiele der Ärzte oder Juristen. Der inflationäre Gebrauch des Begriffs verwässerte ihn. Zu Recht kritisiert der Sozialhistoriker Hans-Ulrich Wehler, dass der Begriff leichtfertig auf alle akademischen Berufe angewandt wurde. Es würde dabei übersehen, dass der zentrale Begriff bei den Attributen die Machtstellung des Berufes durch die Fähigkeit sich zu monopolisieren ist (Wehler 1998, 132).

Gerade diese Machtstellung fand häufiger Kritik sowohl auf neoliberaler als auch auf linksalternativer Seite. So kritisiert der Ökonom Milton Friedman in *Kapitalismus und Freiheit* (1962) die Professionen als Monopole. Denn diese würden die Kunden schlechter stellen und seien daher abzulehnen. Er sagt allerdings nichts darüber, ob der Kunde überhaupt in der Lage ist, zu beurteilen, ob jemand sein Anliegen überhaupt fachlich umsetzen kann. Dies ist nämlich die Kehrseite der Monopolisierung: Sie garantiere gewisse Qualität. Die linksalternative Kritik an der Professionalisierung wird prominent durch den Kulturkritiker Ivan Illich (1983) vertreten, der von *Entmündigung durch Experten* spricht.

Der Begriff der Professionalisierung hat sich in der Berufsforschung bewährt. Die Stärke liegt insbesondere darin, dass durch ihn die Laien-Experten-Differenz und Machtprozesse durch ihn verdeutlicht werden. Er hilft, Berufe voneinander zu unterscheiden. Man muss auch anerkennen, was oft übersehen wird, dass selbst der Beruf des Arztes nicht wirklich eine Profession darstellt (Freidson 1975). Aber gerade hier findet sich wieder eine Stärke des Begriffes. Er hilft auch, Prozesse der De-Professionalisierung zu erkennen. So haben die Ärzte ihren starken Nimbus als *Götter in Weiß* längst verloren. Patienten nehmen nicht mehr alles hin, sondern informieren sich im Internet oder schließen sich zu Selbsthilfegruppen zusammen. Die Laien-Experten-Differenz weist einerseits Erosionen auf, anderseits überschätzen aber viele ihre Urteilskraft, da nicht alles stimmt, was im Internet behauptet wird, und auch Selbsthilfegruppen können sich irren.

Dies verweist darauf, dass Professionalisierung letztlich ein ideologischer Begriff ist. Professionalisierung bedeutet scheinbar, immer etwas besser (qualifizierter, wissenschaftlicher) zu machen. Dies funktioniert nur, wenn Wissen wirklich vorhanden ist! Wie schwierig dies gerade bei einer Wissenschaft wie Sportmanagement ist, wird im Schlusskapitel diskutiert.

Weiterführende Literatur

Thorstendahl, R./Burrage, M. (Hrsg.), 1990: The Formation of the Professions. Knowledge, State and Strategy. London: Sage Publications.

Schütte, N., 2008: Professionalisierungsdruck und -hindernisse des Managements in Sportvereinen und Sportverbänden. Bonn: Free Pen.

Repetitorium

1. Inwiefern passen der Mythos vom großen Steuermann und der Arbeitsalltag eines Managers nicht zusammen?
2. Was sind die Haupttätigkeiten eines Sportmanagers?
3. Welche Qualifikationen sind für die Ausübung der Tätigkeit eines Sportmanagers bedeutsam?
4. Was bedeutet unsachliche Rekrutierung und trifft dies bei der Auswahl von Sportmanager typischerweise zu?

7 Fazit

Die meisten Lehrbücher dienen einfach der Zusammenfassung des bisherigen Wissens und bedürfen daher keiner Schlussworte. Im Fall des Sportmanagements haben wir es aber mit einer jungen Disziplin zu tun, deren wichtigste Themen sich noch in der Entwicklung befinden. Daher lohnt es sich, noch einmal auf Folgendes zurückzukommen:

Man kann sich fragen, ob es so etwas wie ein rationales Management tatsächlich gibt oder ob es sich doch eher um eine Art Kunst handelt, die man betreiben, aber nicht erlernen kann. Schreyögg und Koch (2015, 6) betrachten Management allgemein nicht als Kunst, sondern als ein rationales Verhalten. Andere vertreten die Auffassung, dass vieles zwar rational erfassbar sei, es aber einen unerklärbaren *irrationalen Rest* gebe, der sich der Wissenschaft entziehe und stark über den Erfolg mitbestimme. Diese *irrationale Wurzel* liegt im Unternehmer, man könnte auch sagen im Manager, begründet. Diese Auffassung vertritt einer der Gründungsväter der deutschen Betriebswirtschaftslehre, Gutenberg (1951, 5 ff).

Offensichtlich ist, dass es sich bei der Wissenschaft vom Management noch nicht um *eine* Lehre handelt, sondern, dass es gravierende Unterschiede in den (Lehr-)Büchern gibt. Auch dies spiegelt das Buch wider. Die Vorstellungen von einer Organisation eines Taylor unterscheiden sich deutlich von anderen, z. B. denen von Peters und Waterman. Auch bei diesen Autoren kann man klar sagen, dass Taylor auf der rationalistischen Seite der Debatte steht und Peters/Waterman auf der Künstler-Seite.

Auch in den vorangegangenen Kapiteln finden sich jede Menge Argumente für jede Seite. Klassisches Controlling kann als Erfolgsgeschichte beschrieben werden und ist ein Element der rationalistischen Sichtweise. Dennoch gab es immer wieder Probleme, die das Controlling nicht lösen konnte. Hier kommen in der Regel Argumente zum Tragen, die Herbert Simon in der Entscheidungstheorie genannt hat, oder die Michael Polanyi über das *Tacid Knowledge* gelehrt hat. Hinzu kommt, dass nicht alles rational aufgeschlüsselt werden kann, da es sich beim Management in der Regel um das Agieren in sozialen Kontexten handelt. Hier spielen unterschiedliche Interessen und Sichtweisen, politisches Verhalten und emotionales Reagieren eine wichtige Rolle, die rationalistische Ansätze gern einfach ausblenden. Alvesson und Willmott (1996) sehen in der Managementforschung eine soziale Praxis, die durch die Diskrepanz zwischen politisch gefärbten Prozessen und nüchtern-wissenschaftlichen Führungsansprüchen Spannungen erzeugt. Man kann dies auch mit den Worten des Wirtschaftsethikers Hengsbach sagen:

> „Hätte die Wirtschaftswissenschaft sich weniger stark an den Naturwissenschaften orientiert, wären ihre Aussagen über sozioökonomisches Handeln, das anderen Regeln unterliegt als die Reaktion auf einen physikalischen Impuls, vermutlich realitätsnäher, empirisch besser überprüfbar und vorhersagbar; sie hätten das charakteristische Profil des sozialen Handelns sicherer begriffen." (Hengsbach 1991, 40)

Weiterführende Literatur

Alvesson, M./Willmott, H., 1996: Making Sense of Management: A Critical Introduction. London/Thousand Oaks/New Delhi: Sage Publications.

Repetitorium

1. Nennen Sie Argumente, warum Management eine Wissenschaft wie die Physik ist.
2. Welche Gegenargumente lassen sich finden, dass Management eine Wissenschaft wie die Physik ist.

Literatur

Abbott, A., 1988: The Systems of Profession. An essay on the division of expert labor. Chicago: University of Chicago Press.

Abelshauser, W., 1983: Wirtschaftsgeschichte der Bundesrepulik Deutschland 1945-1980. Frankfurt am Main: Suhrkamp.

Adams, D., 1984: Per Anhalter durch die Galaxis. Frankfurt am Main/Berlin/Wien: Ullstein.

adh 2015: Über uns – Daten und Fakten, www.adh.de/de/ueber-uns/daten-und-fak ten.html. Zuletzt 11. 1. 2015.

Adidas 2015: Strategie im Überblick. www.adidas-group.com/de/unternehmen/stra tegie-im-ueberblick/#/ zuletzt 20. 9. 2015.

AK Sportökonomie 2015a: Chronologie. www.arbeitskreis-sportoekonomie.de/htm l/jahrestagungen.html. Zuletzt am 24. 8. 2015

AK Sportökonomie 2015b: Strategie des Arbeitskreises Sportökonomie www.ar beitskreis-sportoekonomie.de/html/ strategie_des_ arbeitskreises.html. Zuletzt 24. 8. 2015

Akçayer Schütte, B., 2006: Die Bedeutung des Sports für türkische Frauen im türkischen Kulturverein. Köln: Önel Verlag.

Akerlof, G., 1976: The economics of caste and of the rat race and other woeful tales. In: Quarterly Journal of Economics 90/1976, S. 599-617.

Alchian, A.A./Demsetz, H., 1972: Production, information costs and economic organization. In: American Economic Review 62/1972, S. 777-795.

Alemann, A. von, 2007: Chancenungleichheit im Management. Begründungsmuster der Unterrepräsentanz von Frauen in Führungspositionen der Wirtschaft. In: Sozialwissenschaften und Berufspraxis, Nr. 1/2007, S. 21-38.

Allison, M./Kaye, J., 1997: Strategic Planning for Nonprofit Organizations. New York et al: John Wiley & Sons.

Alvesson, M./Willmott, H., 1996: Making Sense of Management: A Critical Introduction. London/Thousand Oaks/New Delhi: Sage Publications.

Andreff, W., (Hrsg.) 2015: Disequilibrium Sports Economics: Competitive Imbalance and Budget Constraints (New Horizons in the Economics of Sport series). Cheltenham (UK)/Northampton (Ma/USA): Edward Elgar Pub.

Arbeitskreises Industrie 4. 0, 2013: Deutschlands Zukunft als Produktionsstandort sichern Umsetzungsempfehlungen für das Zukunftsprojekt Industrie 4. 0. Abschlussbericht des Arbeitskreises Industrie 4.0, www.plattform-i40.de/sites/default/files/ Abschlussbericht_Industrie4%200_barrierefrei.pdf.

Argyris, Chr./Schön, D.A., 1999: Die lernende Organisation. Grundlagen, Methoden, Praxis. Stuttgart: Klett Cotta.

Aßländer, M.S. (Hrsg.), 2011: Handbuch Wirtschaftsethik. Stuttgart: J.B. Metzeler.

Babbage, Ch., 1999, zuerst 1832: Die Ökonomie der Maschine. Berlin: KADMOS.

Badelt, Chr./Meyer, M./Simsa, R., (Hrgs.), 2007: Handbuch der Nonprofit Organisation. Stuttgart: Schäffer Poeschel.

Bahrdt, H. P., 1958: Industriebürokratie: Versuch einer Soziologie des industrialisierten Bürobetriebes und seiner Angestellten. Stuttgart: F. Enke.

Baur, J., (Hrsg.) 2009: Evaluation des Programms "Integration durch Sport" Bd. 1. Potsdam: ASS.

Baur, J./Burrmann, U., 2003: Der jugendliche Sporthopper als "moderne" Sozialfigur? In: Baur, J./Braun, S. (Hrsg.): Integrationsleistungen von Sportvereinen als Freiwilligenorganisationen. Aachen: Meyer & Meyer, S. 549-583

Bea, F.X./Göbel, E., 1999: Organisation. Stuttgart: UTB.

Beck, U., 1986: Risikogesellschaft. Frankfurt am Main: Suhrkamp.

Becker, F., 2018: Der Weltverband als leere Hülle, www.deutschlandfunk.de/fifa-der-weltverband-als-leere-huelle.1346.de.html?dram:article_id=433540.

Becker, G. S., 1976: The Economic Approach to Human Behavior. Chicago/London: University of Chicago Press.

Becker, R./Daschmann, G. 2015: Das Fan-Prinzip. Mit emotionaler Kundenbindung Unternehmen erfolgreich steuern. Wiesbaden: Springer.

Beech, J./Chadwick, S., (Hrsg.) 2004: Business of Sport Management. Harlow (UK): Prentice Hall.

Beech, J./Kaspar, R./Kaiser, S., (Hrsg.) 2014: The Business of Events Management. München: Pearson.

Bell, D., 1973: The corning of post-industrial society. New York: Basic Books.

Bendel, O., 2015: Die Industrie 4.0 aus ethischer Sicht. In: HMD – Praxis der Wirtschaftsinformatik, Angenommen: 30.Juni 2015: Springer Fachmedien, o.S.

Benner, G., 1992: Risk Management im professionellen Sport. Bergisch Gladbach/ Köln: EUL.

Berger, P.L./Luckmann, Th., 1982: Die Gesellschaftliche Konstruktion der Wirklichkeit. Eine Theorie der Wissenssoziologie. Frankfurt am Main: Fischer.

Bertelsmann Stiftung (Hrsg.), 1998: Handbuch Stiftungen. Wiesbaden: Gabler.

Bette, K.-H., 1999: Systemtheorie und Sport. Frankfurt am Main: Suhrkamp.

Bette, K.-H./Schimank, U., 1995: Doping im Hochleistungssport. Frankfurt am Main: Suhrkamp.

Bezold, Th./Lurk, T., 2016: Fan-Anleihen als Finanzierungselement im Profifußball. Berlin: Erich Schmidt Verlag.

Bezold, Th./Thieme, L./Trosien, G./Wadsack, R., 2012: Handwörterbuch des Sportmanagements. Frankfurt am Main: Peter Lang.

Bischoff, S., 2005: Wer führt in die Zukunft? Männer und Frauen in Führungspositionen der Wirtschaft in Deutschland – Die 4. Studie. Bielefeld: Bertelsmann.

Blake, R. R./McCanse, A.A., 1991: Leadership Dillemas – Grid Solutions. Houston: Gulf.

Blake, R. R./Mouton, J.S., 1985: Managerial Grid III. Houston: Gulf.

Bliwier, K.C., 2015: Möglichkeiten der pragmatischen Umsetzung wissenschaftstheoretischer Fragen zum Umgang mit Komplexität als Grundlage einer zukunftsgerichteten Personalarbeit. Lüneburg, http://opus.uni-lueneburg.de/opus/volltex te/2015/ 14360/pdf /DissertationKristinaBliwier.pdf.

BMI (Bundesministerium des Innern), 2014 : 13. Sportbericht der Bundesregierung/Deutscher Bundestag Drucksache 18/3523. Berlin. Downloadadresse: www. bmi.bund.de/SharedDocs/Downloads/DE/Broschueren/2014/13_sportbericht.pdf ?__blob=publicationFile.

BMI (Bundesministerium des Innern), 2019 : 14. Sportbericht der Bundesregierung/Deutscher Bundestag Drucksache 19/9150. Berlin. Downloadadresse: htt ps://dip21.bundestag.de/dip21/btd/19/091/1909150.pdf

Bode, I., 2003: Von Strategien und Zerreisproben: Chancen und Gefahren loser Kopplung in freiwilligen Vereinigungen. In: Arbeitskreis Nonprofitorganisation (Hrsg.): Mission Impossible? – Strategien im Dritten Sektor. Frankfurt am Main: Eigenverlag des Deutschen Vereins, S. 15-41.

Boin, A./'t Hart, P./Kuipers, S., 2018: The Crisis Approach. In: Rodríguez, H./Donner, W./Trainor, J.E. (Hrsg.): Handbook of Disaster Research. Cham (Switzerland): Springer Nature, S. 23-38.

Bonazzi, G., 2014: Geschichte des organisatorischen Denkens. Wiesbaden: Springer Fachmedien.

Bose, M., 2011: Money doesn't always guarantee sporting success. Internet Blog vom 17. 11. 2011. www.mihirbose.com/ index.php/money-doesnt-always-guarantee-sporting-success/.

Bourdieu, P., 1998: Über das Fernsehen. Frankfurt am Main: Suhrkamp.

Braun, K./Huefnagels, D./Müller-Schwemer, T./Sorg, G. (Hrsg.) 2007: Marketing- und Vertriebspower durch Sponsoring: Sponsoringbudgets strategisch managen und refinanzieren. Wiesbaden: Springer-Verlag.

Braun, S./Finke, S., 2010: Integrationsmotor Sportverein. Wiesbaden: VS.

Brecht, B. 2004 (zuerst 1928): Die Dreigroschenoper. Frankfurt am Main: Suhrkamp.

Breuer, Chr., 2009: Strategisches Management in Sportorganisationen, in: Breuer, Chr./Thiel, A. (Hrsg.): Handbuch Sportmanagement. Schorndorf: Karl Hofmann Verlag, S. 156-17.

Breuer, Chr. (Hrsg.), 2015: Sportentwicklungsbericht 2013/2014. Analyse zur Situation der Sportvereine in Deutschland. Köln: Sportverlag Strauß.

Breuer, C./Feiler, S., 2019. Sportvereine in Deutschland: Organisationen und Personen. Sportentwicklungsbericht für Deutschland 2017/2018 – Teil 1. Bonn: Bundesinstitut für Sportwissenschaft.

Breuer Chr./Thiel, A., (Hrsg.) 2009: Handbuch Sportmanagement. Schorndorf: Karl Hofmann Verlag.

Brückner, M./Przyklenk, A., 2013: Lost Brands – vom Aufstieg und Niedergang starker Marken: Warum "too big to fail" nicht einmal für Traditionsmarken gilt. Wiesbaden: Springer/Gabler.

Bruhn, M., 2014: Marketing. Grundlagen für Studium und Praxis. Wiesbaden: Gabler/Springer.

Buchanan, J.M., 1965: An Economic Theory of Clubs. In: Economica, New Series (32), 125, S. 1-14.

Buchmeier, W./Zieschang, K., 1992: Sportökonomen in Beruf und Studium. Schorndorf: Karl Hofmann.

Budäus, D./Eichhorn, P., (Hrsg.) 1997: Public Private Partnership. Baden Baden: Nomos.

Büch, M.-P./Schellhaß, H.-M., 1978: Ökonomische Aspekte der Transferentschädigung im bezahlten Mannschaftssport. In: Jahrbuch für Sozialwissenschaft, 29. Jg, S. 255-274.

Büttner, R., 2010: Zu den Einflussfaktoren der Arbeitsmotivation und -zufriedenheit: Eine empirische Studie zu Herzbergs 2-Faktoren-Theorie. Projektbericht. München. www.prof-buettner.com/downloads/Projektbericht_Arbeitszufriedenheits studie_Buettner_final.pdf.

Bürgisser, S., 2012: Konflikte zwischen Vorstand und Geschäftsführung in Nonprofit-Organisationen. Wiesbaden: Gabler Verlag/Springer Fachmedien.

Burisch, W., 1973: Industrie- und Betriebssoziologie. Berlin/New York: Walter de Gruyter.

Burmann, Chr./Freiling, J./Hülsmann, M. Hrsg., 2005: Management von ad-hoc-Krisen, Wiesbaden: Gabler.

Burns, T./Stalker, G.M., 1961: The Management of Innovation. London: Tavistock.

Buschmann, R./Wulzinger, M. (2018). Football Leaks. Die schmutzigen Geschäfte im Profifußball. München: Penguin Verlag.

Cachay, K./Thiel, A., 2000: Soziologie des Sports. Zur Ausdifferenzierung und Entwicklungsdynamik des Sports der modernen Gesellschaft. Weinheim/München: Juventus.

Carr-Saunders, A.P./Wilson, P. A., 1933: The Professions. Oxford: Oxford University Press.

Chandler, A.D., 1962: Strategy and structure in the history of the american enterprise. Cambridge/Mass: Harvard University Press.

Child, J., 1972: Organizational Structure, Environment and Performance: The Role of Strategic Choice. In: Sociology, Jg. 6, S. 1-22.

Clegg, St./Kornberger, M./Pitsis, T., 2012 (3. Auflage): Management & Organizations. London u. a.: Sage.

Coase, R.H., 1937: The Nature of the Firm. In: Economica, New Series 4/1937, S. 386-405.

Cohen, M./March, J./Olsen, J., 1972: A Garbage Can Model of Organizational Choice. In: Administrative Science Quarterly, Vol. 17. S. 1-25.

Dahrendorf, R., 1957: Soziale Klassen und Klassenkonflikt in der industriellen Gesellschaft. Stuttgart: Enke.

Dahrendorf, R., 1986: Pfade aus Utopia. München: Piper.

Dahrendorf, R., 1994: Der moderne soziale Konflikt. München: dtv.

Dalton, M., 1948: The Industrial" Rate Buster": A Characterization. In: Human Organization, 7(1), S. 5-18.

Dalton, M., 1959: Men Who Manage. Fusions of Feeling and Theory in Administration. New York: Wiley.

Damkowski, W./Precht, C., 1998: Moderne Verwaltung in Deutschland. Stuttgart/Berlin/Köln: Kohlhammer.

Darwin, Ch., 2005 zuerst 1859: Die Abstammung der Menschen. Frankfurt am Main: Fischer.

Daumann, F., 2019 (3. Auflage): Grundlagen der Sportökonomie. München: UTB.

Daumann, F./Heinze, R./Römmelt, B. (2015): Veränderung der Sportmotive im Lebenslauf als Grundlage eines mitgliederorienitierten Managementment im Sportverein. In: Schafmeister, G./Ellert, G./Dallwig, S. (Hrsg.): Evolution und Revolution in der Sportwissenschaft. Perspektiven des Wandels aus sportökonomischer Sicht. Schorndorf: Hofmann Verlag. S. 11-20.

Daumann, F./Römmelt, B., 2015: Marketing und Strategie im Sport. Konstanz/München: UTB

Degele, N./Dries, Chr., 2005: Modernisierungstheorie. München: UTB.

DELOITTE, 2010: Der deutsche Fitnessmarkt. O.A.

Derlien, H.-U./Böhme, D./Heindl, M., 2011: Bürokratietheorie. Einführung in eine Theorie der Verwaltung. Wiesbaden: VS Verlag für Sozialwissenschaften/Springer Fachmedien.

DeSensi, J.T./Rosenberg, D., 2010: Ethics and Morality in Sport Management. Morgantown (USA): FIT.

DeSensi, J. u. a., 1990: Sport Management and Curricular Evaluation and Needs Assessment. In: Journal of Sport Management 4/1990, S. 31-58.

Diem, C., 1960: Weltgeschichte des Sports und der Leibeserziehung. Stuttgart: Cotta.

Dietl, H.M., 2011: Besonderheiten des Sports – Was rechtfertigt eine „eigene Ökonomik"? In: Emrich, E./Pierdzioch, Chr./Büch, M.-P. (Hrsg.): Europäische Sportmodelle. Gemeinsamkeiten und Differenzen in international vergleichender Perspektive. Schorndorf: Hofmann, S. 17-36.

Digel, H., 2013: Sportentwicklung in der Moderne. Schorndorf: Hofmann.

Digel, H./Burk, V., 2001: Sport und Medien. Entwicklungstendenzen und Probleme einer lukrativen Beziehung. In: Roters, G./Klingler, W./Gerhards, M. (Hrsg.): Sport und Sportrezeption. Baden-Baden: Nomos, S. 15-31.

Digel, H./Burk, V./Fahrner, M., 2007: Die Organisation des Hochleistungssports – ein internationaler Vergleich. Schorndorf: Hofmann.

Dieckert, J., 1978: Freizeitsport – Aufgabe und Chance für jedermann. Opladen: Westdeutscher Verlag.

DiMaggio, P.J./Powell, W.W., 1983: The Iron Cage Revisited: Institutional Isomorphism and Collective Rationality in Organization Fields. In: American Sociological Review 48, S. 147-160.

Dörnemann, J., 2002: Controlling für Profi-Sport-Organisationen. München: Vahlen.

Dötsch, D., 2006: Entwicklung kommerzieller Sportanbieter der Stadt Köln von 1995 – 2005. Diplomarbeit. Köln.

Donaldson, L., 2001: The Contigency Theory of Organizations. Thousand Oaks/London/New Dehli: SAGE Publications.

DOSB 2020, 1 ff Bestandserhebung 2020, https://cdn.dosb.de/user_upload/www.dosb.de/uber_uns/Bestandserhebung/BE-Heft_2020.pdf

Dreyfus, H.L./Dreyfus, S. E., 1987: Künstliche Intelligenz. Von den Grenzen der Denkmaschine und dem Wert der Intuition. Reinbek bei Hamburg: Rowohlt.

Degele, N./Dries, Chr., 2005: Modernisierungstheorie. München: W. Fink.

Drucker, P.F., 1998: Die Praxis des Managements. Düsseldorf: econ.

Durkheim, E., 1893: De la division du travail social: Étude sur l'organisation des sociétés supérieures. Paris: Félix Alcan.

Durkheim, E., 1983, zuerst 1897: Der Selbstmord. Frankfurt am Main: Suhrkamp.

DTB, o. J.: Pluspunkt Gesundheit, www.dtb-online.de/portal/gymwelt/gesundheitssport/pluspunkt-gesundheitdtb.html. Zuletzt am 29. 11. 2015.

Eggebrecht, E./Eggebrecht, A./Grube, N. K. (Hrsg.), 1992: Die Welt der Maya. Hildesheim: Philipp von Zabern Verlag.

Eichhorn, P., 2000: Das Prinzip Wirtschaftlichkeit. Wiebaden: Gabler.

Emrich, E./Pitsch, W./Papathanasiou, V., 2001: Die Sportvereine. Schorndorf: Hofmann.

Endruweit, G., 2004: Organisationssoziologie. Stuttgart: UTB.

Engels, F. 1980, zuerst 1845: Die Lage der arbeitenden Klasse in England. München: dtv.

Espy, R., 1981: The politics of the Olympic Games: with an epilogue, 1976-1980. Berkeley: Univ of California Press.

Etzioni, A, 1997: Die faire Gesellschaft. Jenseits von Sozialismus und Kapitalismus. Frankfurt am Main: Fischer.

Fahrner, M., 2005: Sportverbände unter Veränderungsdruck. Schorndorf: Hofmann.

Fahrner, M., 2012: Grundlagen des Sportmanagements. München: De Gruyter Oldenbourg.

Fayol, H., 1929: Allgemeine und industrielle Verwaltung. München/Berlin: Oldenbourg.

Festinger, L., 2012: Theorie der Kognitiven Dissonanz. Bern: Huber Verlag.

Filo, K./Lock, D./Karg, A. (2015). Sport and social media research: A review. Sport management review, 18(2), 166-181.

fivb 2004: www.fivb.org/EN/BeachVolleyball/Rules/BVB 20Uniforms 20OG 202004.pdf

Forrest, D./McHale, I./McAuley, K., 2008: "Say It Ain't So": Betting-Related Malpractice in Sport. In: International Journal of Sport Finance, 3/2008, S. 156-166.

Foucault, M., 2012: Der Mut zur Wahrheit. Berlin: Suhrkamp

Foucault, M., 2019: Die Regierung des Selbst und der anderen. Frankfurt am Main: Suhrkamp

Fox, A.,/Weimar, D., 2014: Fan-Anleihen als Finanzierungsmöglichkeit von Sportorganisationen außerhalb des Fußballs. In: Corporate Finance, 5, S. 242-252.

Frank, E., 2000: Die Verfassungswahl bei Fußballclubs unter besonderer Betrachtung der spezifischen Produktionsstruktur des Teamsports. In: Büch, M.-P. (Hrsg.): Märkte und Organisationen im Sport: Institutionenökonomische Ansätze. Schorndorf: Hofmann, S. 11-26.

Freidson, E., 1975: Dominanz der Experten. Zur sozialen Struktur medizinischer Versorgung. München/Berlin/Wien: Urban & Schwarzenberg.

French, W.L./Bell, C.H. Jr., 1990: Organisationsentwicklung. Bern/Stuttgart/Wien: UTB.

Freyer, W., 2011: Sport-Marketing. Modernes Marketing-Management für die Sportwirtschaft, Berlin: Erich Schmidt Verlag.

Frick, B., 2008: Die Entlohnung von Fußball-Profis: Ist die vielfach kritisierte "Gehaltsexplosion" ökonomisch erklärbar? Sportökonomie Aktuell Nr. 19, Download: www.ak-spooek.de/nr19_2008.pdf.

Friedman, M., 1962: Capitalism and Freedom. Chicago: Chicago University Press.

Fritsch, O., 2014: Uefa Champions League: Der Zirkel der Superreichen. In: Die Zeit vom 16. September 2014, www.zeit.de/sport/2014-09/champions-league-financial-fairplay/komplettansicht.

Fürstenberg, F., 1981: Erfolgskonzepte der japanischen Unternehmungsführung. Zürich: Verlag Moderne Industrie.

Furubotn, E.G./Pejovich, S., 1972: Property Rights and Economic Theory. A Survey of Recent Literature. In: The Journal of Economic Literature X, S. 1137-1162.

Galli, A./Gömmel, R., 2012: Sportmanagement. München: Vahlen.

Giulianotti, R./Robertson, R. (Eds.), 2007: Globalization and sport. Oxford: Blackwell Pub.

Gerhard, S./Breitinger, M., 2015: Was über den Abgas-Skandal bekannt ist. In: Zeit-Online: www.zeit.de/wirtschaft/ 2015-09/vw-abgase-manipulation-faq.

Gordon, Th., 1979: Managerkonferenz. Effektives Führungstraining. München: Heyne.

Grant, R.M., 2005: Contemporary Strategy Analysis. Malden (USA)/Oxford (Engl.)/ Victoria (Aus.): Blackwell Publishing.

Granvogel, H./Perridon, L., 2000: Sozioökonomie. München/Wien: Oldenbourg.

Graumann, M./Thieme, L. (Hrsg.) 2010: Controlling im Sport. Grundlagen und Best Practice für Vereine, Verbände und Ligen. Berlin: Erich Schmidt Verlag.

Greenwood, E., 1957: Attributs of a Profession. In: Social Work Nr. 2/1957, S. 44-55.

Greif, Siegfried, 2004: Geschichte der Organisationspsychologie. In: Schuler, H. (Hrsg.): Organisationspsychologie. Bern: Verlag Hans Huber, S. 21 – 57.

Grünheid, E./Fiedler, Chr., 2013: Bevölkerungsentwicklung. Daten, Fakten, Trends zum demografischen Wandel. Wiesbaden: Bundesinstitut für Bevölkerungsforschung.

Grünig, R./Kühn, R. 2017: Prozess zur Lösung komplexer Entscheidungsprobleme. Ein heuristischer Ansatz. Berlin: Springer Gabler.

Güldenpfennig, S., 2004: Olympische Spiele als Weltkulturerbe. Zur Neubegründung der Olympischen Idee. Sankt Augustin: Academia.

Gupta, R., 2014: Pain Management. Essential Topics for Examinations. Berlin: Springer.

Gutenberg, E., 1951: Grundlagen der BWL. Die Produktion, Bd. 1. Berlin/Heidelberg/New York: Springer.

Guttmann, A., 1988: The Cold War and the Olympics. International Journal, 43(4), 554-568.

Hafner, K./Lyon, M., 1998: Where Wizzards stay up late. The origins of the internet. New York: Touchstone.

Hage, J., 1980: Theorie of Organizations. New York u. a.: John Wiley.

Hage, J./Aiken, M., 1970: Social change in complex organizations. New York: Random House.

Halberstam, D., 1988: Die Abrechnung. Frankfurt am Main/New York: Campus.

Hannan, M.T./Freeman, J., 1977: The population ecology of organizations. In: American Journal of Sociology 82, 929-964.

Hannan, M.T./Freeman J., 1989: Organizational ecology. Cambridge (Mas.): Harvard University Press.

Hansmann, H. B., 1980: The Role of Nonprofit Enterprise. Yale Law Journal 89, 5, S. 835-901.

Hanusch, H./Ilg, G./Jung, M., 2011: Nutzen-Kosten-Analyse. München: Beck.

Hartmann, M., 1996: Topmanager – die Rekrutierung einer Elite. Frankfurt am Main/New York: Campus.

Hartmann-Tews, I./Luetkens, S. A., 2006: Sportentwicklung, geschlechtsbezogene Inklusion- und Inklusionspolitiken im internationalen Vergleich. In: Hartmann-Tews, I./Rulofs, B. (Hrsg.): Handbuch Sport und Geschlecht. Schorndorf: Hofmann, S. 298-310.

Havemann, N., 2013: Samstags um halb 4. Die Geschichte der Fußballbundesliga. München: Siedler.

Haverkamp, N., 2005: Typisch Sport? Der Begriff Sport im Lichte der Prototypenmodelle. Köln: SPORT und BUCH Strauß.

Heermann, P.W. 2004: Salary Cap – Kartellrechtliche Grenzen. In: Zieschang, K./ Klimmer, Chr. (Hrsg.): Unternehmensführung im Profifußball – Symbiose von Sport, Wirtschaft und Recht. Berlin: Verlag Erich Schmidt, S. 123-139.

Hinings, C.R. (2001): Professions in Organizations. In: Smelser, N.J./Baltes, P.B. (Hrsg.): Encyclopedia of the Social & Behavioral Science. Amsterdam u. a.: Pergamon, S. 12160-12166.

Heinemann, K., 1985: Wirtschaftssoziologische Probleme freiwilliger Vereinigungen, in: Milde, H. /Mommsen, H.G. (Hrsg.): Rationale Wirtschaftspolitik in komplexen Gesellschaften. Stuttgart u. a.: Kohlhammer, S. 115-128.

Heinemann, K. 1995: Einführung in die Ökonomie des Sports. Schorndorf: Hofmann.

Heinemann, K., 2004: Sportorganisationen. Schorndorf: Hofmann.

Heinemann, K., 2007: Einführung in die Soziologie des Sports. Schorndorf: Hofmann.

Heinemann, K./Horch H.-D., 1981: Soziologie der Sportorganisation, in: Sportwissenschaft Nr.: 11 (1981).

Heinemann, K./Horch H.-D., 1991: Elemente einer Finanzsoziologie freiwilliger Vereinigungen. Stuttgart: Enke.

Heinemann, K./Schubert, M., 1994: Der Sportverein. Schorndorf: Hofmann.

Heiser, H. C., 2019: Budgetierung: Grundsätze und Praxis der betriebswirtschaftlichen Planung. Berlin: Walter de Gruyter.

Helmig, B./Purchert, R., (Hrsg.) 2006: Nonprofit-Management. Wiesbaden: Gabler.

Hempel, C.G., 1980: Typologische Methoden in den Sozialwissenschaften. In: Topitsch, E. (Hrsg.): Logik der Sozialwissenschaften. Königstein im Tessin: Kiepenheuer & Witsch.

Hengsbach, F., 1991: Wirtschaftsethik. Freiburg im Breisgau: Herder.

Herzberg F./Snydermann, B.B., 1959: The Motivation to work. New York: John Wiley & Sons.

Hildebrandt, A. (Hrsg.), 2014: CSR und Sportmanagement. Wiesbaden: Springer/Gabler.

Hirschman, A. O., 1974: Abwanderung und Widerspruch. Tübingen: Mohr.

Hockenjos, Chr., 1995: Öffentliche Sportförderung in der Bundesrepublik Deutschland. Frankfurt: Peter Lang.

Hof, H., 1998: Zur Typologie der Stiftung. In: Bertelsmann Stiftung (Hrsg.): Handbuch Stiftungen. Wiesbaden: Gabler, S. 943-972.

Hofert, S., 2016: Agiler führen. Einfache Maßnahmen für bessere Teamarbeit, mehr Leistung und höhere Kreativität. Wiesbaden: Springer Gabler.

Hoffmann, W./Klien, W./Unger, M., 1996: Strategieplanung, in: Eschenbach, R. (Hrsg.): Controlling. Stuttgart: Schäffer Poeschel, S. 211-313.

Hofstätter, P.R., 1971: Gruppendynamik. Kritik der Massenpsychologie. Reinbek bei Hamburg: Rowohlt.

Horch, H.-D., 1983: Strukturbesonderheiten freiwilliger Vereinigungen. Analyse und Untersuchung einer alternativen Form menschlichen Zusammenarbeitens. Frankfurt/New York: Campus.

Horch, H.-D., 1985: Personalisierung und Ambivalenz. Strukturbesonderheiten freiwilliger Vereinigungen. In: Kölner Zeitschrift für Soziologie und Sozialpsychologie, Jg. 37, S. 257-276.

Horch, H.-D., 1992: Geld, Macht und Engagement in freiwilligen Vereinigungen. Grundlagen einer Wirtschaftssoziologie von Non-Profit-Organisationen. Berlin: Duncker & Humblot.

Horch, H.-D., 1994: Besonderheiten einer Sport-Ökonomie. Ein neuer bedeutender Zweig der Freizeitökonomie. In: Freizeitpädagogik 16/1994, S. 243-257.

Horch, H.-D., 1995: Selbst-Zerstörungsprozesse freiwilliger Vereinigungen. In: Olk, Th./Sachße, Th. (Hrsg.): Von der Wertgemeinschaft zum Dienstleistungsunternehmen. Wohlfahrts- und Jugendverbände im Umbruch. Frankfurt: Suhrkamp, S. 280-296.

Horch, H.-D., 1997: Der deutsche Verein und die japanische Firma – Was Forprofit-Organisationen von Nonprofit-Organisationen lernen können. In: Schauer, R. (Hrsg.): Nonprofit-Organisationen zwischen Markt und Staat. Linz: Trauner, S. 213-232.

Horch, H.-D., 1999: Sportökonomie, Sportmanagement, das Institut und der Kongress in: Horch, H.-D./Heydel, J./Sierau, A.: Professionalisierung im Sportmanagement. Aachen: Meyer & Meyer, S. 7-12.

Horch, H.-D., 2014: Besonderheiten des Qualitätsmanagements im Sport. In: Horch, H. D./Schubert, M./Walzel, St.: Besonderheiten der Sportbetriebslehre, Berlin/Heidelberg: Springer.

Horch, H.-D./Niessen, Chr./Schütte, N., 2003: Sportmanager in Verbänden und Vereinen. Köln: SPORT und BUCH Strauß.

Horch, H.-D./Schubert, M./Walzel, St., 2014: Besonderheiten der Sportbetriebslehre. Berlin/Heidelberg: Springer.

Horch, H.-D./Schütte, N., 2003: Kommunale Sportverwaltung. Analysen zur Verwaltungsreform und zum Berufsfeld. Köln: ASS.

Horky, Th., 2009: Was macht den Sport zum Mediensport? Ein Modell zur Definition und Analyse von Mediensportarten. In: Sportwissenschaft Nr. 39, S. 298-308.

Horky, Th./Stiehler, H. J./Schierl, Th. (Hrsg.), 2018: Die Digitalisierung des Sports in den Medien. Köln: Herbert von Halem Verlag.

Hoye, R. et al 2009: Sportmanagement. Amsterdam et al.: Elsevier Butterworth-Heinemann.

Hoye, R./Cuskelly, G., 2007: Sport Governance. Oxford: Elsevier Butterworth-Heinemann.

Hovemann, G./Kaiser, S./Schütte, N., 2003: Sporteventmanager – Ergebnisse einer Berufsfeldanalyse. Münster: IST.

Huseman, R./Goodeman, J.P., 1999: Leading with knowledge. Thousand Oaks/London/New Dehli: Sage.

Hutchins, B., 2008: Signs of meta-change in second modernity: the growth of e-sport and the World Cyber Games. New Media & Society, 10(6), S. 851-869.

Huth, Chr./Böse, A., 2015: Wie eine Balanced Scorecard für Sportverbände aussehen könnte. In: Controlling und Management Review 1/2015, S. 56-62.

Illich, I. u. a., 1983: Entmündigung durch Experten. Zur Kritik der Dienstleistungsberufe. Reinbek bei Hamburg: Rowohlt.

Inglehart, R., 1977. The Silent Revolution. Princeton, New Jersey: Princeton University Press.

Jensen, M./Meckling, W., 1976: Theory of the firm. Managerial Behavior, agency costs and ownership structure. In: Journal of Financial Economics 3/1976, S. 305-360.

Jobling, I./Deane, J., 1996: Sportmanagement in Australia. In: Chappelet, J.-L./Roukhadzé, M.-H. (Hrsg.): Sport Management. An International Approach. Lausanne: IOC, S. 21-32.

Johnson G./Scholes, R.W., 1997 Exploring Corporate Strategy. Upper Saddle River (New Jersey): Prentice Hall.

Jonas, N., 1986: The hollow corporation. In: International Business Week, 3. März 1986, S. 53–55.

Kaiser, S., 2002: Struktur und Entwicklung kommerzieller Sportanbieter am Beispiel der Stadt Köln. In: Horch, H.-D./Heydel, J./Sierau, A. (Hrsg.): Finanzierung des Sports. Beiträge des 2. Kölner Sportökonomie-Kongresses. Aachen: Meyer und Meyer, S. 36-47.

Kaiser, S., 2006: Das Sportstudiomanagement. Anforderungen – Rekrutierung – Professionalisierung. Saarbrücken: VDM.

Kaiser, S. 2008: Nationales und Internationales Sportmanagement. Oldenburg: Carl von Ossietzky Universität Oldenburg.

Kaplan, R.S./Norton, D.P., 1996: The balanced scorecard. Boston: Havard Business School Press.

Kappler, E./Wadsack, R., 1996: Organisationsentwicklung für Olympiastützpunkte. Schorndorf: Hofmann.

Karnigel, R, 1997: The one best way: Frederick Winslow Taylor and the enigma of efficiency. New York: Penguin Books.

Keller, Chr., 2008: Steuerung von Fußballunternehmen. Berlin: Erich Schmidt Verlag.

Kern, H./Schumann, M., 1984: Das Ende der Arbeitsteilung? Rationalisierung in der industriellen Produktion. München: Beck.

Kernen, J., 2005: Festina hat über den Radsport einen international sehr hohen Bekanntheitsgrad erlangt. Sponsoring extra, abrufbar unter: www.sponsoringextra.ch/file/archiv/interviews_unternehmen/festina-06-2005.pdf, zuletzt 21. 12. 2020.

Késenne, St., 2000: The Impact of Salary Caps in Professional Team Sports. In: Scottish Journal of Political Economy, Vol. 47, Issue 4, S. 422–430.

Keupp, H. et al., 2008: Identitätskonstruktionen. Das Patchwork der Identitäten in der Spätmoderne. Reinbek bei Hamburg: Rowohlt.

Kieser, A., 1997: Implementierungsmanagement im Zeichen von Moden und Mythen des Organisierens. In: Nippa, Michael & Scharfenberg, Heinz (Hrsg.): Implementierungsmanagement. Wiesbaden: Gabler, S. 81-102

Kieser A., 2001: Management und Taylorismus. In: Kieser A., (Hrsg.): Organisationstheorien. Stuttgart/Berlin/Köln: Kohlhammer, S. 65-100.

Kieser A., 2001a: Der situative Ansatz. In: Kieser A., (Hrsg.): Organisationstheorien. Stuttgart/Berlin/Köln: Kohlhammer, S. 169-198.

Kieser, A., 2014: Managementlehren – Von Regeln guter Praxis über den Taylorismus zur Human Relation-Bewegung. In: Kieser, A./Ebers, M., 2014: Organisationstheorien. Stuttgart: Kohlhammer, S. 73-117.

Kieser, A./Ebers M. (Hrsg.), 2014: Organisationstheorien. Stuttgart: Kohlhammer.

Kieser, A./Kubicek H., 1992: Organisation. Berlin/New York: De Gruyter

Kieser, A./Walgenbach 2010: Organisation. Stuttgart: Schaeffer Poeschel.

Kirchler, E./Pitters, J./Kastlunger, B., 2020: Psychologie in Zeiten der Krise. Eine wirtschaftspsychologische Analyse der Coronavirus-Pandemie. Wiesbaden: Springer.

Klages, H., 2001: Brauchen wir eine Rückkehr zu traditionellen Werten? In: Aus Politik und Zeitgeschichte. Nr. 29/2001, S. 7-14.

Klein, N., 2007: Die Schockstrategie. Der Aufstieg des Katastrophenkapitalismus. Frankfurt am Main: Fischer.

Klein, R./Scholl, A., 2012: Planung und Entscheidung: Konzepte, Modelle und Methoden einer modernen betriebswirtschaftlichen Entscheidungsanalyse. München: Vahlen.

Kluckhohn, Clyde, 1951. Values and Value-Orientations in the Theory of Action. In: Parsons, T./Shils, E. (Hrsg.): Toward a general theory of action. New York: Harper & Row, S. 388-433.

Koberski, W., 2014: Tendenzbetriebe und Religionsgemeinschaften. In: Dachrodt, H. G./Koberski, W./ Engelbert, V./Dachrodt, G.: Praxishandbuch Human Resources. Wiesbaden: Springer, S. S. 1827-1834.

Köberich, T., 2018: Wohin rollt die Bundesliga? Internationalisierungsstrategien im professionellen Fußball am Beispiel der Deutschen Fußballbundesliga. Masterarbeit. Mainz.

Könecke, Th./Schubert, M./Preuß, H., 2016: (N)Olympia in Deutschland? Eine sozioökonomische Studie zum Referendum gegen München. In: Hovemann, G./

Lammert, J.: Sport im Spannungsfeld unterschiedlicher Sektoren. Schorndorf: Karl Hofmann Verlag, S. 185-197.

König, R., 1984: Niccolo Machiavelli. Zur Krisenanalyse einer Zeitenwende. Frankfurt am Main/Berlin/Wien: Ullstein Verlag.

Komus, A./Kamlowski, W., 2014: Gemeinsamkeiten und Unterschiede von Lean Management und agilen Methoden, Koblenz: BPM-Labor (www.hs-koblenz.de/fileadmin/media/fb_wirtschaftswissenschaften/Forschung_Projekte/Forschungsprojekte/BPM-Labor/BPM-Lab-WP-Lean-vs-Agile-v1.;0.pdf)

Korthals, J.P., 2005: Bewertung von Fußballunternehmen. Wiesbaden: DUV.

Kotter, J.P., 1997: Chaos – Wandel – Führung. Düsseldorf: econ.

Krakauer, J., 2015: In eisige Höhen. Das Drama am Mount Everest. München/Berlin/Zürich: Piper.

Kropp, M./Meier, A., 2015: Swiss Agile Study 2014: Agile Software-Entwicklung in der Schweiz, Download: https://digitalcollection.zhaw.ch/bitstream/11475/10504/3/2015_Meier_2_Swiss_Agile_Study.pdf

Krüger, A./Dreyer, A. (Hrsg.) 2004: Sportmanagement. München/Wien: Oldenbourg.

KSTA (Kölner Stadtanzeiger) o.D.: Die Karriere des Michael Meier. www.ksta.de/archiv/die-karriere-des-michael-meier, 16592382,12151188.html. Zuletzt: 19.09.2015.

Kühl, St. 2008: Wirtschaft und Gesellschaft: neomarxistische Theorieansätze. In: Maurer, A. (Hrsg.): Handbuch der Wirtschaftssoziologie. Wiesbaden: VS Verlag, S. 124-151.

Kunz, G., 2003: Führen durch Zielvereinbarungen. München: C.H. Beck.

Kupfer, F.A., 2006: Erfolgreiches Fußballclub-Management. Göttingen: Die Werkstatt.

Kurbjuweit, D., 2003: Globalisierung – Weltmacht Nike. In: Der Spiegel 27/2003, S. 76-90.

Kurke, L. B./Aldrich, H. E., 1983: Note – Mintzberg was Right !: A Replication and Extension of The Nature of Managerial Work. In: Management Science No. 8, S. 975 – 984.

Kurscheidt, M., 2004: Stand und Perspektiven ökonomischer Forschung zum Fußball — eine dogmenhistorische Annäherung. In: Hammann, P./Schmidt, L./Welling, M., (Hrsg.): Ökonomie des Fußballs. Grundlegungen aus volks- und betriebswirtschaftlicher Perspektive. Wiesbaden: Gabler, S. 25-58.

Lange, S./Nigbur, M., 2014: WERDER BEWEGT: CSR und Social Media im Sport. In: Hildebrand, A. (Hrsg.): CSR und Sportmanagement. Berlin und Heidelberg: Springer, S. 295-303.

Large, D.C., 2007: Nazi games: the Olympics of 1936. New York: WW Norton & Company.

Lehmann, J., 2010: Ehrenamtliches Vereinsmanagement: Eine praxisorientierte Anleitung zur Vereinsführung. Fritzlar: Praxis Gesellschaft f. Weiterbildung im Vereins- u. Kommunalrecht.

Lemke, T./Krasmann, S./Bröckling, U., 2012: Gouvernementalität, Neoliberalismus und Selbsttechnologien. In: Bröckling, U./Lemke, T./Krasmann, S. (Hrsg.): Gouvernementalität der Gegenwart. Frankfurt am Main: Suhrkamp.

Lessing, H.-E., (Hrsg.) 1982: Fahrradkultur Bd. 1.: Der Höhepunkt um 1900. Reinbek bei Hamburg: Rowohlt.

Lewin, K., 1947: Frontiers in group dynamics. Concept, method and reality in social science. Social equilibria and social change. In: Human Relations. Bd. 1, Nr. 1-1947, S. 5-41.

Lienhard, P./Preuss, H., 2014: Legacy, Sustainability and CSR at Mega Sport Events. An Analysis of the UEFA EURO 2008 in Switzerland. Wiesbaden: Springer Gabler.

Linton, R., 1973: Rolle und Status, in: Hartmann, H. (Hrsg.): Moderne Amerikanische Soziologie. Stuttgart: Enke, S. 310-315.

Locke, E.A./Latham, G.P., 1990: A theory of goal setting & task performance. Englewood Cliffs: Prentice-Hall.

Luhmann, N., 1964: Funktionen und Folgen formaler Organisation. Berlin: Duncker & Humblot.

Maennig, W., 2005: Corruption in international sports and sport management: forms, tendencies, extent and countermeasures. In: European Sport Management Quartely 5.2/2005, S. 187-225.

Martens, R., 2012: Peter Krohn – Wie der Fußball zum Geschäft wurde. In: Die Zeit, www.zeit.de/sport/2012-03/interview-krohn-geburtstag-kommerz.

Maslow, A.H., 1989: Motivation und Persönlichkeit. Reinbek bei Hamburg: Rowohlt.

Mayntz, R., 1972: Soziologie der Organisation. Reinbek bei Hamburg: Rowohlt.

Mayntz, R., 2004: Governance Theory als fortentwickelte Steuerungstheorie?, MPIfG working paper, No. 04/1.

Mayo, E., 1960 (zuerst 1933): The Human Problems of an Industrial Civilization. New York: Macmillan.

Matthöfer, H., 1978: Humanisierung der Arbeit und Produktivität in der Industriegesellschaft. Frankfurt: EVA.

Maxcy, J.G., 2012: Economics of the NFL Player Entry Draft System. In: Quinn, K.G. (Hrsg.): Economics of the National Football League: The State of the Art Sports Economics. New York: Springer, S. 173-176

McDougall, W., 1921: An Introduction to Social Psychology. Boston: J.W. Luce & Co.

Meier, H., 2003: Mitarbeit im Sport. Bausteine zur Entwicklung einer Theorie des Sportvereins, dargelegt am Beispiel der Mitarbeitsverhältnisse und den strukturellen Bedingungen ihres Wandels. Bielefeld. Bezug durch http:// bieson. ub. uni-bielefeld. de/volltexte/2004/537 /.

Meinberg, E., 2001: Trainerethos und Trainerethik. Ein Leitfaden. Köln: Sport & Buch Strauß.

Meiners, U., 2014: "Faustball in der Schule." http:// faustballtraining.de/wp-content/uploads/2014/01/Faustball-in-der-Schule-2006.pdf.

Melzer, M./Stäglin, R., 1965: Zur Ökonomie des Fußballs: eine empirisch theoretische Analyse der Fußballbundesliga. In: Konjunkturpolitik – Zeitschrift für angewandte Konjunkturforschung, 11.Jg., S. 114-137.

Mendelow, A., 1991: Environmental Scanning. In: Proceedings of the 2nd International Conference on Information Systems. Cambridge (Mas.): Harvard University Press, S. 7-9.

Merton, R.K., 1971: Bürokratische Struktur und Persönlichkeit. In: Mayntz, R. (Hrsg.): Bürokratische Organisation. Köln/Berlin: Kiepenheuer & Witsch, S. 265-276.

Metzger, S., 2015: Die Entwicklung des deutschen Fußballs seit der Krise der Europameisterschaft 2000. Staatsexamensarbeit. Mainz.

Meulemann, H., 2013: Soziologie von Anfang an. Wiesbaden: VS Verlag für Sozialwissenschaften/Springer Fachmedien.

Meyer, B./Ahlert, G., 2000: Die ökonomischen Perspektiven des Sports. Schorndorf: Hofmann.

Meyer, J. W./Rowan, B., 1968: The Structure of Educational Organisations. In: Meyer, M.W. (Hrsg.): Environments and Organizations. San Francisco: Jossey-Bass Publishers, S. 78- 109.

Michels, R., 1957 (zuerst 1912): Zur Soziologie des Parteienwesens in der modernen Demokratie. Stuttgart: Kröner.

Mills, D.Q./Friesen, G.B., 1996: Broken Promises. An unconventional View of what went wrong at IBM. Massachets: Harvard Business School Press.

Mintzberg, H., 1968: The Manager at Work – Determining his Activities, Roles, and Programs by Structured Observation. Cambridge: M.I.T. Sloan School of Management.

Moschner, B., 2002: Altruismus und Egoismus – Was motiviert zum Ehrenamt? Diskussionspapier Nr. 20/Januar 2002, Bielefeld, www.uni-bielefeld.de/bi2000plus/diskussionspapiere/DP_20_final.pdf.

Mouffe, C., 2007: Über das Politische. Wieder die kosmopolitische Illusion. Frankfurt am Main: Suhrkamp.

Müller, U., 1999: Zwischen Licht und Grauzone: Frauen in Führungspositionen. In: Arbeit, Nr. 2/1999, S. 137-161.
Musgrave, R., 1969: Finanztheorie. Tübingen: Mohr Siebeck.
Nagel, S., 2006: Sportvereine im Wandel. Akteurstheoretische Analysen zur Entwicklung von Sportvereinen. Schorndorf: Karl Hofmann.
Neher, A. 1991: Maslow's Theory of Motivation. A Critique. In: Journal of Humanistic Psychology 31. 3 (1991), S. 89 – 112.
Neil, A.S. (1985, zuerst 1960): Theorie und Praxis der antiautoritären Erziehung. Das Beispiel Summerhill. Reinbek bei Hamburg: Rowhlt.
Niederberger, A./ Schink, Ph. (Hrsg.), 2011: Globalisierung. Ein interdisziplinäres Handbuch. Stuttgart/Weimar: J.B.Metzler.
Niedermann, E., 1980: Die Leibesübungen der Ritter und Bürger. In: Ueberhorst, H. (Hrsg.): Geschichte der Leibesübungen. Band 3/1. Berlin: Bartels & Wernitz, S. 70-97.
Nerdinger, F.W., 2011: Organisationsentwicklung. In: Nerdinger, F.W./Blickle, G./Schaper, N. (Hrsg.): Arbeits- und Organisationspsychologie. Berlin/Heidelberg/New York: Springer, S. 149-158.
Neuberger, O., 1995: Führen und geführt werden. Stuttgart: Enke.
Neugebauer, R., 2018: Digitalisierung. Schlüsseltechnologien für Wirtschaft und Gesellschaft. Wiesbaden: Springer Gabler, Wiesbaden.
Neuhoff, K. 2003: Tatsachenforschung zu Nonprofit-Insolvenzen. In: Zeitschrift für öffentliche und gemeinwirtschaftliche Unternehmen: ZögU/Journal for Public and Nonprofit Services, 2003, Bd. 26, H. 4 (2003), pp. 419-427
Noelle-Neumann, E., 1978: Werden wir alle Proletarier? Zürich: Edition Interfrom.
Noll, B., 2010: Grundriss der Wirtschaftsethik. Von der Stammesmoral zur Ethik der Globalisierung. Stuttgart: Kohlhammer.
North, K., 1999: Wissensorientierte Unternehmensführung. Wiesbaden: Gabler.
Nufer, G./Bühler, A. (Hrsg.) (2012): Management im Sport. Betriebswirtschaftliche Grundlagen und Anwendungen der modernen Sportökonomie. Berlin: Erich Schmidt Verlag.
Nufer, G./Bühler, A. (Hrsg.), 2013: Marketing im Sport. Grundlagen und Trends des modernen Sportmarketings. Berlin: Erich Schmidt Verlag.
Oberkönig, M., 2020: Skandalresistenz im Fußball. Eine Studie zu den Auswirkungen der „Football Leaks“ auf die Fanloyalität im Ruhrgebiet. Masterarbeit. Mainz.
Oberloskamp, E., 2012: Das Olympia-Attentat 1972: Politische Lernprozesse im Umgang mit dem transnationalen Terrorismus. Vierteljahrshefte für Zeitgeschichte, 60(3), 321-352.

Olsen, M., 1968: Die Logik des kollektiven Handelns. Kollektivgüter und die Theorie der Gruppe. Tübingen: Mohr Siebeck.

Opel, 2015: www.opel.de/opel-erleben/ueber-opel/tradition.html, zuletzt 14. 2. 2015.

Orton, J.D./Weick, K. E., 1990: Loosely Coupled Systems: A Reconceptualization. In: Academy of Management Review 15, S. 203-223.

Ouchi, W. G. and A. M. Jaeger, 1978: Type Z organization: Stability in the midst of mobility. Academy of Management Review (April), S. 305-314.

Packheiser, A./Hovemann, G., (2015): Anforderungen an Sportmanager – Eine Analyse der Stellenausschreibungen von erwerbswirtschaftlichen Sportanbietern. In: Schafmeister, G./Ellert, G./Dallwig, S. (Hrsg.): Evolution und Revolution in der Sportwissenschaft. Perspektiven des Wandels aus sportökonomischer Sicht. Schorndorf: Hofmann, S. 21-31.

Paolillo, J. G. P., 1987: Role Profiles for Managers in Different Functional Areas. In: Group Organization Management 12, 1, S. 109-118.

Parsons, T., 1954: The professions and social structure. New York: Free Press.

Parsons, T., 1956: Suggestions for a Sociological Approach to the Theory of Organizations. In: Administrative Science Quarterly, Jg. 1, S. 63 – 85/S. 225-239.

Pawlowski, T., 2020 (2. Auflage): Sportökonomik. In: Burk, V./Fahrner, M. (Hrsg.): Sportwissenschaft. Themenfelder, Theorien und Methoden. München: UTB, S. 149-172.

Pawlowski, T./Breuer, Chr., 2012: Die finanzpolitische Bedeutung des Sports in Deutschland. Wiesbaden: Springer.

Pawlowski, T./Coates, D./Nalbantis, G., 2015: Perceived competive balance in professional football. In: Könecke, T./Preuß, H./Schöllhorn, W. (hrsg.): Moving Minds – Crossing Boundaries in Sport Science. Hamburg: Feldhaus, S. 185.

Pearson, C.A.L./Chatterjee, S. R., 2003: Managerial Work Roles in Asia: An Empirical Study of Mintzberg's Role Formulation in Four Asian Countries. In: Journal of Management Development 22, 8, S. 694-707.

Peters, T.J./Waterman, R.H., 1982: In search of excellence – Lessons from Americas Best-Run Companies. New York u. a.: Harper & Row.

Pettigrew, A./Ferlie, E./McKee, L., 1992: Shaping strategic change. London: Sage.

Pfeffer, J./Salancik, G.R., 1978: The External Control of Organizations. A Resource Dependence Perspective. New York u. a.: Harper & Row.

Pierer, H. von, 1998: Chnaging Supertankers into Speedboats, in: Dauphinais, William/Price, Colin (Ed.): Straight from the CEO. London: Nicholas Brealey Publishing. S. 94-98

Pine, J.B., 1993: Mass Customization: the new frontier in busisness competition. Boston: Harvard Business Press.

Piore, M.J./Sabel, Ch., 1985: Das Ende der Massenproduktion. Berlin: Wagenbach.

Pohlmann, M.C., 2002: Management, Organisation und Sozialstruktur – Zu neuen Fragestellungen und Konturen der Managementsoziologie. In: Schmidt R./Gergs, H.-J./Pohlmann, M. (Hrsg.): Managementsoziologie. Mering/München: Rainer Hampp Verlag, S. 227-244.

Polanyi, M., 1985: Implizites Wissen. Frankfurt am Main: Suhrkamp.

Pommerehne, W.W./Gärtner, M., 1978: Der Fußballzuschauer – ein homo oeconomicus? Eine theoretische und empirische Analyse. In: Jahrbuch für Sozialwissenschaft, 29. Jg, S. 88-107.

Preuß, H., 2003: Methodische Grundlagen, in: Preuß, H./Weiss, H.-J.: Torchholder Value Added – Frankfurt RheinMain 2012. Eschborn: AWV, S. 17-59.

Preuß, H./Alfs, Chr./Alert, G., 2012: Sport als Wirtschaftsbranche. Der Sportkonsum privater Haushalte in Deutschland. Wiesbaden: Gabler.

Preuss, H./Haugen, K.K./Schubert, M., 2014: UEFA financial fair play – the curse of regulation. In: European Journal of Sport Studies 2(1), S. 33-51.

Preuss, H./Heisey, K., 2012: Macroeconomics of international sport, in: Li, M./MacIntosh, E.W./Bravo, G. A. (Ed.): International Sport Management. Champaigne et al.: Human Kinesics, S. 303- 317.

Preuß, H./Kurscheidt, M./Schütte, N., 2009: Ökonomie des Tourismus von Sportgroßveran- staltungen. Eine empirische Analyse zur Fußball-Weltmeisterschaft 2006. Wiesbaden: Gabler.

Rauball, R. (Hrsg.), 1972: Bundesliga-Skandal. Berlin: Walter de Gruyter.

Rice, B., 1982: Legenden sterben langsam. Die Geschichte des Hawthorne-Effekts. In: Psychologie heute, Nr. 11. S. 50-55.

Rittner, V., 1994: Die „success-story" des modernen Sports und seine Meta-morphosen. Fitness, Ästhetik und individuelle Selbstdarstellung. In: AUS POLITIK UND ZEITGESCHICHTE. Beilage zur Wochenzeitung DAS PARLAMENT Nr. 24, S. 23-30

Rittner, V./Breuer, Chr., 2004: Soziale Bedeutung und Gemeinwohlorientierung des Sports. Köln: SPORT und BUCH Strauß.

Robertson, R., 1992: Globalization: Social theory and global culture (Vol. 16), London. Sage.

Rogers, E.M., 2003: Diffusion of innovations. New York: Free Press.

Rössig, M. und Reppesgaard, L., 2003: Zuckerbrot und Peitsche. In: Handelsblatt vom 16. 09. 2003.

Röthig, P./Prohl, R., 2003: Sportwissenschaftliches Lexikon. Schorndorf: Hofmann.

Rottenberg, S., 1956: The Baseball Players´ Labor Market. In: The Journal of Political Economy, Vol. 64, 3/1956, S. 242 – 258.

Roose, J./Schäfer, M.S./Schmidt-Lux, Th. (Hrsg.), 2010: Fans. Soziologische Perspektiven. Wiesbaden: VS Verlag für Sozialwissenschaften.

Rosenstiel, L. von u. a., 2003: Organisationspsychologie. Stuttgart u. a.: Schäffer Poeschel.

Pettigrews, A. M. u. a., 1992: Shaping Strategic Change, London: Sage.

Sailors, P. R./Teetzel, S./Weaving, C., 2012: No Net Gain: A critique of media representations of women's Olympic beach volleyball. In: Feminist Media Studies, 12(3), S. 468-472.

Samuelson, P. A., 1954: The pure theory of public expenditure. In: Review of Economics and Statistics 36/1954, S. 387-390.

Shapira, Z./Dunbar, R.L.M., 1980: Testing Mintzberg's Managerial Roles Classification Using an In-Basket Simulation. In: Journal of Applied Psychology 65, 1, S. 87 – 95.

Schächter, T., 2008: Süperlig. Die unerzählte Geschichte des türkischen Fußballs. Köln: Kiwi Paperback.

Schemel, H.-J./Erbguth, W., 2000: Handbuch Sport und Umwelt. Aachen: Meyer und Meyer.

Scheuch, E.K./Scheuch, U., 1995: Bürokraten in den Chefetagen. Deutsche Karrieren: Spitzenmanager und Politiker heute. Reinbek bei Hamburg: Rowohlt.

Schewe, G./Littkemann, J., 2012: Sportmanagement: Der Profi-Fußball aus sportökonomischer Perspektive. Schorndorf: Hofmann Verlag.

Schildknecht, R., 1992: Total Quality Management. Konzeption und State of the Art. Frankfurt am Main/New York: Campus.

Schimank, U./Volkmann, U., 2017: Ökonomisierung der Gesellschaft. In: Maurer, A. (Hrsg.): Handbuch der Wirtschaftssoziologie. Wiesbaden: Springer VS, S. 593-610.

Schimmel, K.S., 2012: Von einer Freizeitbeschäftigung zum Profitunternehmen: Professioneller Mannschaftssport in den USA. In: Hofmann, A. R. (Hrsg.): Sport in den USA. Münster: Waxmann, S. 165-184.

Schirmer, F., 1992: Arbeitsverhalten von Managern. Bestandsaufnahme, Kritik und Weiterentwicklung der Aktivitätsforschung. Wiesbaden: Gabler.

Schlagenauf, K., 1977: Sportvereine in der Bundesrepublik Deutschland. Teil 1: Strukturelemente und Verbandsdeterminanten im organisierten Freizeitbereich. Schorndorf: Karl Hofmann.

Schmidt, R./Weiß, M. 2003: Shareholder vs. Stakeholder: Ökonomische Fragestellungen. In: Hommelhoff, P./Hopt, K. J./Werder, v. A. (Hrsg.): Handbuch Corporate Governance. Stuttgart: Schäffer Poeschel, S. 107-127.

Schneider, H.-D., 1975: Kleingruppenforschung. Stuttgart: Teubner.

Schneider, W., 2004: Marketing und Käuferverhalten. München: Oldenbourg.

Schnitzer, M./Haizinger, L., 2019: Does the Olympic Agenda 2020 have the power to create a new Olympic heritage? An analysis for the 2026 Winter Olympic Games bid. Sustainability, 11(2), 442.

Scholz, Chr., 1991: Visionäres Personalmanagement. In: Die Unternehmung Nr. 4/1991, S. 241-254.

Schreyögg, G., 1989: Zu den problematischen Konsequenzen starker Unternehmenskulturen, in: Schmalenbachs Zeitschrift für betriebswirtschaftliche Forschung. Opladen, H.2, S. 94 – 113

Schreyögg, G., 2000: Organisation. Wiesbaden: Gabler.

Schreyögg, G./Koch, J., 2015: Grundlagen des Managements. Wiesbaden: Springer/Gabler.

Schütte, N., 2000: Bezahltes Personal in Nonprofit-Organisationen. Pro- und Contra-Argumente zur Professionalisierung. In: Nährlich, St./Zimmer, A. (Hrsg.): Management in Nonprofit-Organisationen. Eine praxisorientierte Einführung. Opladen: Leske und Budrich, S. 129-146.

Schütte, N., 2003: Sind Strategien ein Erfolgskonzept für Nonprofit-Organisationen? Eine Empirisch gestützte Analyse anhand von Sportvereinen und -verbänden. In: Arbeitskreis Nonprofitorganisationen (Hrsg.): Mission Impossible? – Strategien im Dritten Sektor. Frankfurt am Main: Eigenverlag des Deutschen Vereins, S. 123 -141.

Schütte, N., 2008: Professionalisierungsdruck und -hindernisse des Managements in Sportvereinen und Sportverbänden. Bonn: Free Pen.

Schütte, N., 2014: Impact Evaluation of Events. In: Beech, J./Kaspar, R./Kaiser, S. (Hrsg.): The Business of Events Management. München: Pearson, S. 281-292.

Schütte, N., 2014a: Die Wirkung der sozialökonomischen Proteste gegen die Fußballweltmeisterschaft 2014 auf ihre Legacy – Eine soziologische ex-ante Betrachtung. In: Lames, M./Kolbinger, O. /Siegle, M./Link, D. (Hrsg.): Fußball in Forschung und Lehre – Beiträge und Analysen zum Fußballsport XIX. Hamburg: Czwalina, S. 202-206.

Schütte, N., 2021a: Der verkaufte Sport – Anmerkungen zum Diskurs der (Über?-) Kommerzialisierung. Workingpaper.

Schütte, N., 2021b: Krisen und der Sport – Anmerkungen zur Krisenfestigkeit des Sportsektors. Workingpaper.

Schulze, G., 2000: Die Erlebnisgesellschaft: Kultursoziologie der Gegenwart. Frankfurt am Main/New York: Campus.

Schumann, O. J., 2011: Aufgaben und Methoden der philosophischen Ethik. In: Aßländer, M.S. (Hrsg.): Handbuch Wirtschaftsethik. Stuttgart: J.B. Metzler.

Schwarz, P., 1992: Management in Nonprofit Organisationen. Bern/Stuttgart/Wien: Haupt.

Scott, D./McBoyle, G., 2007: Climate change adaptation in the ski industry. In: Mitigation and adaptation strategies for global change, 12(8), 1411.

Seehase, G., 1979: Wer hat Angst vor Peter Krohn? In: Die Zeit, www.zeit.de/1979/51/wer-hat-angst-vor-peter-krohn.

Seibel, W., 1992: Funktionaler Dilettantismus. Erfolgreich scheiternde Organisationen jenseits von Markt und Staat. Baden Baden: Nomos.

Seitz, A., 2020: Durch die Krise führen. Die transformative Kraft einer Pandemie. Wiesbaden: Springer.

Seiwert, L., 2014: Das 1x1 des Zeitmanagements. München: Gräfe und Unzer.

Senge, P.M., 2011: Die fünfte Disziplin: Kunst und Praxis der lernenden Organisation. Stuttgart: Klett-Cotta.

Shapira, Z./Dunbar, R.L., 1980: Testing Mintzberg's managerial roles classification using an in-basket simulation. Journal of Applied Psychology, 65(1), 87.

Sills, D. L., 1966: The Succession of Goals, in: Etzioni, A. (Hrsg.): A sociological reader on complex organization, New York u. a.: Holt Reinhard Winston, S. 175-187.

Sills, D. L., 1968: Voluntary Associations. Sociological Aspects. In: International Encoclopedia of the Social Science, Band 16. New York: Macmillan and Free Press.

Simmel, G., 2013: Soziologie. Untersuchungen über die Formen der Vergesellschaftung. Frankfurt am Main: Suhrkamp.

Simon, H.A., 1981 zuerst 1945: Entscheidungsverhalten in Organisationen. Landsberg am Lech: VMI.

Sinn, U., 2004: Das Antike Olympia. Götter, Spiel und Kunst. München: C.H. Beck.

Slack, T., 1999: Gibt es irgendwelche Besonderheiten des Managements im Sport? In: Horch, H.-D./Heydel, J./Sierau, A.: Professionalisierung im Sportmanagement. Aachen: Meyer & Meyer, S. 48-62

Slyvwotzky, A.J./ Morrison, D.J., 1997: The Profit Zone. How strategic business design will lead you to tomorrows profits. New York et al: Wiley and Sons.

Smit, B., 2007: Die Dasslers. Drei Streifen gegen Puma. Bergisch Gladbach: Bastei Lübbe.

Smith, A., 1988 zuerst 1776: Der Wohlstand der Nationen. München: dtv.

Sobel, R., 1999: When Giants stumble. Classic Business Blunders and how to avoid them. Upper Saddle River (New Jersey): Prentice Hall Press.

Spencer, H., 1874–96: The Principles of Sociology. London: Williams and Norgate.

Spiegel 2010:. Der Sport kriegt das Dopingproblem allein nicht in den Griff – ein Spiegelonline Interview vom 27. 01. 2010, www.spiegel.de/sport/sonst/0,1518,673417,00.html

Spiegel 2011: Marketing-Genie: Ex-Jägermeister-Chef Mast gestorben. In: Online Spiegel vom 03. 03. 2011. www.spiegel.de/wirtschaft/unternehmen/marketing-genie-ex-jaegermeister-chef-mast-gestorben-a-748964.html.

Spiegel 2002: Kirch-Krise. Bundesliga-Kick auf Staatskosten? www.spiegel.de/wirtschaft/kirch-krise-bundesliga-kick-auf-staatskosten-a-190161.html

Spiegel 2014: Tour de France – Virenque-Triumph lässt Frankreich jubeln, www.spiegel.de/sport/sonst/tour-de-france-virenque-triumph-laesst-frankreich-jubeln-a-308706.html

Spiegel, 2015: Radikaler Rückzug: Für Bayer zählt nur noch Fußball. www.spiegel.de/sport/sonst/radikaler-rueckzug-fuer-bayer-zaehlt-nur-noch-fussball-a-483998.html

Spiegel 2017: Rekordtransfer perfekt. Neymar wechselt zu PSG www.spiegel.de/sport/fussball/neymar-wechselt-vom-fc-barcelona-zu-paris-saint-germain-a-1161002.html

Steers, R. M., 2004: The Future of Work Motivation Theory. In: Academy of Management Review. Vol. 19/2004, No. 3.

Stehr, N., 2007: Die Moralisierung der Märkte. Frankfurt am Main: Suhrkamp.

Steyrer, J., 1995: Charisma in Organisationen. Sozial-kognitive und psychodynamisch-interaktive Aspekte der Führung, Frankfurt am Main/New York: Campus.

Stichweh, R., 2005: Inklusion und Exklusion. Studien zur Gesellschaftstheorie. Bielefeld: transcript.

Stickdorn, S., 2007: Auf den Spuren Zatopeks – eine qualitative Studie zum Marathonlauf als Freizeitsport. In: Jütting, D.H. (Hrsg.): Wer läuft denn da? Studien zur Laufbewegung. Münster: Waxmann, S. 75 – 86.

Strob, B., 1999: Der vereins- und verbandsorganisierte Sport: Ein Zusammenschluß von (Wahl) Gemeinschaften? Münster u. a.: Waxmann.

Strohmeyer, K., 2014: Günter Eichberg. Schalkes vergessener Retter. Hamm: Neue Buchschmiede.

Struwe, J., 1995: Lean Administration und Verwaltungscontrolling. Das Instrumentarium. In: Aus Politik und Zeitgeschichte. Beilage zur Wochenzeitung DAS PARLAMENT Nr. 5/1995, S. 20-32.

Sydow, J., 1992: Strategische Netzwerke. Evolution und Organisation. Wiesbaden: Gabler.

Szymanski, S., 2003: The Economic Design of Sporting Contests, in Journal of Economic Literature, Vol. 41, n. 4, S. 1137-1187.

Szymanski, S., 2010: The Comparative Economics of Sport. London et al: Palgrve MacMillan

Tabor, O./Schütte, N., 2005: Der Spagat zwischen Spitzensport und Studium – eine lohnende Übung. In: Leistungsport Nr. 6 / 2005, S. 42-47.

Taffinder, P., 1998: Big Change. A Route map for corporate transformation. New York et al: Wiley and Sons.

Tainsky, S./Xu, J./Zhou, Y., 2014: Qualifying the game uncertainty effect: A game-level analysis of NFL postseason broadcast ratings. In: Journal of Sports Economics 15(3), S. 219-236.

Tapscott, D., 1997: Die digitale Revolution. Wiesbaden: Gabler.

Taylor, F.W., 1977 (zuerst 1913): Die Grundsätze wissenschaftlicher Betriebsführung. Weinheim: Beltz.

Thiel, A./Meier, H./Cachay, K., 2006: Hauptberuflichkeit im Sportverein. Voraussetzungen und Hindernisse. Schorndorf: Hofmann.

Teevs, Chr., 2015: Rücktritt als DFB-Präsident: Niersbach fällt weich. In: Spiegel-Online vom 10. 11. 2015, www.spiegel.de/sport/fussball/wolfgang-niersbach-wie-geht-es-weiter-fuer-den-ex-dfb-praesidenten-a-1062056.html.

Thomas, W.I./Thomas, D.S., 1928: The Child in America: Behavior Problems and Programs. New York: Knopf.

Tiedemann, Cl., 2012: „Sport" – Vorschlag einer Definition. Workingpaper. www.sportwissenschaft.uni-hamburg.de/tiedemann/documents/DefinitionSport.pdf.

Timm, W., 1979: Sportvereine in der Bundesrepublik Deutschland. Teil II: Organisations-, Angebots- und Finanzstruktur. Schorndorf.

Toffler, A., 1970: Futureschock. London: Bodley Head.

Thorstendahl, R./Burrage, M. (Hrsg.), 1990: The Formation of the Professions. Knowledge, State and Strategy. London: Sage Publications.

Trepper, T., 2015: Fundierung der Konstruktion agiler Methoden. Anpassung, Instanziierung und Evaluation der Methode PiK-AS. Wiesbaden: Springer Gabler.

UEFA 2014: Finanzielles Fairplay kurz erklärt, http://de.uefa.com /community/news/newsid=2065553.html

Vaal, M. v. d., 1965: Das Problem der Partizipation in freiwilligen Organisationen. In: Matthes, J. (Hrsg.): Soziologie und Gesellschaft in den Niederlanden. Neuwied/Berlin: Luchterhand, S. 251-275.

Veblen, T., 1919: The Vested Interests and the State of the Industrial Arts. New York: B. W. Huebsch.

Veblen, T., 1987 (zuerst 1899): Die Theorie der feinen Leute. Frankfurt am Main: Fischer.

Velten, Chr., 1995: Strukturanalyse des kommerziellen Sportangebots in der Stadt Köln. Köln: Diplomarbeit.

Vernon, R., 1966: International Investment and International Trade in the Product Cycle. In: Quarterly Journal of Economics. Cambridge, Mai, S. 191–207.

Volkamer, M., 1984: Zur Definition des Sports. In: Sportwissenschaft, Schorndorf, 14/1984, S. 195-203.

Walenta, Chr./Kirchler, E., 2011: Führung. Wien: facultas wuv.

Walter, F., 2009: Charismatiker und Effizienzen. Portraits aus 60 Jahren Bundesrepublik. Frankfurt am Main: Suhrkamp.

Weber, M., 1968: Über einige Kategorien der verstehenden Soziologie, in Weber, M.: Gesammelte Aufsätze zur Wissenschaftslehre. Tübingen: J.C.B. Mohr.

Weber, M., 1980 (zuerst 1921): Wirtschaft und Gesellschaft. Tübingen: J.C.B Mohr.

Weber, W. et al, 1995: Die wirtschaftliche Bedeutung des Sports. Schorndorf: Hofmann.

Wehler, H.-U., 1998: Politik in der Geschichte. München: Beck.

Welt 1995: Rehhagels Fazit: Geld schießt keine Tore. Ciriaco Sforza darf Bayern München nicht verlassen – Mario Baslers Tage in Bremen gezählt? In: Die Welt vom 02. 11. 95, www.welt.de/print-welt/article663511/Rehhagels-Fazit-Geld-schiesst-keine-Tore.html

Welt 2020: Sportgerichtshof kassiert Sperre für Manchester City, www.welt.de/sport/article211525173/Financial-Fair-Play-Sportgerichtshof-kassiert-Sperre-fuer-Manchester-City.html

Weszeli, M., 2005: Zur Buchführung in Babylonien oder erneut zu ušazzaz (ma)... inamdin. In: Wiener Zeitschrift für die Kunde des Morgenlandes (2005), S. 347–385.

Wex, Th., 2004: Der Nonprofit-Sektor der Organisationsgesellschaft. Wiesbaden: Gabler.

Wilkesmann, U., 2013: Geld schießt Tore? Zur sozialen Ungleichheit im Fußball. In: Behnke, C./Lengersdorf, D./Scholz, S. (Hrsg.): Wissen – Methode – Geschlecht: Erfassen des fraglos Gegebenen. Wiesbaden: Springer VS, S. 107-124.

Wilfer, B., 2010: Beschaffungsmarketing von Sportvereinen. Zwischen Sponsoring und Spende. Diplomarbeit. Mainz.

Williamson, O. E., 1985: The economic institutions of capitalism. New York: Free Press.

Winkler, J./Karhausen, R.-R., 1985: Verbände im Sport. Eine empirische Analyse des Deutschen Sportbundes und ausgewählter Mitgliederorganisationen. Schorndorf: Hofmann.

Wired, 1999: Life in the Dark. In Wired Magazin vom 04/01/1999, online unter: www.wired.com/1999/04/life/.

Wirth, L., 2001: Breaking through the Glass Ceiling: Woman in Management. Genf: International Labour Office.

Womack, J. P./Jones, D.T./Roos, D., 1992: Die zweite Revolution in der Automobilindustrie. Frankfurt am Main/New York: Campus.

Woodward, J., 1965: Industrial Organization. Theory and Practice. Oxford: Oxford University Press.

Woratschek, H., 2004: Kooperenz im Sportmanagement – eine Konsequenz der Wertschöpfungslogik von Sportwettbewerben und Ligen. In: Zieschang, K./Woratschek, H./Beier, K. (Hrsg.): Kooperenz im Sportmanagement. Schorndorf: Hofmann, S. 9-30.

Wührl-Struller, Klaus 1995: Strategisches Managementkonzept für den Deutschen Sportbund. Zukunftsmanagement im Sport. Aachen: Meyer & Meyer.

Zarotis, G. F., 1998: Ziel Fitnessclub: Motive im Fitness-Sport. Aachen: Meyer und Meyer.

Zeilmann, Kathrin 2008: Regeländerungen für das Fernsehen. Schöne neue Kombi-Welt. Die Nordischen Kombinierer hoffen auf eine güldene Zukunft: Durch diverse Regeländerungen will die Sportart attraktiver werden und sich endlich angemessen repräsentiert sehen. In: TAZ Online vom 29. 11. 2008 www.taz.de/!5171992/

Zeppenfeld, B., 2020: Fitnessbranche in Deutschland. https://de.statista.com/themen/233/fitness/, veröffentlicht am 17. 12. 2020.

Zeyringer, K., 2016: Olympische Spiele. Eine Kulturgeschichte, Bd. 1: Sommer. Frankfurt am Main: S.Fischer.

Ziebs, A., 2004: Ist sportlicher Erfolg käuflich? Eine diskriminanzanalytische Untersuchung der zentralen Erfolgsfaktoren in der Fußball-Bundesliga. In: Sport und Gesellschaft – Sport and Society, Jahrgang 1 (2004), Heft 1. Stuttgart: Lucius & Lucius Verlag, S. 30-49.

Register

Abbildungsverzeichnis

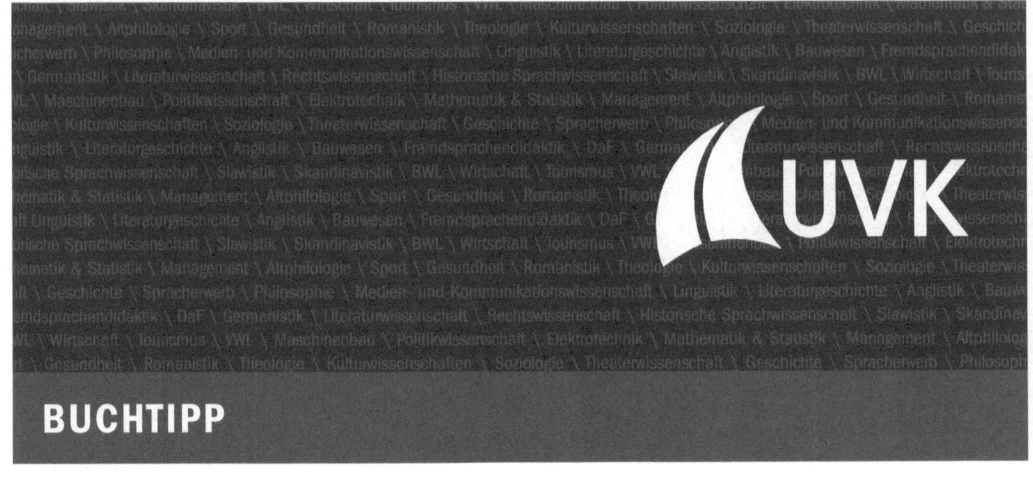

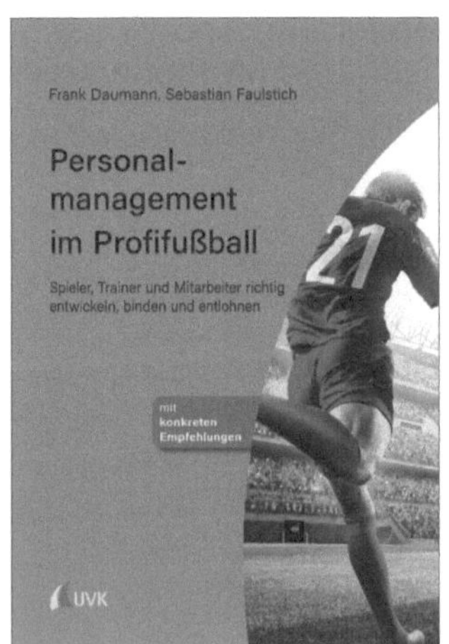

Frank Daumann, Sebastian Faulstich

Personalmanagement im Profifußball

Spieler, Trainer und Mitarbeiter richtig entwickeln, binden und entlohnen

1. Auflage 2020, 346 Seiten
€[D] 39,90
ISBN 978-3-7398-3056-8
eISBN 978-3-7398-8056-3

Personalentscheidungen richtig treffen!
Der Profifußball hat nicht nur in Deutschland, sondern in vielen Ländern eine große gesellschaftliche Bedeutung. Der sportliche Erfolg eines Profifußballklubs hängt national und international in hohem Maß von strategisch richtigen Personalentscheidungen ab, die sowohl Spieler, Trainer als auch Mitarbeiter betreffen.
Frank Daumann und Sebastian Faulstich beleuchten deswegen die Besonderheiten des Personalmanagements in Profifußballklubs. Sie erläutern zunächst die wichtigsten Begriffe und Theorien des Personalmanagements und skizzieren das professionelle Klubmanagement.
Darauf aufbauend setzen sie sich mit der Bedarfsplanung von Personal sowie der Personalbeschaffung im Profifußball auseinander. Zudem thematisieren sie die Handlungsfelder Personalentlohnung, -bindung, -entwicklung und -freisetzung.
Das Buch zielt nicht nur darauf ab, einen Überblick über die Thematik Personalmanagement im Profifußball zu geben, sondern entwickelt auch Vorschläge, wie Trainer und Spieler sinnvoll entwickelt, gebunden und entlohnt werden sollten. Es ist deswegen gleichermaßen für Wissenschaft und Praxis sehr hilf- und aufschlussreich.

UVK Verlag. Ein Unternehmen der Narr Francke Attempto Verlag GmbH + Co. KG
Dischingerweg 5 \ 72070 Tübingen \ Germany
Tel. +49 (0)7071 9797 0 \ Fax +49 (0)7071 97 97 11 \ info@narr.de \ www.narr.de